삼십금 쌍담

삼십금 ③⓪

섹스 · 폭력 · 정치 · 종교

쌍雙담談

강신주　　　　이상용

민음사

명랑한 『30금 쌍담』은

좋은 환경과 같습니다.

한 편의 영화,

사람의 미래를 바꿀 수도 있습니다.

차 례

영화는 재발명되어야 한다

"사랑은 재발명되어야 하는데⋯⋯

안락한 자리만을 바라지.

그런 자리를 차지하고 나면

마음은, 아름다움은 사라지고 말지."

—아르튀르 랭보, 『지옥에서 보낸 한 철』

『30금 쌍담』의 바탕이 된 강연이 끝나고 꽤 많은 시간이 흘렀다. 그사이 다른 강연과 일들을 해 나가면서 현장에서 다뤘던 영화들의 강도가 자츰 희미해져 갔다. 강연장에서 나눈 이야기를 문자화한 녹취본과 당시 준비했던 강의안들을 들춰 보면서 멍해졌다. 어느새 그때의 '강렬한 느낌'으로부터 빠져나가 버린 것이다. 그렇다고 해서 흘러간 시간을 마음대로 되돌릴 순 없는 일이다. 영화란 그런 것이다. 극장을 벗어나는 순간부터 기억은 희미해져 가고, 어둠 속에서 만난 강렬한 경험들은 일상의 공기 속으로 날아가 버린다. 우리가 일정한 주기를 두고 영화관을 찾아가는 것은, 그때의 강렬한 기분을 다시금 느끼고 싶기 때문일지도 모른다. 어쩌면 영화는 마약과 같다.

하지만 끝내 빠져나올 수 없었던 지점이 남아 있다. 여름 무렵 시작한 첫 강연, 그리고 메르스(MERS)를 피해 잠시 휴지기를 가지고 다시 시작한 강연 속에서 사라지지 않은 게 무엇인지를 곰곰이 생각하며, 거기에 몰두하기 시작했다. 그것은 바로 당시 '30금 시네마'라는 이름으로 문을 연, 즉 금기와 위반에 대한 도전이었다.

프랑스의 철학자 알랭 바디우는 『사랑 예찬』에서 시인 아르튀르 랭보의 시집 『지옥에서 보낸 한 철』의 「착란 1」에 나온 시구를 빌려 와 이렇게 적었다. "사랑은 재발명되어야 한다. 우리가 익히 알고 있듯이." 어디 사랑만이 그러하겠는가. 랭보의 시 역시 시의 재발명이었고, 오늘날 하염없이 스러져 가는 세월 속에서도 놀라운 자태를 뽐내는 동서고금의 미술 작품 역시 재발명된 회화, 조각들이다. 영화 또한 재발명되어야 한다. 재발명된 것들이 모여 있을 때 비로소 '삶의 재발명'을 꿈꿀 수 있기 때문이다.

오시마 나기사의 「감각의 제국」, 루이스 부뉴엘의 「비리디아나」, 피에르 파솔리니의 「살로, 소돔의 120일」, 스탠리 큐브릭의 「시계태엽 오렌지」는 모두 (우리의 삶을 둘러싼) 기존의 영역을 재발명한 영화들이다. 이들 감독의 재발명 방법은 매우 강력하다. 그들은 사랑에 대해, 종교에 대해, 사디즘과 카니발리즘에 대해, 폭력과 도덕에 대해 극단적인 지점까지 밀고 나갔다. 저 영화들은 관객으로 하여금 구토하게 하고, 혐오감에 빠지게 하며, 심지어 영화에 대한 생각 자체를 바꾸어 놓았다. 우리는 이러한 재발명을 꿈꾼다.

가령 「감각의 제국」과 「비리디아나」는 우리 사회의 실상을 재발명한 것이며, 「살로, 소돔의 120일」과 「시계태엽 오렌지」는 각각 사드의 소설 『소돔의 120일』과 앤서니 버지스의 소설 『시계태엽 오렌지』를 재발명한 것이다. 이렇듯 재발명의 재발명을 거듭하면서, 여기에 다뤄진 영화들은 기존 영화가 지닌 통념과 한계를 훌쩍 뛰어넘는다. 새롭게 구현된 재발명은 우리들 스스로 '영화란 무엇인가?'라는 질문을 던지게 할 뿐만 아니라, 인간은 무엇인지, 사랑은 무엇인지, 성은 무엇인지, 폭력은 무엇인지, 종교는 무엇인지, 나와 너는 누구인지를 질문하게 한다. 새로운 예술은 항상 재발명의 방식을 통해 재질문하고, 재사유하게 한다.

이것이 『30금 쌍담』의 운명이다. 우리는 영화가, 그리고 이 책이 단순히 '교양'이나 '입문' 수준에서 읽히기를 바라지 않는다. (그럼에도 불구하고, '그러한 운명'을 피할 수 없을지도 모른다.) 우리는 이 책이 삶을 재발명하고, 섹스를 재발명하고, 사유를 재발명하게 하는 '본격적인 재발명 도구'가 되기를 원했다. 이 책이 다룬 영화들의 강렬함이 정신을 번쩍 뜨이게 하는 언어를 만나, 안온한 삶을 후려치는 거센 망치가 되기를 소망한다. '벙커 1'에서의 강연을 마치고, 잠깐 심호흡하며 찬찬히 되돌아본 것은 이 영화들이 지닌 원초적 강렬함이었다. 그 극단적인 한계와 위반을 넘나드는 선분 위에서, 금기를 무너뜨리고 세상을 새롭게 발명해 낸 감독들의 강렬한 마음을 들여다보고자 했다.

오늘날 우리는 재발명된 영화와 점점 더 만나기 어려워지고 있다. 그 까닭은 영화가 더 이상 재발명의 영역이 아닌, 산업 시스템에 사로잡혀 기성품 복제를 반복하고 있기 때문이다. 재발명이 아니라 통속적 반복을 되풀이하고 있다. 진정으로 재발명된 영화는, 쾌적한 극장의 안락한 의자에 앉아 달콤한 시간을 누리고 싶어 하는 관객의 기대감을 배신해야 한다. 그러나 오늘날 이러한 배신(영화의 대중 배신)은 위험천만한 일로 여겨지고 있으며, 사람들 또한 안온한 극장이 제공하는 향락을 즐기다가 더욱 안전한 집으로 귀가하기를 선택한다. 강렬함을 잃은 영화는 금세 잊힌다. 물론, 영화는 아무것도 구원하지 못한다. 다만 하나의 충격파로서 우리를 흔들어 깨울 것이며, 그것을 통해 새로운 길을 내다볼 수 있는 작은 틈을 보여 주리라. 그럴 때 영화는 친구가 된다.

이 책의 화두를 이루는 네 편의 영화는, 서로 친구가 될 만한 작품들이다. 오랫동안 이 네 편의 영화들은 각자 집에서 몰래, 홀로 조심스럽게 보는 '은밀한 음지'의 영역에 속해 있었다. 우리는 이 작품들을 어루만진 말들을 세상에 내놓으면서, 지난 20세기의 발명품들이 폐기 처분되지 않고 인간의 성숙함을 위한 새로운 발명품으로 쓰이기를 희망한다. 이를 위해 성심껏 강연을 준비한 벙커 1의 요원들과 민음사 식구들, 그리고 저녁 7시 반부터 새벽 3시(길게는 새벽 4시!)까지 함께 자리해 준 많은 이들에게 고마움을 전한다. 한편 이 책은 홀로 쓰인 것이 아니라 전적으로 함께 쓰였다. 강신주와 이상용, 이 두 사람이 『씨네샹떼』에 이어 함께 글을 쓰기로 선택한 '막간극'이자 메르스 공포를 정면 돌파해 이룬 한여름 밤의 발명품이다.

삶은 재발명되어야 한다. 강렬한 영화를 통해서, 더욱더 극악해져 가는 시대 속에서……

이상용

전체적으로 그런 기운이 느껴지는

섹스

「감각의 제국」

愛のコリダ, 1976

일본, 프랑스 | 108분 | 오시마 나기사

"나 혼자 전부 차지하고 싶어.
당신을 해골로 만들어 버려도 말이야."
—등장인물 아베 사다의 대사

전쟁의 광풍 속에 휩싸여 있던 1930년대 일본. 빳빳한 군복을 차려입은 앳된 남성들이 처연하게 행군한다. 그런 와중에도 환하게 등을 밝힌 나가노의 한 요정은 쾌락으로 넘실댄다. 지난날 술집을 전전하며 몸도 팔고, 기둥서방 탓에 지독한 고생도 맛본 아베 사다는 이번만큼은 성실히 살아 보겠다고 다짐한다. 요정 점원으로서 새 인생을 시작한 그녀는 낯선 천장을 올려다보며 온갖 상념에 사로잡힌다. 바로 그때 밤새 차갑게 식은 손 하나가 그녀의 가슴을 파고든다. "넌 여기에 있기는 아까운 얼굴이야." 사다는 놀란 기색도 없이 금세 시큰둥해진다. "왜 여자에겐 관심이 없어? 그럼 좋은 구경시켜 줄게." 옆자리에 꼭 붙어 누워 있던 여급 동료는 돌연 사다를 일으켜 세우더니, 안채로 바삐 데려간다. 살짝 벌어진 미닫이문 사이로 요정 여사장과 남편의 모습이 어렴풋이 보인다. 여급 동료는 이제 곧 좋은 구경을 하게 될 거라며 사다를 툭툭 건드린다. 아니나 다를까, 남편의 훈도시를 매어 주던 여사장의 얼굴이 음탕하게 돌변한다. "저 여자는 아침마다 남편 기치조를 못살게 굴지." 여사장은 잔뜩 발기한 기치조의 성기를 애무하더니 끝내 눈알이 뒤집어진다. 아베 사다의 눈동자도 한껏 달아오른다.

날이 밝자 어스름 새벽녘에 본 광경이 전부 꿈만 같다. 아베 사다는 거듭 제대로 살겠다며 마음을 다잡는다. 과거 창녀촌에서 만난 비렁뱅이가 찾아와 음부를 보여 달라며 돈을 쥐어 줘도 귀찮을 따름이다. 그러던 어느 날 요정의 바깥주인 기치조가 물걸레질을 하는 사다의 엉덩이를 만진다. 사다는 더 이상 기둥서방에 휘둘리며 살지 않겠다고 생각하면서도, 수컷 냄새를 풍기는 기치조의 유혹에 무방비 상태가 된다. 그의 두꺼운 손이 거침없이 사다의 꽃봉오리에 와 닿는다. 그녀는 마치 감전이 된 듯 온몸을 떤다. 기치조의 성난 신체가 사다의 가랑이를 뚫고 들어온다. 뜨겁게 달궈진 인두가 우윳빛 피부를 사정없이 지져 댄다. 사다는 기치조의 지칠 줄 모르는 성기를 막대 사탕처럼 입안에 넣고 온종일 애무한다. 그의 육체를, 그가 뱉어 내는 정액까지 모두 빨아 삼키고 싶다. 이제 두 사람은 한 덩이의 밀가루 반죽처럼 뒤엉키고, 서로에게 달라붙어 떼려야 뗄 수 없는 관계가 돼 버린다. 정녕 돌이킬 수 없다.

하루 이틀 여주인의 눈을 피해 몰래 사랑을 나눠 오던 기치조와 사다는 아예 먼 동네에다 따로 방을 구하기에 이른다. 두 남녀는 허름한 유곽에 머물며 성애를 나누고 급기야 혼례까지 올린다. 하지만 기치조와 사다, 두 사람은 나기노의 요정에서 벗어날 수 없다. 아내를 성적으로 지배하는 일 말고는 아무것도 할 수 없는 기치조, 술집 종업원으로서 고된 업무에 매어 있을 수밖에 없는 사다. 이들이 벌인 사랑의 도피는 광기 어린 섹스만큼이나 아찔하기만 하다. 하지만 사다는 기치조를 온전히 소유하고 싶다. 그가 마누라의 돈을 뜯어내기 위해 흥분하고, 사정하고, 입맞춤하는 일 따윈 상상하고 싶지도 않다. "당신 마누라랑 그 짓을 했지? 잘라 버릴 거야." 격한 집착 탓에 결국 쫓겨나다시피 나가노 요정을 관둔 사다는 기치조와의 관계를 유지하기 위해, 그의 사랑과 욕정, 육체를 전부 장악하기 위해 결국 창녀 짓을 다시 시작한다. 기치조를 지키기 위해 정조를 버려야 하다니, 사다와 살기 위해 그녀를 다른 남자에게 보내야 하다니! 이처럼 새장 속에 갇힌 두 남녀가 할 수 있는 건 육체가 주는 즐거움에 취해 위협적인 현실을 잊는 일뿐이다. 그러나 섹스는 두 존재의 관계를 긴밀히 결합시켜 주기는커녕 더 큰 갈등을 불러온다. 그들이 미친 듯이 성관계를 나누고, 보다 격렬한 체위를 시도할수록 두 사람 사이의 거리와 두 육체를 가로지르는 합일 불가능성은 한결 도드라지기만 한다. 그들은 잠도 잃고, 성욕도 잃는다. 기치조는 사다 음부에 삶은 계란을 집어넣고, 사다는 그걸 꺼내 기치조에게 먹인다. 심지어 사다는 기치조에게 늙은 게이샤를 겁탈하라고 지시한 후 그 광경을 들여다보며 기묘한 흥분을 느낀다. 이들의 미친 에로스는 이제 죽음을 바라는 듯하다.

　"나는 돈을 버느라 몸을 팔고 다니는데, 당신은 한가하게 산책이나 다닌다고?" 막다른 골목에 갇힌 연인들은 결국 돌아 나갈 길조차 잃고 만다. "당신은 내 물건만 있으면 좋다고 했잖아." 기치조는 괜스레 넉살을 떨며 사다를 껴안는다. "그래, 당신 물건만 있으면 돼. 잘라 가지고 싶어." 사다의 눈동자에 광기가 돈다. 곧이어 그녀는 시퍼렇게 날이 선 칼을 쥐어 잡고 헐떡이기 시작한다. "아냐, 자르는 건 아깝지." 이때 기치조가 대꾸한다. "그래, 자르지 말고 졸라 줘." 그 말에 사다는 자신의 오비를 풀고 얇은 히리끈 한 줄을 꺼내 팽팽하게 당겨 잡는다. 목이 졸린 기치조의 성기가 무섭게 고개를 쳐든다. 두 사람은 이제 죽음을 최음제로 삼아 밑도 끝도 없는 욕정에 다시 기름을 붓는다. "더, 더, 더……" 사다는 기치조의 멱을 비틀어 쥔 채로 그의 물건 위에 올라탄다. 절정, 그건 사라지기 위해 나타나는 것인가! 급기야 기치조는 사다에게 마지막 부탁을 건넨다. "이왕 목을 조를 거면, 멈추지 말아 줘. 끝까지 졸라." 끝이 오기 전에 스스로 영원을 찾아 떠나는 이의 옆모습은 얼마나 아름다운가. 이윽고 기치조의 숨통이 끊어지자, 사다는 칼 한 자루를 꺼내 든다. '그래, 그는 내 것이야. 그의 것을 잘라 가질 거야. 내 안에 넣고 다닐 테야.' 사다는 기치조의 성기를 잘라 품에 안는다. 사다와 기치, 둘이서 영원히……

씨네렉처

1 영화에서 금기로

오시마 나기사
혹은 일본 영화의 신세계

드디어 시작이 되었습니다. 제가 이 영화들을 처음 본 것은 아주 오래전의 일입니다. 모두 20대 시절에 봤던 영화들이죠. 물론, 자막 수준이 엉망이었지만 내용을 이해하는 데 어려움은 없었습니다. 다만 지금까지 거리를 두고 있었어요. 좀 불쾌한 작품들이었거든요. 하지만 시간이 흐르고 벙커 1에서 '30금 시네마'를 기획하던 도중 '내가 왜 이 영화들을 불쾌해했던 걸까?'라는 생각을 품게 됐습니다. 이건 불쾌함이 어디에서부터 오는 것인지 궁금해졌어요. 그러자 그 불쾌함은 나의 선입견일 수도 있겠다는 생각이 들었고, 맨눈으로 작품을 다시 봐야겠다는 결심이 서더라고요. 여러분뿐만 아니라 저에게도 제대로 된 '성인식 사유'가 생겼다고 해야 할지 모르겠습니다.

「감각의 제국」은 1976년에 만든 오시마 나기사 감독의 작품입니다. 자극적인 제목 덕분에 누구나 한번쯤 이 영화에 대해 들어 봤을 겁니다. '감각'이라는 말은 작지만 큰 울림을 지녔어요. 각박한 현대 사회를 사는 인간의 촉수를 건드리는 말처럼 들려요. 오늘날 감각뿐 아니라 감성, 감정은 사람들을 자극합니다. 그것은 정치, 문화, 경제…… 모든 것이 마비된 것처럼 보이는 탓이기도 합니다. 동시대를 대표하는 괴물은 '좀비'예요. 좀비의 가장 큰 특징은 감각이 없다는 것이지요. 그래서 살점이 떨어져도, 팔이 잘려도 아무런 고통을 느끼지 않아요. 여러분은 지금 어떤 고통을 느끼고 있나요. 혹은 어떤 무감각에 빠져 있나요. 저는 영화가 강렬했으면 좋겠습니다. 「감각의 제국」도 마찬가지죠. 단지 세계적 명성이나 성기가 난무하는 포르노그래피적 화면 때문에 그러는 게 아니라, 보다 근본적으로 이 영화가 우리의 무뎌진 정신과 감각을 흔들어 주었으면 좋겠습니다. 오시마 나기사 감독은 충분히 그럴 만한 인물입니다.

오시마 나기사는 1960년대 일본 영화를 대표하는 감독이에요. 1960년대에 열다섯 편 정도의 영화를 만들었는데요, 매년 한 편 이상의 영화를 연출한 셈이죠. 1960년대는 전 세계적으로 뉴웨이브의 바람이 불던 시기였어요. 소설가 무라카미 류의 원작을 영상으로 옮긴 이상일 감독의 「69(식스티나인)」을 보면 얼치기 뉴웨이브 청년 세대가 주인공으로 등장하죠. 그들은 프랑스 뉴웨이브 감독 장뤼크 고다르의 흉내를 내면서 혁명을 모방합니다. 귀여운 청춘 일기라고도 할 수 있는 작품이에요.

하지만 일본 영화계는 「69」의 주인공들처럼 과장된 몸짓이나 행동을 할 필요가 없었어요. 일본의 장뤼크 고다르로 불리던 오시마 나기사가 있었으니까요. 오시마 나기사는 1959년부터 1961년도까지 '쇼치쿠 누벨바그'를 이끕니다. '누벨바그'는 프랑스어로 '새로운 물결'이라는 뜻인데, 영어로는 '뉴웨이브'죠. 쇼치쿠는 도호, 도에이와 함께 일본의 3대

메이저 영화사 중 하나였습니다. 가부키를 중심으로 한 공연 기획이 주요 사업이었고, 영화 분야엔 나중에 뛰어들었습니다. 1960년대에 쇼치쿠는 주로 젊은 감독들의 영화를 제작했지요. 훗날 이 무렵 쇼치쿠가 선보인 영화들을 회고하니 대단히 혁신적이어서 '쇼치쿠 누벨바그'라는 이름이 붙게 됐습니다만, 그들은 여전히 시스템에 속해 있었죠.

그런데 시스템에 속해 있다는 건 뉴웨이브의 본래적 성격과 상충됩니다. 프랑스의 누벨바그를 보면 감독 개인의 목소리를 낼 수 있는 여지가 많았고, 감독(작가)의 영향력이 중요했습니다. 그러나 쇼치쿠는 감독의 연출에 간섭하는, 전형적인 기업이었죠. 그래서 '쇼치쿠 누벨바그'는 일시적이고 단명해 버린 현상으로 남게 됐답니다. 오시마 나기사 감독은 1959년에 데뷔작 「사랑과 희망의 거리」를 쇼치쿠를 통해 선보입니다. '사랑과 희망'이 들어간 제목과 달리, 이 영화는 비둘기를 팔아 생계를 유지하는 한 소년의 일상을 다루고 있죠. 쇼치쿠는 이 작품에 대해 그리 호의적이지 않았다고 알려져 있습니다. 하지만 평단의 지지를 받은 오시마 나기사 감독은 계속해서 청춘 영화를 제작할 수 있었죠. 그가 유명세를 얻은 작품은 이듬해 1960년에 내놓은 「청춘 잔혹 이야기」입니다. 이 작품은 당시 젊은 세대의 범죄와 섹스를 다루고 있죠. 이후 오시마 나기사가 보여 준 도전적 스타일의 단초들이 엿보이는 영화라고 할 수 있죠. 물론 그만의 스타일이 명확하게 구현된 것은 아니지만 기본적인 요소들을 확인할 수 있습니다.

이어서 그는 50개 미만의 장면으로 편집한 「일본의 밤과 안개」를 선보입니다. 연극 형식을 영화 속에 과감히 도입한 작품이었죠. 이 작품부터 오시마 나기사 감독은 '일본의 장뤼크 고다르'라고 불리게 됩니다. 영화 형식의 파괴와 실험적 요소들을 자유롭게 보여 줬으니까요. 그러다 1961년에 오시마 나기사 감독은 쇼치쿠를 나옵니다. 그 계기는 「일본의 밤과 안개」가 '영화 상영 중지' 처분을 받게 됐을 때, 쇼치쿠가 보인 미온적인 반응 때문이었죠. 그는 쇼치쿠의 중역들과 충돌하고 실망하면서 끝내 결별을 선택합니다.

오시마 나기사는 동료들과 함께 '소조샤'라는 제작사를 세웁니다. 그리고 이 무렵에 ATG가 결성되지요. ATG는 극장주들이 연합하여 만든 모임으로, 제작과 배급을 겸하는 일종의 길드였죠. ATG는 소조샤 같은 독립 제작사와 힘을 합쳐 다양한 영화를 제작하기 시작합니다. 이러한 합작을 통해 대대적인 성공을 거둔 작품이 바로 「교사형」입니다. 이 작품은 여고생을 강간하고 살해한 죄로 사형당한 재일 교포 청년의 실화를 바탕으로 만들어졌는데, 이 영화의 도입부는 마치 다큐멘터리처럼 다뤄집니다. 그런데 사형수 R의 처형이 제대로 이뤄지지 않으면서 문제가 일어납니다. R은 사형을 집행하던 중 기억을 상실하고 죽음을 면합니다. 이어 사람들 사이에 논쟁이 발생하게 됩니다. '자신의 범죄를 기억하지 못하는데 사형에 처할 수 있는가?' 하는 주장이 대두되죠. 이제 교도관들을 비롯한 여러 인물들이 나서, 주인공의 기억을 되살리기 위해 분주하게 움직입니다. R의 범행을 재현하기 위해 연극을 올리기까지 하죠.

이러한 과정은 사형 제도의 모순과 폐지론, 일본 사회의 조선인 차별 그리고 2차 세계대전에 대한 책임 문제까지 이슈화하는 영화적 표현으로 나아갑니다. 「교사형」은 한 사형수를 둘러싼 사건과 과거의 행적을 통해 일본의 모순을 건드리는, 시한폭탄과도 같은 영화였어요. 또한 영화에 연극, 사진 등을 집목한 다양한 매체 활용 방식은 장뤼크 고다르를 넘어서려는 듯한 그의 실험적 야심을 보여 줍니다. 1960년대 일본 영화는 오시마 나기사 감독 없이는 얘기할 수 없어요.

국제적 프로젝트,
「감각의 제국」의 시작

1960년대에 활발히 활동하던 오시마 나기사 감독은, 1970년대에 들어서면서 돌연 변화를 보입니다. 이를테면 텔레비전에 출연하며 곳곳에 얼굴을 내밀고, 급기야 주부들을 대상으로 하는 상담 프로그램에 나서기도 했죠. 그의 생각과 태도에 변화가 일어났던 게 분명합니다. 급기야 오시마 나기사 감독은 한 인터뷰를 통해 "일본은 침체돼 있다. 더 이상 일본에서 영화를 만들고 싶지 않다. 국제적 감독이 되고 싶다."라는 말을 던지기에 이릅니다.

그 바람은 곧 실현됩니다. 1973년에 프랑스의 영화 제작자 아나톨 도망은 프랑스와 일본의 합작 영화를 만들어 보자고 오시마 나기사에게 제안해 옵니다. 이때 오시마는 남녀의 섹스를 원초적인 모습 그대로 담은 '하드코어 포르노 영화'를 구상하죠. 물론 이런 선택은 '양날의 검'이라고 할 수 있습니다. 하드코어 포르노 스타일의 영화를 만들면 일단 국제적으로 엄청난 주목을 받을 테지만, 그동안 쌓아 온 일본의 대표 영화감독이라는 명성을 무너뜨릴 수도 있었죠. 매우 위험한 도전이었을 겁니다. 아무래도 오시마 나기사는 일본 바깥에서, 이제껏 일본에서 할 수 없었던 것에 도전해 보고자 했던 듯싶어요. '외부'를 의식한다는 것, 그것이야말로 1960년대를 통과한 오시마 나기사 감독의 고민으로 보입니다.

「감각의 제국」은 남녀 주인공의 '은밀한' 사적 생활을 파고든 작품이었는데, 작품의 제작 형식이나 감독의 고민을 보면 여지없이 일본 사회 '바깥'을 의식하고 있어요. 당시 일본에서 하드코어 포르노 장르는 '공연외설물진열죄'라는 조항에 따라 단속 대상이었습니다. 그래서 오시마 나기사 감독은, 촬영은 일본에서 하되 편집과 후반 작업을 프랑스에서 하는 방식으로 법적 문제를 피합니다. 그럼에도 불구하고, 스틸 사진이 실린 시나리오집이 일본에 출간되자 곧장 외설 도서로 찍혀 압수가 되는 일이 벌어집니다. 결국 오시마 감독은 법정에 서야 했는데, 무죄 판결을 받게 되죠. 사실 스틸 사진이 수록된 그 책자는, 당시 일본의 여느 출판물과 비교해 봐도 그다지 수위가 높지 않았어요. 따지고 보면, 오시마 나기사에 대한 공격이었다고 할 수 있습니다.

「감각의 제국」이 국제적 성공을 거둔 이후 그는 일본으로 돌아가지 않고 세계 무대에서 합작 영화의 길로 나아갑니다. 「열정의 제국」, 「전장의 메리 크리스마스」, 「내 사랑 맥스」로 이어지는 그의 국제적 행보는 '제2의 영화 인생'이라고 불릴 만한데요, 애석하게도 그에 걸맞은 밀도를 지닌 작품을 선보이진 못했죠. 일본 사회에 민감하게 반응했던 1960년대의 오시마 나기사 영화와는 확연히 다른 분위기라고 할 수 있습니다. 완전히 '바깥'으로 나간 오시마 나기사의 영화는 적당한 동력을 발견하지 못했습니다. 분노의 대상이 사라져 버리니 그의 영화 또한 온건한 방향으로 흐르게 된 거죠.

국제적 프로젝트 영화를 통해 그의 이름은 더 널리 알려지지만, 공격 지점을 상실한 치열한 예술가의 관념은 차갑게 느껴지죠. 어쩌면 「감각의 제국」은 오시마 나기사 감독의 고민들이 결집된, 독특한 포르노그래피라고 불러야 할지도 모르겠네요. 「감각의 제국」은 1936년도에 실제 일본에서 일어났던 사건을 바탕으로 만들었어요. 일본을 떠들썩하게 했던 치정 사건을 재현하면서도(내부를 들여다보면서도), 바깥의 시스템(국제 합작)을 통해 주제 의식에 다가선 셈이니까요. 사실 흥미로운 건 바깥의 반응들이었어요. 각 국가의 검열과 수용 방식은, 바깥에서 만들어진 이 영화가 내부로 들어갈 때 어떤 문제를 야기하는지 보여 줬으니까요. 그 덕분에 이 영화에는 수많은 판본이 존재합니다. 국가마다 허용할 수 없는 장면들, 즉 금기의 수위가 서로 달랐기 때문이죠. 이탈리아판에는 여주인공의 성기에 삶은 계란을 넣는 장면이 없다고 합니다. 비교적 외설 문제에 자유로운 이탈리아이지만, 그 계란은 문제가 됐어요.

그럼, 계란이 아니라 다른 것이었다면 가능했을까요? 알 수 없는 일입니다. 특정한 사물에 집착하는 태도는 금기의 다양한 행태 속에서 보면 언제나 흥미로운 화제를 제공합니다. 이처럼 「감각의 제국」은 영화 자체에 쏟아진 논란뿐 아니라, 그것이 각 나라에 어떠한 판본으로 수용됐는지를 확인해 보는 것만으로도 '금기'의 현주소를 돌아볼 수 있는 기회를 제공해 줍니다. 일본 '바깥'에서 만들어진 이 영화는 어느 사회에서든 '뜨거울 수밖에 없는 감자'로 여전히 인구에 회자되고 있습니다.

사랑과

불륜 사이

사다와 기치의 파격적인 이야기를 담은 「감각의 제국」은, 단순하게 말해 '러브 스토리'입니다. 이들은 서로가 서로를 원하는 사이임에 분명합니다. 그러나 이들의 사랑은 영화 안에서도, 영화 바깥에서도 그리 환영받지 못합니다. 사랑이 금기인가요? 정말, 사랑이 금기예요? 아니라고요? 그렇게 생각하세요? 그럼 불륜은 금기인가요? ……그런 말이 있죠. '내가 하면 사랑이고 남이 하면 불륜이다.' 많은 이들이 사랑은 금기가 아니라고 생각하지만 사랑의 형태에 대해서만큼은 엄격한 잣대를 갖고 있어요. 불륜이 대표적인 사례죠.

그런데 사랑과 불륜 중 어떤 것이 더 큰 범주에 속합니까. 상식적으로 생각해 봐도 사랑이 더 큰 범주에 속할 겁니다. 상위 범주에 해당하는 사랑은 금기가 아닌데, 그 하위 개념인 불륜이 금기에 속한다는 건 좀 아이러니하지 않은가요.

「감각의 제국」에서 사다와 기치는 불륜 관계예요. 하지만 두 사람은 불륜에 대해 아무런 논쟁도 하지 않아요. 심지어 이 영화는 불륜이라는 문제 자체를 거론하지조차 않아요. 사다가 기치에게 부인을 언급한 것은 '부인과 관계하지 마.'라고 하는 부분인데, 이후에 전개되는 장면을 보면 부인과 만나지 말라는 것이 아닙니다. 자신의 강한 소유욕을 드러내면서 부인과 섹스하지 말라고 요청할 뿐이죠. 두 사람이 본격적으로 파격적인 행각을 벌이는 것은 묘한 결혼식을 올린 이후부터입니다. 사다에게서 기치를 소유하고 싶어 하는 강렬한 욕망을 엿볼 수 있지만, 놀랍게도 그녀는 기치와 본부인의 관계를 부정하지 않죠. 「감각의 제국」은 미묘해요. 사다의 소유욕이 전면에 드러나지만 정작 법적 관계는 문제 삼지 않아요, 그저 자신의 욕망을 드러낼 뿐이에요.

현실을 들여다보면 사랑에 대한 금기가 참으로 많아요. 불륜도 그렇고, 나이 차가 많이 나는 커플도 이상한 눈으로 바라봐요. 동성애에 대한 갑론을박은 말할 것도 없습니다. 우리는 사랑이 금기가 아니라고 생각하지만 이러한 금기들을 통해 '우리가 생각하는 사랑은 대단히 협소한 것'이라고 정의 내릴 수 있습니다. 금기를 넘어서지 않을 때에만 우리는 사랑을 '사랑'이라고 여기게 되는 겁니다.

그러나 역사적으로든 예술 작품에서든 사랑은 항상 금기와 대립각을 세워 왔습니다. 이유는 간단합니다. 사랑은 '자유'의 문제를 포함하기 때문입니다. 그래서 사랑은 인종과 국경을 넘어설 수 있고, 때로는 죽음을 무릅쓰기도 합니다. 사랑은 인간이 지닌 자유를 최대한으로 실천하는 영역이에요. 가령 누군가를 사랑하면 모두가 반대해도 태평양이든 대서양이든 건널 수 있죠. 그런데 만약 '부모님이 반대해서' 사랑을 포기했다면, (꼭 정답은 아닐지라도) 아마 그 사랑은 '협소한 사랑'이었을 겁니다. 인간의 자유를 품은 사랑은 '모든 것을 무릅쓰고' 실천하는 행위예요. 이 영화가 위험하고도 지독한 사랑을 다루는 건 협소한 통념을 까발리기 위함이에요.

「감각의 제국」은 이 분야의 최고봉이라 할 수 있어요. 개인과 개인이 만나 실천하는 사랑은, (적어도) 그 두 사람 안에서만큼은 어떠한 자유도 추구할 수 있어야 해요. 그러한 사랑을 하지도 않으면서 이 영화 속 인물들을 불편해하지 맙시다. 타인의 사랑을 판단하려거든 그동안 자신이 해 온 사랑이 얼마나 자유로웠는지, 먼저 들여다볼 수 있어야 합니다. 그럴 수 없다면, 그저 통념에 갇혀 사는 거죠.

그래서 「감각의 제국」이 누군가에겐 '불편한 사랑 이야기'라는 점이 중요한 겁니다. 이들의 강렬한 러브 스토리는 통념에 의해 마비된 감각을 흔들어 깨우니까요. 영화의 클라이맥스에서 사다는 기치의 성기를 자릅니다. 흔히 상대를 파괴하는 건 사랑이 아니라고 말할 겁니다. 그런데 기치는 기꺼이 그 순간을 용인합니다. 사다의 마음을 받아들이고 그녀의 요구를 수긍합니다. 그게 단순히 쾌락에 젖어 내뱉은 말이었을까요. 저는 오히려 단도직입적으로 물어봐야 한다고 생각합니다. 이 정도까지 상대를 용인할 수 있을까요. 사다의 격렬한 마음을 기치는 받아들입니다. 저로서는 감히 못 할 일이기에, 이들의 사랑을 함부로 판단하지 않을 생각입니다. 이게 바로 「감각의 제국」의 출발점입니다. 타인의 사랑을 함부로 판단하지 마라!

당신들에게 보여 주고 싶은
벌거벗은 몸

「감각의 제국」이 만들어 내는 불편함은, 앞서 언급한 '불륜'의 문제에 국한되지 않습니다. 오히려 이 문제는 이미 말했듯 '사소하게' 다뤄집니다. 영화를 보면서 가장 먼저 무엇이 불편했나요? 이 영화가 주는 불편함은 외려 단순한 사실로부터 나옵니다. '벌거벗은 몸'이에요. 우리들은 의외로 남의 벗은 몸을 불편해해요. 홀로 있을 때 내가 벗고 있는 건 편하죠. 집에서 종종 '편한 상태'로 생활하시는 분들 있죠? 그러나 타인의 벗은 몸을 응시하는 데는 (일말의) 두려움을 지니고 있습니다. 여기엔 도덕적 판단도 개입합니다. 여름에 짧은 옷을 입은 여성들을 보고 '저러면 안 되지.'라고 혀를 차는 분들도 있잖아요.

어린아이들은 벗는 걸 부끄러워하지 않아요. 아이가 옷을 챙겨 입기 시작할 때, 비로소 사회의식이 형성된 거라고 해도 과언이 아닐 겁니다. 그런데 (사디와 기치 정도까지는 아니더라도) 우리는 사랑하는 사람 앞에 서는 기꺼이 옷을 벗습니다. 알몸이 된다는 것은 서로에 대한 사랑을 확인하는 것인 동시에, 숨기는 게 없음을 보여 주는 행동입니다. 나의 알몸은 상대에 대한 솔직함과 사랑을 드러낸다고 생각하는 반면, 전적으로 타인인 누군가의 알몸은 정상적인 것을 벗어나 있다고 생각해요. 우리는 타인이 '옷'으로서 드러나기를 바라죠.

왜 그럴까요. 이것은 인간 사회가 지닌 인식의 문제와도 깊이 연관돼 있어요. 옷은 타인의 경제력, 신분, 직업, 성별 등을 나타내는 기호입니다. 벌거벗은 몸은 '존재 그 자체'로 다가오기에, 우리는 그 타인이 누구인지 분별할 수 없어요. 그게 불편한 겁니다. 인간이 옷을 입는 사회학적 이유는 구별하기 위함이에요. 왕은 왕의 옷을 입기 때문에 왕일 수 있는 거죠. 마찬가지로 광대는 광대의 옷을 입기 때문에 광대가 되는 겁니다. 만약 모두가 벌거벗고 지낸다면, 아마 이런 식의 구별은 무척 어려워질 거예요. 그래서 권력에 저항하는 영화는 이미지를 만들어 낼 때 종종 모든 사람들이 벌거벗고 항거하는 모습을 표현하곤 하죠. '벌거벗음'은 너와 내가 다르지 않다는 것을 전제로 삼아요. 일종의 평등주의적 태도죠. 어쩌면 '복면 시위'도 이와 같은 맥락이겠죠.

우리는 이러한 인간주의적 평등을 은근히 두려워합니다. 예를 하나 들어 보죠. 오늘날 '몸만들기' 산업은 벌거벗었을 때조차 구별을 지으려는 욕망과 깊이 관련돼 있습니다. 벌거벗었을 때 (최소한 수영장에서) 내 몸이 타인과 구별되기를 원하는 것이죠. 그동안 현대의 문화 산업 속에서 벌거벗음은 대단히 반자본주의적이고 반사회적인 행위로 여겨져 왔는데요, 이마저도 점점 변해 가고 있습니다. 패션으로 치장되는 건 물론, 벌거벗어야 하는 상황에서도 복근이 또렷이 드러나야 하는 시대를 맞이하고 있으니까요.

전 이 영화가 보여 주는 벌거벗음이 흥미롭습니다. 「감각의 제국」에 나오는 주인공들의 나체는 '갓 태어난 몸, 젖을 빠는 몸, 늙어 가는 몸과 무엇이 다른가?'라고 질문을 던지게 하죠. 이 영화 속에는 늙은 게이샤의 몸도 등장합니다. 인간의 벌거벗음이 보여 주는 평등함과 그 안에 담긴 인생의 쓸쓸함이 모두 보여요. 「감각의 제국」은 결코 아름다운 인간의 몸을 전시하는 영화가 아녜요. 기치의 빳빳한 성기는 욕망에 사로잡힌 한 남자의 비애를 보여 주기도 합니다. 저는 기치의 발기한 남근과 대비를 이루는 장면으로 군대가 행진할 때 부끄러운 듯 비켜서는 그의 모습을 들고 싶어요. 얼핏 보기에 기치의 성기는 강한 남성성을 드러내는 듯 보이지만, 2차 세계대전의 포화 속으로 걸어가는 젊은 군인들과 대비될 때는 어쩐지 시대와 동떨어진 '공허'를 느끼게 해요. 쓸쓸한 여운이 남습니다. 쉽게 말하자면, 기치는 쓸데없이 욕망만 넘쳐 나는 인물이라고도 할 수 있어요. 그것은 시대와 어울리지 못하는 남자의 비극이죠. 그는 (자신의 양물을 과시하는 만큼) 수컷으로서의 존재 증명을 제대로 하는 것처럼 보이지만, 실상 시대로부터 소외된 인물인 거죠. 그래서 벌거벗은 몸이 중요해요. 그것은 큰소리를 칠 수 있는 군복을 입은 몸이 아닌, 모든 걸 박탈당한 자의 초상을 보여 주니까요. 이렇게 보면, 그들의 나체는 불편한 게 아니라 오히려 불쌍한 것일 수도 있어요. 벗은 몸은 어디에도 속하지 않으니까요. 항상 그 벗은 몸으로 시대의 흐름에서 벗어나 자신의 욕망을 추구하며 살아가는 존재인 거죠. 그러한 몸이 얼마나 대단하겠습니까? 「감각의 제국」에 나오는 게이샤들의 노래에서 쓸쓸함을 느끼셨다면, 이 영화가 육체적 욕망은 그리 오래가지 않는다는 걸 얼마나 효과적으로 표현하고 있는지 실감할 수 있을 거예요.

자신을 전시하는
노출의 시대

벌거벗은 몸에 대해 한 발짝 더 나아가 생각해 보지요. 사다와 기치가 보여 주는 행동 중 가장 흥미로운 것은, 자신들의 몸과 섹스가 완벽하게 밀폐되어 있기를 원하지 않는다는 점입니다. 세상에 보여 주고 싶어 해요. 특히 사다는 사람들로부터 자신들의 행위를 용인받고 싶어 합니다.

철학자 슬라보예 지젝이 말했던 유명한 '무인도 농담'이 있어요. 한 농부가 무인도에 아름다운 슈퍼 모델과 단둘이 갇혔어요. 상황이 좀 그렇다 보니, 결국 두 사람은 성관계를 갖게 됐죠. 그 후 슈퍼 모델이 농부에게 좋았느냐고 물어봐요. 그러자 농부는 곰곰이 생각하다가 '좋았지만, 딱 한 가지 아쉬운 게 있다. 부탁을 하나 들어줄 수 있느냐.'라고 대꾸하죠. 그는 슈퍼 모델에게, 얼굴에 수염을 그리고 밀짚모자를 쓴 채 곁에 와 달라고 부탁해요. 슈퍼 모델은 그 청을 들어줍니다. 그녀는 약속한 대로 남장을 하고 농부의 곁에 와 앉죠. 그러자 농부가 슈퍼 모델을 툭 치며 말을 걸죠. '어이, 친구! 방금 내가 뭘 했는지 알아? 그 유명한 슈퍼 모델과 잤다고!'

기치와 사다, 이들 두 사람도 그래요. 끊임없이 자신들의 결합을 과시하고 싶어 해요. 변태적이라고 여기실지 모르겠지만 제가 지젝의 농담을 빌려 설명한 것처럼, 사실 많은 사람들이 '난 이 사람과 사귀고 있죠. 끝내주게 좋아요!'라고 말하고 싶어 해요. 페이스북에 '아무개와 연애 중'이라고 자신의 '상태'를 공개하는 것도 같은 심리예요. 요즘은 인간관계의 상태를 엿보는 게 아주 쉬운 시대예요. 모든 관계가 노출되죠. 사다와 기치만 노출증을 가진 게 아니죠. 누구나 노출증을 지니고 있고, 지금은 그걸 자연스럽게 드러내는 시대예요. 카카오톡의 사진만 봐도 상대의 상태를 직감할 수 있죠. 연인과 헤어지면 흔히 상대의 프로필 사진이나 SNS를 확인한다고 하죠? 사람들은 기꺼이 자신의 상태를 노출합니다. 자신들의 관계가 은밀하기를 원하는 듯하지만, 동시에 노출되기를 원하는 거죠.

사다와 기치를 변태라고 욕하지 마세요. 정도의 차이만 있을 뿐, 누구나 자신을 노출하고 싶어 합니다. 그리고 노출한 신체를 누군가가 봐주기를 강렬히 희망합니다. SNS에 포르노그래피적인 계정들이 있는 것도 이 때문입니다. 익명을 통해 자신의 벗은 몸을 적극적으로 공개하고, '리트윗'당하거나 '좋아요'를 받고자 합니다. 이러한 현상을, 인간 사회가 병들었다는 말로 단순하게 정리할 순 없습니다.

벌거벗음에 대해 흥미로운 생각을 떠올리게 하는 이야기가 하나 있죠. 안데르센이 쓴 동화『벌거벗은 임금님』에 나오는 벌거벗은 권력자는, 다양한 해석의 여지를 제공합니다. 아이가 임금님을 향해 "벌거벗었네!"라고 말하는 순간, 우리는 '벌거벗음'이라는 주제의 핵심에 다가서게 됩니다. 수많은 사람들이 임금님이 '벌거벗었다.'라는 사실을 함부로 말하지 못하는 것은 보통 '임금이라는 권위에 대한 굴종'이라고 해석되곤 하는데요, 그보다 더 중요한 전제가 있습니다. 사람들이 사실을 직시하지 못한 것은 자신이 본 것을 믿지 못했기 때문입니다. '내가 잘못 말하는 거면, 내가 잘못 본 거면 어쩌지?' 하는 불안감에 지배당한 것이죠.

동화『벌거벗은 임금님』에서 옷을 만들어 준 사기꾼들은 악마적인 정치가나 선동가 혹은 타락한 종교인일 수 있습니다. 이때 문제가 되는 건 그 사기꾼들이 노리는 게 바로 인간의 수치심이라는 것입니다. 내가 틀리지 않을까 하는 수치심, 내가 본 것이 맞을까 하는 확신의 부족 상태……. 이것이 '벌거벗은 임금'의 행진을 용인한 결과입니다. 그런데 수치심은 벌거벗음과 직접적으로 연관됩니다. 내가 벌거벗은 것을 누군가가 보고 있다면, 아마 수치스럽겠지요. 타인의 벌거벗은 몸을 볼 때조차 그런 수치심을 떠올리며 얼굴이 빨개지는 것입니다. 결코, 단지 좋아서 그러는 게 아닐 겁니다.

그러나 벌거벗고 다니는 걸 두려워하지 않는 어린아이는 자신이 본 대로 솔직히 말합니다. "임금님이 발가벗었네!" 그건 단순해 보이지만, 놀라운 통찰로 돌아옵니다. 벌거벗을 수 있는 자만이 벌거벗음을 말해 줄 수 있습니다. 반대로 말할 수도 있습니다. 벌거벗은 상태에 대한 수치심이 사라지는 걸 느끼는 순간, 즉 수치심이라는 옷을 벗어던지는 순간에, 우리는 겨우 정직해질 수 있답니다.

「감각의 제국」에 등장하는 사다와 기치의 벗은 몸에 대해 부끄러움이나 불편함을 느끼셨다면, 그건 분명 자신의 벌거벗은 몸을 응시하지 못하기 때문입니다. "사다와 기치는 벌거벗었어. 우리도 벌거벗을 수 있는 존재야."라고 말하는 순간, 이들의 러브 스토리가 담백하게 다가올 것입니다. 그 누구보다도 정열적으로 사랑했던 사람들. 우리도 이만큼 나아가 볼 수 있을까, 사랑의 자유를 극단적으로 밀고 가 볼 수 있을까? 부끄럽게도 그러지 못할 겁니다. 수치심은 아주 끈질기게 인간의 판단과 사유의 발목을 붙잡고 있으니까요.

에로디즘,

사랑과 금기 사이에서

「감각의 제국」을 정리해 봐야 할 것 같네요. 이 영화가 지닌 여러 가지 '불편함'의 이면을 이야기해 봤는데요, 지금부터는 『30금 쌍담』의 주제라 할 수 있는 '금기'에 대해 '썰'을 풀어야 할 듯합니다. 조르주 바타유가 쓴 『에로티즘』(조르주 바타유가 사용한 개념을 다룰 땐 에로티즘, 그 외엔 에로티시즘으로 표기하겠다.)을 참고 문헌으로 삼겠습니다. 이 책의 문제의식을 단순화하면 다음과 같습니다. "에로티즘은 금기인가?"

먼저 '에로티즘'에 대한 설명이 필요하겠죠. 여기서 에로티즘은 앞서

언급한 사랑, 벗은 몸, 갖가지 욕망들을 몽땅 아우르는, 조르주 바타유의 유명한 개념입니다. 바타유가 생각하길, 인간 존재는 '연속성'을 유지하는 삶을 추구하는데, 그런 바람과는 반대로 자주 불일치하거나 불연속하는 상태를 겪게 된다고 합니다. 『에로티즘』의 설명을 빌리자면 이렇습니다. "우리는 서로 교통하려고 애쓴다. 그러나 우리 사이의 어떠한 교통 방법도 본래의 거리를 좁힐 수 없다. 여러분 가운데 누가 죽는다면, 그때 죽는 건 여러분 가운데 누구일 뿐 내가 아니다. 왜냐하면 여러분과 나, 우리는 모두 불연속적 존재이기 때문이다."

불연속적 존재인 인간이 그러한 틈을 메우려고 노력하는 행위가 바로 '에로티즘'인 겁니다. 바타유는 다시 이것을 육체의 에로티즘, 심정의 에로티즘, 신성의 에로티즘으로 구별합니다. 육체의 에로티즘은 알몸으로 섹스를 함으로써 합일하려는(연속성을 이루려는) 특성을 지니고, 심정의 에로티즘은 사랑에 빠진 이가 앓게 되는 열정을 가리킵니다. 결국 육체와 심정의 에로티즘은 각각 몸과 마음을 대변한다고 할 수 있겠죠. 그리고 신성의 에로티즘은 종교적 영역으로 넘어가는 것인데, 정신분석학적 차원에서 보자면 남녀의 육체적, 심정적 에로티즘만으로는 해결할 수 없는 존재에 대한 갈망, 즉 끝내 '신'을 향해 치닫는 열정이라고 이해해 보시면 될 듯합니다.

「감각의 제국」은 신성의 에로티즘까지는 아니더라도, 영화 내내 육체와 심정의 에로티즘을 다루고 있죠. 그런데 왜 인간은 이토록 섹스를 하고, 일체감을 얻으려고 할까요. 바타유는 동물과 인간의 섹스를 구분합니다. 동물의 섹스는 후손을 남기기 위한 생산성을 무엇보다도 중시합니다. 하지만 인간의 섹스는 생산에 관심이 없어요. 우리들 모두 '자손을 꼭 남기고 말겠어!'라고 생각하며 섹스를 하지 않잖아요. 오히려 섹스를 통해 쾌락을 추구하죠. 바타유에 따르면 인간은 에로티즘을 통해 쾌락을 추구하는 유일무이한 동물이에요. 그래서 에로티즘과 에로티즘을 통한 쾌락을 이해하면 인간을 보다 깊이 이해할 수 있어요. 이 영화에서 볼 수 있듯 죽을 것 같은 순간까지 성기를 움직이고, 죽음을 넘어선 쾌락을 추구하는 게 바로 인간이에요. 동물은 그러지 않아요.

예를 들어 사마귀는 교미 중 절정 상태에 이르면, 암컷이 수컷을 잡아먹는다고 알려져 있어요. 아마 『파브르 곤충기』에서 보셨을 테죠. 생물학자들은 암컷 사마귀의 배우자 포식 행위가 쾌락의 절정을 표현하는 게 아니라, 그저 후손을 위해 암컷이 영양을 보충하는 것이라고 설명합니다. 동물의 성행위 목적은 '후손을 남기기 위한 것'이라는 점을 단적으로 드러내는 내용이죠.

인간은 쾌락을 위해 죽음 직전에까지 이르는 격한 에로티즘을 추구하기도 해요. 그러나 에로티즘에 대한 몰입은, 결국 인간 세계를 쾌락 넘치는 사회로 이끌어 갈 수 있기 때문에 거기(에로티즘)엔 언제나 금기가 따라붙죠. 단지 벗는 행위뿐 아니라 성에 대해서도 여러 가지 금기가 존재하고, 질서를 부여하기 위해 제도화하죠. 에로티즘이 야기하는 '쾌락의 혼돈'을 억누르기 위함이에요. 동시에 미묘한 건, '에로티즘은 금기가 없으면 추구될 수 없다.'라는 바타유의 말입니다. 금기를 위반하는 것만큼 짜릿한 쾌락이 없거든요. 그래서 에로티즘과 금기는 동전의 양면처럼 서로 붙어 있습니다.

금기야말로 커다란 유혹인 겁니다. 동서고금을 막론하고 유명한 로맨스 서사는 모두 금기에 대한 것이었어요. 가령 근친상간이나 성직자와의 사랑 등이요. 금기가 크면 클수록 에로티즘의 쾌락 또한 극한으로 치닫게 됩니다. 사다와 기치의 사랑이 처음에 뜨거울 수 있었던 것은 '불륜'이라는 금기 덕분입니다. 사다는 점점 더 극단적인 쾌락을 추구하죠. 기치에게 "죽는 것보다 날 더 사랑해?"라며 질문을 던지죠. 죽음이라는 가장 강력한 금기를 넘어서는 사랑을 꺼내 든 겁니다. 에로티즘의 관점에서 보자면 「감각의 제국」은 두 사람 사이의 쾌락을 극단적으로 밀고 가는 영화예요. 그들을 둘러싼 금기가 강렬하면 강렬할수록 이들은 더 강한 쾌락에 중독될 수밖에 없죠. 그런데 「감각의 제국」은 쾌락 자체에 몰두하지 않아요. 이 영화를 보면서 성적 자극을 받으셨나요. 오히려 불쾌해지잖아요. 일반적으로 포르노가 추구하는 건 성적 자극이에요. 반면에 이 작품은 조금만 봐도 자극은커녕 점점 불쾌해지죠. 요즘엔 보다 자극적인 영상을 잡아내기 위해 초소형 카메라를 여자의 성기에 삽입한다고 해요. 새로운 형식을 창조하기에 이른 거죠. 그런데 이때부터는 포르노라 할 수 없죠. 포르노는 적당한 거리 두기가 가능할 때 작동할 수 있기 때문이에요. 상대의 몸을 봐야 하거든요. 한데 너무 가까우면, 가슴이든 등판이든 뭐든 볼 수 있는 거리가 사라지면 포르노그래피적 환상이 확 깨지죠.

이 영화는 그런 일련의 환상과 거리를 깨트립니다. 두 사람의 정사를 (지나칠 정도로) 밀착해 보여 줌으로써 관객들이 개입할 여지를 없애고, 포르노 영화의 흐름을 파괴했습니다. 오시마 나기사 감독은 기성 포르노를 거부한 겁니다. 포르노의 본질적 특성은 '포장'이에요. 우리가 사랑을 아름답다고 느끼는 건 낭만으로 포장했기 때문이에요. 드라마 속 러브 스토리도 그렇죠. 우리는 적당히 포장된 상태의 사랑을 감상해요.

아무리 사랑이라도, 그 본모습을 정면으로 응시하기는 힘들죠. 초콜릿의 원료인 카카오는 쓰고 맛이 없습니다. 하지만 여러 가지 재료를 섞어 포장하면 이보다 더 달콤할 수 없죠. 사랑도 마찬가지입니다.

이 이야기를 시작하면서 제가 '사랑은 금기인가?'라는 질문을 드렸죠. 사랑이 금기가 아니라고 여기는 건 우리가 '포장된 사랑'을 주로 봐 왔기 때문이에요. 하지만 이 영화가 보여 주듯, 날것 그대로의 사랑을 마주하면 사실 역겨워요. 혹은 내가 사랑하는 방식을 하루 종일 촬영해 보게 되더라도 마찬가지죠. 대중문화는 '어떻게 포장할 것인가?'라는 생각에 매몰돼 있어요. 인간의 문화, 영화적 형식이 발달하는 건 비슷비슷한 갖가지 포장술을 매번 새로운 듯 구사하기 때문이에요. 하지만 그 안의 초콜릿, 그 쌉싸래한 본질은 그대로예요.「감각의 제국」은 날것을 있는 그대로 던져 주지만요. 저는 이 지점에서 우리의 진짜 모습, 날것의 사랑을 찾아야 한다고 생각합니다.

영화에 묻다

마지막에 사다는 어떤 환상을 봅니다. 그녀는 기치와 한 소녀가 함께 숨바꼭질을 하는 빈 운동장에 누워 홀로 오르가슴을 느끼는 듯한 장면인데요, 이 장면이 전하고자 하는 의미는 무엇일까요?

홀로 오르가슴을 느낀다……. 결국 '인간의 욕망'은 홀로 남겨질 수밖에 없다는 뜻이 아닐까요. 기치를 통해 쾌락을 채우려던 사다가 결국에는 기치를 죽이고 맙니다. 꿈처럼 처리된 환상 장면은 기치의 성기를 자르기 전에 일어납니다. 그토록 남자를 소유하기 원했던 여자가 결국 남자를 죽였다, 그리고 그것을 설명하기에 앞서 환상이 나온다, 그럼 뭘까요?

그녀의 환상 속에 나오는 한 소녀가 남자를 쫓아가는데 남자는 마치 기치처럼 보이죠. 이후 소녀는 사다를 막 부릅니다. 그러고는 모두 사라지고 사다 혼자 누워 있습니다. 이 환상은 세 단계로 처리돼 있어요. 소녀가 남자를 쫓고, 또 그 소녀가 사다를 부르고, 결국 사다만 홀로 남겨지고……. 어긋난 상황들의 연속이에요. 술래잡기를 하는 듯한 엇갈림이 보여요.

그토록 이 남자를 갖기 원했고, 죽음을 통해 완전히 소유했는데도 결코 만족되지 않아요. 바타유처럼 말하자면, 에로티즘의 열정이 절정에 다다랐음에도 끝내 채워지지는 공백이 존재하는 것처럼 보입니다. 바타유는 에로티즘의 차원을 한 단계 높여 신을 향한 에로티즘까지 고민했어요. 이와 반대로 오시마 나기사 감독은 운동장에 홀로 남겨진 사다의 모습을 롱숏으로 잡음으로써 한층 허무감을 부각시킵니다. 저는 이 허무감이야말로 그녀의 인생을 압축적으로 보여 주는 일종의 종지부라고 느꼈습니다. 그 어디에도 완전한 사랑은 없어요. 인생이 지닌 공허감을 끝내 마주하게 된 셈이죠. 환상은 그것을 마치 한여름 밤의 꿈처럼 보여 주는 파노라마이고요. 홀로 남은 그녀가 마침표처럼 보여요.

왜 감독은 1930년대에 일어났던 사건을 1976년에 영화로 만들었나요? 성기만 있고 정신적으로 거세된 기치는 당시 나약해진 일본 사회의 가부장성을 보여 주는 걸까요?

'사다의 이야기'는 여러 차례 영화로 만들어졌어요. 1975년에 다나카 노보루 감독이 만든 「실록 아베 사다」가 보다 실화에 근접한 작품이었죠. 이듬해 「감각의 제국」이 발표됐으니, 1941년경 특별 사면을 받은 사다에게 다시 관심이 생길 무렵이었다고 볼 수도 있겠네요.

이 영화에선 가부장의 약함도 보이지만 남성의 강함도 드러나죠. 기치는 어떤 여자든 가리지 않습니다. 처음에 사다는 기치를 '주인님'이라고 불렀어요. 그러다가 관계가 변화하기 시작하죠. 기치는 점점 더 사다의 요구에 응해 줘요. 심지어 죽음까지도 용인하지요. 단순히 가부장성을 보여 주는 영화라고 하기에는 차이가 있죠.

사다와 다른 남자들의 관계를 떠올려 볼 필요가 있어요. 그녀가 가장 불편해했던 건 누군가가 자신을 '창녀'라고 부르는 것이었어요. 그런 부분에 신경 쓰지 않고, 편견을 보이지 않았던 남자가 바로 기치입니다. 사다와 내연 관계를 맺는 교장 선생님도 그녀에게 불편함을 토로하고 천대합니다. 상대적으로 기치는 어떤 남자보다 자유분방했어요. 이걸 '가부장적'이라고 볼 수는 없죠. 기치가 제도에 얽매이지 않는 남자라는 게 더 눈에 들어옵니다.

아닌 게 아니라 사다는 교장 선생과 관계를 가지다가 그에게 때려 달라고 요구합니다. 기치는 그 이야기를 듣더니 사다에게 자신을 때리라고 하죠. 이 장면의 의미가 궁금합니다.

동물의 생식 활동과 달리, 인간의 에로티시즘은 '쾌락'을 추구합니다. 그런데 쾌락은 한 번 만족되고 마는 게 아니라, 점점 더 강한 자극을 요구해요. 커피도 그렇죠. 카페인에 중독되면 부드러운 라테를 마시다가도 결국 에스프레소를 찾게 돼요. 센 것을 추구하게 되는 거죠. 저는 두 사람이 그런 단계에 이르는 과정을 보여 주기 위해, 감독이 저와 같은 장면을 연출했다고 생각합니다. 동시에 교장 선생님의 이야기를 듣고 기치가 같은 걸 요구하는 건 일종의 질투심이기도 합니다. 기치는 오고 가는 여자를 막지 않는 쿨한 캐릭터로 보이지만 그의 마음에도 사다를 향한 소유욕이 있어요. 사다와 교장 선생님의 관계를 듣고, 자신도 그와 같기를 원하는 것이죠. 인간이라면 누구나 지닌 질투심이 아닐까, 하는 생각이 드네요.

10여 년 전에 이 영화를 봤을 때는 성적인 장면에만 집중이 됐는데요, 이제는 역사적인 게 눈에 들어와요. 저는 전쟁에 나가는 군인들의 모습을 보면서 서로 탐닉하는 남녀의 성애를 전쟁에 비유한 게 아닐까, 하는 생각을 했습니다. 한편 더 궁금했던 건 마지막 장면이었어요. 과연 남자 주인공은 죽을 때 행복했을지, 그리고 이후 여자 주인공도 행복해졌을지 궁금합니다.

행복한 죽음이었는지는 잘 모르겠어요. 분명한 건 기치의 목이 졸렸다는 것, 소진됐다는 거예요. 기치는 이 관계를 계속 유지하는 한 복상사를 하든, 무엇을 하든 결국 죽었을 거예요. 그에 비해 사다에겐 마르지 않는 에너지가 있습니다. 아무리 봐도 사다의 에너지가 더 커요. 기치는 소진되어 갈 뿐이고요. 그렇게 소진될 걸 알면서도 끝까지 달려갔기 때문에, 분명 기치도 행복했을 겁니다. 물론 제 생각이지만요. 누가 봐도 죽음이 다가오는 걸 예감할 수 있죠. 소진되는 데에 대한 두려움이 기치의 대사에서 보이긴 하잖아요? 그래도 마음대로 하라고 하죠. 이 경험을 통해 사다도 깨달았을 것 거예요. 기치가 없으면 자신이 달려가야 할 지점 또한 없다는 걸요. 그 역시 죽음에 도달한 상태죠. 「감각의 제국」은 '행복'이라는 단어가 주는 충만함보다는, '소진'되고 '고갈'된 상황으로 치닫는 작품이에요.

사다는 처음에 기치가 아내랑 섹스 하는 걸 보고 질투와 살기를 느끼는데요, 그러다 나중엔 아예 남자더러 다른 여자들이랑 섹스를 하라고 요구합니다. 처음엔 남자를 지독히 사랑했는데, 끝내 그 사랑이 식었나 싶었습니다. 이런 복잡한 심경을 지닌 사다에게 질투란 과연 무엇일까요, 그 감정은 어디에서 나오는 거죠?

사다는 기치를 정말 좋아했어요. 그러니 그녀에게 기치의 부인은 큰 장애물이죠. 그 여자가 기치를 차지하고 있으니까요. 그 때문에 처음 기치가 부인과 관계하는 걸 봤을 땐 소유욕에, 아주 살기까지 느끼죠. 하지만 나중에, 즉 기치와 도피했을 땐 그의 옆자리가 자기 것이 됐으니 전부 상관없어진 거예요. 자신의 통제 아래에서 기치가 다른 이와 관계하는 건 괜찮은 거죠. 오히려 유희적 도구로 다른 여자들을 이용하죠. 그래서 기치에게 부인을 만나는 건 되는데, 정사를 나눠선 안 된다고 협박하죠.

그럼 기치는 왜 사다에게 아내와 섹스를 하지 않겠다고 약속한 뒤 그걸 어기나요? 사다를 진짜로 사랑하기는 한 건가요?

물론 그가 거짓말을 하긴 했지만, 그 거짓말이 사랑 전체를 부정한다고 여기시면 곤란해요. 사다의 추궁에 '그래, 했어.'라고 대꾸했다면 아마

칼부림이 크게 났을 거예요. 기치는 사다를 사랑하기 때문에 거짓말한 걸 수도 있어요. 사랑이라는 주제 안에서 들여다보면, 거짓말은 상대방을 위한 배려이기도 해요. 단지 '속였으니까 나빠.'라고 말할 수 없는 일이죠. 그가 진짜 '나쁜 남자'인지를 판단하려면, 일신의 이익만을 추구했는지 살펴봐야 해요. 가령 그가 부인이랑 욕실에서 정사를 나눈 건 단지 쾌락이나 돈을 얻기 위해서가 아니었어요. 기치가 사다를 속인 건 사실이지만 그걸 통해 그녀를 기만하겠다는 의도는 보이지 않아요.

30대 후반 여자가 보기엔 그리 괴로운 영화는 아니었습니다. 김기덕 감독의 영화에 종종 나오는 여성의 신체가 훼손당하는 장면은 보기에 매우 거북했는데요, 이 영화는 괜찮았어요. 설마 남자의 몸이라 그랬던 걸까요? 무덤덤하게 봤습니다. 그리고 사다의 집착과 소유욕이 이해됐어요. 성기를 가져간 것도 뭐, 일종의 기념품 같은 거라고 생각해요.
사랑에 기념품이 필요할지도 모르죠. 이 영화의 배경은 1930년대 일본, 그 당시 발생했던 실제 사건은 정말 큰 파문을 일으켰죠. 그래서인지 이 사건은 여러 문학과 영화에서 곧잘 회자됐어요. 「감각의 제국」이전에도 이 실화를 다룬 영화가 또 한 편 있었고요. 여하튼 기치의 성기를 '기념품'이라고 표현하면, 뭐랄까 좀 그 남자를 대상화하는 듯한 느낌이 들어요. 두 사람의 관계를 사랑으로 이해하셨다기에는 다소 어울리지 않는 표현이에요. 에로티즘의 극단에 빠지면 이성이나 관념 같은 판단이 중지돼요. 사다의 상태가 그랬죠. 사랑의 광기에 빠져 그저 '소유하고 싶다.'라는 순수한 열망에 사로잡힌 캐릭터예요. 그러니 그걸 기념품이라고 하면, 사다의 사랑 또한 다시 세속적 차원으로 내몰리게 되겠죠.

2 금기에서 삶으로

섹시힐리즘,

섹스와 허무에 대하여

종교의 금기나 공동체의 금기를 깨는 영화보다 더 자극적인 것은 섹스라는 금기를 다루는 영화라고 할 수 있어요. 물론 섹스를 많이 경험한 사람이라면, 혹은 일상적으로 섹스를 즐기는 분이라면, 섹스 영화가 그렇게 감흥을 주지 않을 수도 있습니다. 하지만 대부분의 젊은이들, 그리고 여기에 모인 분들에게 섹스는 여전히 거부감과 결합된 묘한 흥분을 줄 것입니다. 오늘 본 「감각의 제국」처럼요. 남성과 여성의 성기가 거의 그대로 노출되니 정말 자극적인 영화라고 할 수 있지요. 아마 여자 주인공이 남자 주인공을 죽이고 그의 성기를 자르는 영상은 여러분들께 상당한 충격을 주었을 겁니다.

애인이랑 같이 오신 분들 항상 조심해야 해요. 섹스란 축복처럼 보이지만 사실 저주이기도 하니까요. 가끔씩 생각해요. 차라리 인간에게도 동물처럼 발정기가 있으면 좋겠다고 말이죠. 그런데 그렇지가 않죠. 그래서 문제가 생기는 거예요. 암컷과 수컷이 본능적으로 섹스를 거의 동시에 원하는 것과 달리 인간, 즉 여성과 남성의 섹스에 대한 욕망은 서로 불일치해요. 우리는 이런 사실로부터 많은 것들을 얘기해 볼 수 있답니다. 부부 관계, 연인 관계 등이요. 내가 섹스를 원해도 상대방은 바라지 않을 수 있죠. 또 그 반대의 경우도 있을 수 있어요. 그러니 우리는 고민하고, 반성을 합니다. 그러니까 인간 사이의 섹스는 동물적인 것처럼 보이지만, 결코 동물성만으로는 설명할 수 없는 인문학적 뉘앙스를 강하게 띠고 있다는 겁니다.

영화 「감각의 제국」은 야하다기보다 상당히 피곤한 느낌을 줘요. 사실 기억나는 거라고는 남자 주인공 기치의 허무한 콧노래밖에 없어요. 남자 주인공이 연기를 진짜 잘해요. 여하튼 들뢰즈처럼 '개념의 창조'를 해 보자면 이 영화는 '섹시힐리즘', 즉 '섹스'와 '니힐리즘'을 합친 새로운 개념으로 읽을 수 있어요. 사실 아주 쉽죠. 소유욕의 화신인 사다와 인생이 허무한 남자 기치의 이야기예요. 영화의 배경이 제국주의 전쟁에 한창 몰두해 있던 1930년대 일본이니 사실 빤하죠. 두 남녀는 전쟁의 광풍 속에서 그나마 섹스를 할 때만 조금이나마 허무를 채울 수 있어요. 아니 정확히 말하자면, '허무한 남자 기치'와 '허무라고는 당최 모르는 사다'라고 할 수 있죠. 사다도 기치가 허무한 남자라는 걸 알아요. 그래서 남자의 성기를 살림으로써 그 사람 자체를 살리려고 해요. 그래요, 발기는 잠시나마 허무를 없애 주니까요. 그러니까 '발기 = 삶', '발기하지 않음=허무' ……뭐, 이런 공식이 성립한다고 볼 수 있죠. 그런데 일본 군대가 지나갈 때, 남자는 사색이 되죠. 마치 화가 난 것처럼요. 더 이상 허무를 극복할 수 없게 되죠.

저는 이 영화를 굉장히 남성적 시각에서 봤어요. 상당히 피곤해요. 어떤 여자가 저렇게 달려들면 무서울 것 같아요. 기치에게 섹스는 허무를 달래는 작은 위로인데, 끝나면 또다시 허무함이 밀려오죠. 그래서 그 행위를 반복하고 또 반복해요. 다 아시겠지만, 이건 목마르다고 소금물을 퍼마시는 형국이죠. 바닷물을 마시면 갈증이 더 격심해지듯, 섹스를 거듭할수록 더욱 허무해지는 겁니다. 마지막에 기치가 죽고 싶어 하죠?

이건 사정이 끝난 기분과 비슷해요. 하지만 사다는 계속 기치의 성기를 다시 살리려고 애쓰죠. 이렇게 남녀가 달라요. 이 영화를 본 다음에 아는 여자 분들에게 물어봤어요. 도대체 여자는 몇 번을 할 수 있느냐고요. 이렇게 노골적으로 물어봤더니, 30대 후반부터는 사다처럼 못 한대요. 힘들어서! 그런데 20대 초반에는 저렇게 쉴 새 없이 가능할 것 같대요. 그러니 여러분들은 황금기를 놓친 거예요. 2박 3일 동안 섹스만 할 수 있는 강력한 몸 상태가 이제 지나가 버린 거죠.

사다의 상황은 빤해요. 그녀는 어린 나이에 남편과 헤어졌고요, 건강하죠. 나이도 분명 20대 초반일 것 같아요. 사다는 갈 데까지 가려고 하고, 소유하고 독점하려고 하죠. 마지막에 성기를 자르기까지 하잖아요. 그 성기는 일종의 추억일 거예요. 이미 남성의 몸에서 떨어진 성기를 잡고 있는 장면에서 마치 그녀가 사랑의 추억을 쥐고 있는 듯한 몽환적인 분위기가 풍기는 건 아마 그래서일 겁니다. 기치는 사정을 한 남자가 위축되듯이 가만히 죽어요. 떠난 거죠. 사다는 알아요. 이 남자의 허무를 채울 수 없다는 걸요. 그래서 계속 섹스를 원하죠. 자신의 질 안에서 기치의 성기가 움직이는 동안, 최소한 그때만큼은 사랑하는 이가 잠깐이나마 허무에서 벗어나 삶으로 충만할 테니까요. 진짜 슬픈 건 기치가 사정하고 난 다음이에요. 더 큰 허무가 그를 덮치고 말겠죠.

다행스럽게도 이 작품은 어정쩡한 페미니즘을 취하지 않아요. 단도직입적으로 섹스가 허무일 수도 있다는 걸 말하고 있어요. 이 영화의 지침은 거기에 있어요. 섹스로 허무를 달랠 수 있지만, 없애지는 못해요. 그 후 더 거대한 허무가 밀려드니까요. 하지만 어쩔 수 없습니다. 당장은 허무하니까, 일단 이것을 채우고 봐야죠. 기치에겐 묘한 매력이 있어요.

특히 일본 군대가 그의 곁을 지나갈 때, 분노에 가득 찬 순간적인 섬광과 허무! 전쟁은 허무의 극점이지요. 어쩌면 전쟁이 야기한 허무를 달래기 위해, 기치는 섹스에 매달렸는지도 모릅니다. '목을 조르기 시작하면 멈추지 마!'라고 하죠. 중간에 멈추면 너무 아프거든요. 옥상에서 뛰어내렸을 때 단번에 죽으면 고통이 없는데 서서히 죽으면 진짜 괴로울 테죠. 그런데 사다는 기치를 살리려고 해요. 하지만 그럼 뭐해요? 또 죽고 말 텐데요, 사정이 끝나면요.

이 영화를 보고 남는 건 한 가지예요. 바닥 모를 허무를 보여 주고 있죠. 그 허무한 콧노래! 성기고 뭐고 중요한 건 콧노래인 것 같아요. 이 영화를 자세히 보신 분은 강연장을 나가면서 똑같이 흥얼거릴걸요. 어쩌면 전쟁에 나서기 전에, 즉 죽기 전에 섹스에 몰입한다는 내용이기도 해요. 분명히 남성적인 영화예요, 에로 영화는 결코 아녜요. 농담으로, 성범죄자들에게 이 영화를 계속 보여 줬으면 좋겠어요. 그것도 무척 힘들게요. 한편 영화를 보다 보면 '샤미센'이라는 세 줄 현악기 나와요. 글자를 줄여 '산겐'이라고도 하는데요, 이건 일본 게이샤들이 꼭 배우는 악기예요. 또 일본 특유의 관음증적 요소가 많이 나오죠. 옆에서 섹스를 하든 말든 무관하게 일상을 사는 사람들. 그것도 사실 쓸쓸하죠. 아무리 자극적이어도 스쳐 지나가요. 너무 외롭고 쓸쓸하고 파편화되어 있어요. 끝까지 충족이 안 되죠. 물론 허무하다는 느낌을 가장 많이 남기는 게 바로 섹스예요. 관계를 맺을 때엔 열정과 희열이 넘치죠. 하지만 섹스가 끝나는 순간 허탈해요. 헛헛하고요. 첫 경험을 하고 나면 누구나 섹스에 대해 품고 있던 큰 판타지가 깨져요. 그래도 그 허무를 채우려고 섹스를 계속 이어 가죠. 인간의 섹스는 그래요. 동물의 발정기와 다르기 때문에 매번 더 몰입하죠. 그 순간적인 충만감을 느끼려고요.

언젠가 제가 사르트르가 한 이런 말을 인용했는데요, "내 손가락 밑에 놓인 그 사람의 몸이 단순한 살덩어리로 느껴지지 않는 것"이 애무라고 했어요. 사다는 '저 사람이 나 말고 다른 생각을 하고 있는가?' 싶어서 상대의 몸을 만져요. 내 손길에 반응하면 나에게 집중하는 거예요. 혹시 딴생각하는 사람을 만져 봤어요? 아무런 반응이 없잖아요. 꼭 죽은 것처럼요. 사다도 섹스를 하다가 조는 기치를 때리고, 급기야 점점 더 수위를 올려요. 기치가 자꾸만 허무로 빠져드니까, 죽어 가니까요. 그리고 묘한 미소를 지어요. 이 관계가 얼마 안 남았다고 직감한 거예요. 그러고는 기치의 마지막 바람을 이뤄 주려고 하죠. 사랑했으니까요. 사다는 그가 원한 걸 해 준 겁니다. 성기가 바로 그거예요. 그전까지는 거의 동물적인 거였어요. 하지만 마지막에서, 기치의 허무를 이해한 사다의 모습이 참 예뻐 보여요. 섹스로 허무를 채우지 못하는 시점에서, 내 사랑하는 남자를 보내 주는 거죠. 그래서 결말이 애절해요. 그때 사다의 마음이 어땠을까, 헤어져야 할 수밖에 없는 애정 같은 것들이 문득문득 보여요.

사실 우리가 금기라고 하는 건 말초적인 것들이에요. 어찌 보면 유치하죠. 「감각의 제국」에 나오는 기치의 성기에 모자이크를 하는 순간, 이 영화의 의미가 사라져요. 기치가 성기고 성기가 기치인데, 당연한 일이죠. 차라리 얼굴에 모자이크를 하는 게 낫죠. 우리나라의 검열 수준이 어떤지 알 수 있어요. 여하튼 더 이상 사다가 기치를 잡지 못해요. 마지막인 걸 알아요. 마지막으로 기치의 목을 조를 때 그의 성기가 마지막으로 부풀고, 사다는 그의 정액을 자신의 몸 안에 넣었겠죠. 마지막 희열을 느낀 거예요. 굉장히 일본적이죠. 벚꽃이 날리는 것 같아요. 우리나라의 아리랑 정서와는 달라요. 끝도 없이 클라이맥스로 치달아요. 묘한 절정들이죠.

아무튼 이걸 준비하면서 이 영화를 한 다섯 번 정도 봤는데, 너무 힘들었어요. 두 주인공이 오로지 정사밖에 안 하니까 지쳐요. 그런데 군대가 지나가는 장면에서 언뜻 보이는 기치의 분노. 간드러지는 샤미센 소리가 군홧발 소리로 바뀌더니, 끝내 사다에게 가죠. 사실 여성분들이 이 영화를 어떻게 봤을지 잘 모르겠어요. 아무리 해도 잡을 수 없는 남자, 그런 존재를 보며 어떤 감정을 느꼈을까? 사실 남자란 다 그런 생물인지도 몰라요. 남자는 자꾸 전쟁터로 나가려고 하고, 여자는 계속 그런 남자를 침실에 잡아 두려고 하죠. 저는 이 영화를 허접한 페미니즘이나 싸구려 인문학적 시선으로 들여다보고 싶지 않아요. 결국 이 둘이 제대로 사랑을 나눈 건 마지막 장면이죠. 사다가 비로소 기치의 사랑을 포용해 주니까요. 물론 기치는 그러고 곧장 죽음을 맞고 말죠.

콧노래만 기억하세요. 제가 본 건 그거예요. 아마 몇몇 분들도 저랑 비슷한 느낌을 느꼈을 거예요. 이런 느낌을 가지려면 섹스를 굉장히 많이 해 봐야 해요. 젊은 사람들에겐 그 허허로움이 잘 안 보이죠. 섹스가 덧없다는 걸 모르는 사람들한테 그게 보이겠어요? 제가 정의를 잘하지 않았나요? '섹시힐리즘', 섹스+니힐리즘이에요. 허무한 남자를 사랑하는, 허무를 잡으려고 했던 한 여자의 이야기. 마지막에 사다는 이 남자를 잡을 수 없다는 걸 깨닫죠. 딱 한 번뿐인 사랑, 목을 조르고 성기를 자르기 직전의 그 마지막 사랑이 그들의 유일한 섹스였을지도 몰라요. 앞부분은 사실 사다가 아니어도 되고 기치가 아니어도 돼요. 둘이 진정한 섹스를 한 건 결국 마지막이에요.

　결국 중요한 것은 섹시힐리즘에 대한 통찰이 아닐까 해요. 우리는 때때로 허무주의를 달래기 위해 섹스에 몰입합니다. 정상적인 성인이라면 언제든지 섹스의 기회를 얻을 수 있을 테니 말입니다. 섹시힐리즘은 섹스가 가진 강도와 충만감으로 자신이 느끼는 허무를 채우려는 정신 상태라고 정의할 수 있을 듯해요. 허무는 일종의 무기력입니다. 자기 뜻대로 사회가 순순히 움직이지 않을 때, 혹은 아무리 노력을 해도 원하는 것을 얻지 못할 때, 아니면 전쟁이나 경기 불황 등 미래가 극도로 불안할 때, 우리는 허무를 느낍니다. 이럴 때 마치 당의정을 꿀꺽 삼키듯 섹스가 주는 일시적 긴장과 충만감을 갈구하게 되는 거죠. 진정한, 혹은 치명적인 섹시힐리즘은 자신의 허무를 오직 섹스로만 채우려고 할 때 작동한다고 할 수 있습니다. 그렇지만 어떤 행동이든 자꾸 반복하게 되면, 매너리즘에 젖게 마련입니다. 그러니 더 새로운 섹스, 더 기묘한 섹스, 심지어 엽기적이기까지 한 변태적 섹스가 나타나게 되는 거죠. 이럴 때 섹스는 이제 그 자체의 즐거움을 잃고, 일종의 절대적인 수단으로 전락하게 됩니다. 마침내 섹스마저도 허무주의의 먹이가 되는 거죠.

정신적 결합이 결여된 육체적 탐닉은 참 허망한 것 같아요. 이성 간에 정신적으로 많은 부분을 교감하고 성장하게 하는 방법에는 뭐가 있을까요?

잠깐만요, 이 영화 속 주인공들이 허무해 보이신다는 거죠? 그런데 이들처럼 탐닉을 안 해 보시고 그런 말을 하시는 건 곤란하다고 생각해요. 이성 간에 정신적으로 교감하고 싶다는 걸 보니, 소위 '플라토닉러브'가 더 낫다고 생각하시는 거 같군요. 하지만 육체적 사랑을 탐닉해 보지 않고, 곧장 이런 질문을 던지는 거라면 정말 안 됩니다. 이럴 때 보면 플라토닉러브는 참 원수 같아요. 어쩌면 사랑은 기꺼이 더러워지는 것, 타자와 섞이는 일인지도 몰라요. 타액을 섞고, 피부를 어루만져야 정신적으로도 더 많은 걸 공유할 수 있어요. 텔레파시같이 정신적으로, 아무런 접촉도 없이 교감할 수 있는 건 실상 없어요. 정신적으로만 교감할 수 있다고 생각하는 플라토닉러브는 오히려 저주받아야 해요. 차라리 육체적으로 상대를 제대로 탐닉해 본 뒤에 다시 오셔서 질문해 보시는 게 어떨까 싶네요.

카페에 앉아 성에 대해 진지하게 얘기만 하는 커플들을 보면 거의 다 어린애들이에요. 웃기죠. 하지만 대화하는 행위 자체가 에로티시즘이에요. 롤랑 바르트도 서로의 대화가 애무라고 했죠. 그들이 나누는 대화의 목적은 정보 전달이 아니에요. 얼마나 많은 커플들이 모텔에 못 가고, 주저하며 주야장천 얘기만 하는지 아세요? 늦은 시각이 되면 그냥 집에 가 버려요. 그런 커플한텐 모텔비를 쥐어 주고 싶어요. 스킨십이 간접적이냐 직접적이냐, 검열하면서 플라토닉러브를 추구해요? 이 여자랑, 이 남자랑 말을 섞고 싶다는 건 결국 몸을 섞고 싶다는 거예요. 간접적이어야 한다고요? 대화만 나누고, 정신적으로 교감하고 싶다고요? 천만에요! 한 사람이 내 말에 귀를 기울여 주는 모습, 이미 그 자체로 '에로틱한 사건'이라고요!

대화 자체가 하나의 애무라는 걸 왜 몰라요? 수녀와 신의 관계, 비구니와 부처의 관계도 간접적이나마 묘한 에로티시즘을 지니고 있죠. 섹스를 말초적인 것으로만 생각하지 마세요. 대화는 더 섹시한 성기일 수 있어요. 더 육감적인 향기일 수도 있고요. 그 사람을 사로잡기 위해 시 한 편 다 외우던 시절이 기억나지 않아요? 손으로 하는 것만이 애무가 아니죠. 상대가 쓸데없는 소리를 많이 하면 짜증이 날 때가 있죠. 막 이상하고 심오한 얘기요. 플라토닉러브? 웃기지 마세요. 플라토닉에 집중하지 말고, 러브에 집중해요. 자신감 없는 사람들이 하는 게 플라토닉러브예요. 학생들이 교생 선생님한테 갖는 사랑도 그런 거죠. 사랑한다면 접촉하세요! 무슨 플라토닉이에요, 개뿔.

어쩌다 보니 불륜의 당사자가 되었습니다. 그런데 이 세상에 하면 안 되는 사랑이 있을까요? 이젠 간통죄도 없어진 마당에, 솔직히 범법은 아니잖아요.

사랑과 불륜이 구별되는 지점은 어디일까요. 사랑이라 생각하면 밀어붙이고, 불륜이라고 느껴지면 관계를 포기할 준비를 하는 건 아닐까요. 수차례 말씀드렸다시피, 동서고금을 막론하고 불륜은 매우 흔한 테마일 뿐 아니라 거의 모든 인류를 관통하는 가장 중요한 관계 유형 중 하나예요. 절대 해서는 안 되는 죄악은 아닌 거죠. 누구나 어쩌다 한 번쯤 겪고, 때로는 계속하고 싶어 하기도 해요. 저는 이런 얘기를 자주 해요. 연인 관계가 지닌 이 내밀한 울림에는 남이 쉽게 개입하기 어려운 부분이 있어요. 누가 나서서 된다, 안 된다, 답을 내릴 수 없습니다. 하지만 질문자가 제게 저런 것을 물은 이유가, 불륜에 대해 거부감을 느끼기 때문이라면 말을 더 이어 가서는 안 되겠죠. 본인의 마음속 울림이 더 중요하잖아요. 제가 하라고 한들, 하지 말라고 한들 뭐가 대수겠어요?

더 깊이, 한번 생각해 볼까요. 불륜이라는 단어를 살펴보세요. 이 단어는 '아니 불(不)'에 '무리 륜(倫)' 자로 이뤄져 있어요. 사랑의 핵심에는 늘 불륜성이 도사리고 있어요. 가족을 배신하고, 그러니까 부모님에게 '나 그 사람이랑 잘 거야!'라고 말한 적 있나요? 그렇게 가족이라는 무리에서 떠난 적이 있느냐는 말입니다. 결국 불륜이라는 건 무리에서 떠나는 행위입니다. 그 때문에 우리가 불륜을 저주하는 건 고착화된 욕망이에요. 기존의 틀을 유지하겠다는 욕망이 있기 때문이죠. 어느 사이엔가 여러분이 어머니, 아버지처럼 돼 버리는 거예요. 무리 밖에서 새로운 무리를 만드는 게 불륜이죠. 이 사람이랑 결혼할까, 아니면 가족 안에 좀 더 머물까. 그런데 새로운 가족을 구축하려는 바로 그 과정이 인간에게 가장 행복한 순간이에요. 문제는 정착을 하느냐 마느냐, 입니다. 사실 정착을 하면 아무도 뭐라고 하지 않아요. 어쨌든 지금 이 과정, 즉 불륜에 들어선 이상, 이걸 정직하게 돌파하지 않으면 정착이고 뭐고 아무것도 없어요. 어중간하게 그만둬 버리는 거죠.

근데 질문자가 홀로 그만둘 수 있을까? 글쎄요, 심각한 문제죠. 모든 모험은 그 사람, 불륜의 상대 또한 감당해 내야 해요. 말해 봐요, 지금 불륜을 못 견디고 있죠. 스스로 견딜 수 있다면 이런 질문을 아예 안 해요. 그래서 불륜성이 지닌 의미를 잘 아셔야 해요. 기존의 무리 질서에서 벗어나는 게 바로 연애예요. 처음 애인을 만날 때 부모님한테 미주알고주알 안 밝혔잖아요. 거짓말했잖아요. 그런 때가 우리에게 가장 매력적으로 다가오는 순간이죠. A에서 B로 가기 전에 비행기에서 느끼는 설렘 같은 거요. 사랑의 핵심은 기성의 해체와 새로운 것을 향한 전망이죠. 그걸 감당할 것이냐 말 것이냐, 그 문제예요. 예전 관계에 너무 많이 의존해 있으면 해체하지 못해요. 그건 아무나 하는 게 아니에요.

자, 이젠 알아서 하시는 거예요. 그 문제는 아무도 못 도와줘요. 지금 본인이 굉장히 약해져 있기 때문에 그런 질문을 하시는 거예요. 분명 상대방이 뭔가를 정확히 약속해 주지도 않았을 거예요. 그래서 불안할 테죠. 같은 이유에서, 우리는 가정이 불행하거나 불안정할 때 사랑에 금방 빠져요. 더 나은 무리에, 안정적인 누군가에게 귀속되고 싶으니까요. 하지만 언제나 익숙한 것을 버리는 일은 찜찜해요. 그 순간 자기 자신이 너무 싫게 느껴지기도 해요. 사실 전 고뇌하고 번뇌하는 그런 모습이 무척 예뻐 보여요. 사회적 관습, 편견 들과 내 욕망이 격렬히 충돌하는 그 순간들, 이럴 때 진지한 예술 작품들이 훅 하고 우리 안으로 들어오죠. 성숙해지는 겁니다. 안정만을 추구하는 사람들은 애초에 이런 번민 자체를 안 하죠.

최근에 연인과 사별을 했습니다. 살아서 나누는 이별은 감당할 만합니다. 그런데 사랑하는 존재와의 영원한 이별, 즉 죽음은 정말 큰 문제였습니다. 연인의 시체를 보며 '먹고 싶다.'라는 생각이 들 정도였습니다. 이 경험을 통해 단어를 새롭게 배운 것 같습니다. '사랑하다.=먹다.' 영원히 내 몸의 일부로 함께하고 싶다는 생각 말입니다. 하지만 이런 제 생각을 들으면 아마 많은 분들이 불편해할 듯합니다. 아무래도 사랑하는 대상을 먹는다는 것은 사랑의 대상이 지닌 존엄성을 훼손하는 일일까요?

실제로 수많은 영화에서 상대의 몸, 살을 먹는 행위가 묘사되곤 합니다. 그리고 실제로 '시체 애호'를 뜻하는 '네크로필리아'라는 단어도 있어요. 사체임에도 불구하고 소유하고 싶은 마음……. 사랑하는 상대를 먹음으로써 성적 기쁨, 사랑을 느끼는 거예요. 특이 페드로 알모도바르 감독이 만든 영화 「그녀에게」를 보면, 거의 시체 상태인 여자를 사랑하는 한 남자가 나옵니다. 여하튼 '상대를 먹고 싶다.'라는 충동은 「감각의 제국」에 나온 것처럼 '상대의 신체를 갖고 싶다.'라는 욕망과 통하기도 해요. 그래서 성기를 절단하기 전에, 음모를 먹는 장면이 나오죠. 아무리 이렇다 저렇다 해도 이런 충동이 일반적으로 '적극 권장'되는 게 아니라는 점은 확실하죠. 하지만 그런 관념이 사랑의 일부인 건 틀림없습니다. 그래서 시체에 대한 사랑과 애호가 꽤 많은 예술 영역에서 계속해서 다뤄지는 거랍니다. 저는 그게 그렇게 이상하다고 생각하진 않아요.

옛날에 어떤 원주민들은 부모가 돌아가시면 그 시체를 나눠 먹었어요. 부모가 자기들 몸의 일부가 된다고 여기면서요. 그런 문화가 이질적으로 느껴질 때가 있어요. 왜 그럴까요? 사실 절망적인 노력이잖아요. 어떤 사람을 소유하겠다는 발상 자체가 그런 거예요. 이런 생각의 밑바닥엔 상대가 자유롭다는 전제가 깔려 있어요. 나를 떠나는 상대를 맹렬히 붙잡겠다는 거죠. 하지만 성숙은 무언가를 '소유'하겠다는 욕구를 버릴 때 비로소 생겨요. 털을 먹는다? 털이야 뭐, 계속 나고 빠지니 별 상관없지만 엉덩이를 먹는다면? 그러면 문제가 생겨요. 여하튼 그런 행위의 동기를, 고유성을 잘 살펴야 해요. 무작정 거부감을 느낀다면, 그 또한 자기가 지닌 사랑의 방식을 관철하는 것밖에 안 돼요. 이를테면 '검열의 논리'가 그렇죠. 즉각적인 혐오에 따라 판단하지 말고, 무엇이든 숙고해 봐야 해요. 그래도 안 늦어요! 그리고 한마디 덧붙이면, 「감각의 제국」은 그렇게 야한 영화가 아니에요. 섹스가 아닌, 사랑의 허무를 다뤘을 뿐이니까요. 그런데 남자의 성기가 나왔다고 해서, 여성의 음부가 노출됐다고 해서, 그러니까 이해가 안 된다고 해서 무작정 검열하면 안 돼요.

사실 신체 일부를 소유하고 싶다는 욕망은 꽤 보편적인 거예요. 사랑하는 이의 머리카락을 소유하는 것, 상대와 관련된 어떤 사물을 갖고 싶다는 건 누구나 가진 바람이잖아요. 하지만 어느 문화, 시대에 놓여 있느냐에 따라 대단히 이상해질 수도 있죠. 수천 년 전 미라는 당시 이집트에선 보편적이었지만, 요즘 시대에 재벌 회장이나 대통령을 미라로 보존한다고 해 보세요! 분명 괴상한 일이죠.

『삼국지』를 보면 유비, 관우, 그리고 장비가 도원결의를 맺는 장면이 나오는데요, 이때도 세 사람은 서로 피를 나눠 먹죠. 하지만 그 일화는 전혀 이상하지 않잖아요. '시체를 먹는다.' 자체에 초점을 맞추면 안 될 것 같아요. 문맥을 봐야죠. 문맥을 보지 않으니까, 서로 싸우고 난리가 나는 겁니다. 살다 보면 자신과는 다른 사람을 만날 때가 있죠. 하지만 상대의 특이한 부분, 아주 작은 말단에 속으면 제대로 관계를 지속할 수 없어요. 식인은 분명 우리 문화권에선 금지된, 법적으로나 관습적으로 용납될 수 없는 행위입니다. 하지만 사랑의 당사자들에겐 지극히 당연한, 혹은 정당한 충동일 수도 있어요. 그래서 사랑의 힘이 위대한, 아니 무서운 겁니다.

남자인 기치는 일도 안 하는데 여자인 사다가 돈을 벌어 그를 먹여 살립니다. 그걸 보면 남자에 대한 사랑이 얼마나 깊으면 저럴까, 싶었습니다. 심지어 질투까지 났습니다. 일하지 않는 '자본가의 사랑', 그러니까 돈 걱정 없는 사랑은 어떤 것일까요.

기치는 돈도 없고 일도 안 하는데, 사다가 달려들어 먹여 주지, 재워 주지, 섹스도 해 주지…… 질문자는 그게 부러운 거죠! 분명 질문자는 제대로 돈을 벌어 본 적도 없고, 어느 누군가와 진하게 사랑하고 격하게 섹스를 해 본 적 없는 사람일 거예요. 아이들은 아버지가 직장에서 어떤 식으로 돈을 버는지, 그리고 아버지와 어머니가 어떤 식으로 섹스를 하는지 잘 모르죠. 그저 돈이면 좋고, 섹스면 좋다는 식이죠. 인간이 돈이나 섹스를 얻기 위해 얼마나 많은 우여곡절을 겪어야 하는지 알게 된다면, 그 사람은 이제 성인이 됐다고 말할 수 있을 겁니다.

　한편 사랑의 깊이를 이야기하셨는데요, 이 말은 사람들에게 묘한 착시 효과를 줘요. 오랜 경험이 두둑이 쌓이면 깊이가 되고, 또 미래에 커다란 기대를 걸어도 깊이가 생겨요. 개나 고양이를 오래 키우면 배 아파 낳은 아이만큼 정이 깊어지잖아요. 사랑의 깊이? 잘 모르겠어요. 어제 잠자리한 남자랑 오늘도 같이 잔다고 깊이 사랑하는 건 아니죠. 깊이라는 건 비겁한 말인 것 같아요. 가령 '깊이 있는 여행'을 한다고 하면, 계속 같은 장소만 여행하는 사람일 텐데요, 그게 맞는 말일까요? 물론 이 영화가 사랑에 대해 말하는 건 맞아요. 타인이 원하는 걸 기꺼이 해 주는 게 사랑이라고 하면 이 두 사람의 행위도 사랑이죠. 저는 상대가 사다처럼 계속 달려들면 그만 좀 하라고 손사래 치겠어요. 그런 점에서 기치는 좋은 남자예요. 백골이 될지언정 갈 데까지 가 보자는 걸 받아 주잖아요. 정말 비범하지 않아요? 사랑의 고전적 정의에 비춰 보자면 두 사람은 진짜 많이 사랑한 거예요. 그런데 파괴적 양상도 띠고 있어요. 왜냐하면 사랑이라는 게 섹스에만 국한돼 있으니까요. '지금 내가 살아 있다.'라는 사실을 섹스를 통해서만 느낄 수 있다면 아무래도 좀 위험하죠.

그럼 있죠, 오래 사귀었다면 깊이 사랑한 걸까요? 누군가와 10년을 사귀었고, 모든 걸 다 걸었다고 해 봅시다. 바로 그때 '깊이'를 주장하는 건 본인이 상대에게 쏟은 시간, 돈, 정성…… 그런 모든 것들이 아깝기 때문이에요. 그게 진정한 깊이일까요? 질투하지 마세요. 기치가 사다를 데리고 나왔기에, 즉 남자가 기둥서방이라는 안정적인 직장을 버리고 같이 도망쳤기 때문에 사다도 무언가를 해 주고 싶은 거예요. 이걸 가부장적 구도라 보는 데에는 무리가 있어요. 오히려 경제적으로 무능한 쪽은 남자죠. 만약 기치가 사다에게 매춘을 강요했다면, 그건 가부장적 폭력이죠. 하지만 그러지 않았어요. 차라리 서글픈 사람이죠. 가부장적이기는커녕 무능력한 사람……. 옛날 사람들은 이런 말을 많이 했어요. 가장 똑똑하면 장군, 두 번째는 재상, 세 번째는 스님이 된다고 말이죠. 안방에 갇히지 않는, 즉 섹스에 얽히지 않은 직업을 남자들이 보다 선망했던 거예요. 집 안에서 나가지 못하고, 여자에 붙잡혀 사는 건 남성적이지 않다고 여긴 거죠. 물론 페미니즘의 입장에선 이런 발언을 비판할 수 있어요. '남성적이다, 여성적이다, 판별하는 건 전부 가부장제 사회가 만든 관념이다.'라고요. 충분히 그럴 수 있죠.

계속 관계를 가져도 허무감을 느낀다면 그 관계를 정리해야 할까요? 사랑에 국한되지 않더라도, 여러 관계에서 끊임없이 허무감을 느낀다면 그런 관계들을 그만두는 게 옳을까요?

'예전 같지 않다, 별로다.' 하는 느낌인 거죠? 뭘 관계를 정리해요, 관계가 이미 끝난 건데요. 관계가 끝나자마자 혼자 있고 싶어졌나요? 찍 하고 끝낸 남자가 담배를 태우듯이? 이 사실을 잊지 마세요, 꽃은 다 져요! 그런데 어차피 질 꽃이라고 아예 피지조차 말아야 할까요? 부질없다, 하면서요? 아니죠, 꽃이 폈었다는 걸 부정해선 안 돼요. 일단 사자성어 하나 외워 두세요. 회자정리(會者定離). 만난 것들은 반드시 이별해요. 그냥 그 사실을 염두에 두고 마음껏 누려요. 만나기도 전에 헤어질 일을 생각하면 머저리죠. 선녀와 나무꾼 이야기 아시죠? 나무꾼은 결국 이별할 걸 알면서도 아이들을 볼모로 악쓰며 선녀를 붙잡죠. 그럼 만났을 때 무엇을 해야 할까요? 한 가지 확실한 것은, 만나자마자 이별을 생각하는 건 멍청한 일이라는 겁니다. 그건 바보죠. 그냥 누려요. 나이는 상관없어요. 꽃은 매 순간마다 펴요. 오늘 아침, 당신이 잠에서 깨어날 때도 한 송이 폈지요.

헤어질 것 같아서 사람을 못 만난다는 건 정말 바보 같은 짓이에요. 그런 생각은 하지도 말고 일단 이 세상을 살아 보세요. 또 누가 알아요? 근사한 소나기를 맞아 행복에 젖게 될지도 몰라요. 회자정리라고 해서 무작정 덧없는 게 아니에요. 그 사실만 알면 돼요. 그래도 뭔가 부족하다고 느끼신다면, 도대체 뭘 원하시는 거예요? 불로장생? 영원한 박제? 이 세상이 아름다운 건 모든 게 죽어 없어지기 때문이에요. 영원한 건 후진 거예요. 사람들이 무지개를 왜 좋아하는지 아세요? 금방 사라지거든요. 이별할 때 충분히 슬퍼하되 오래 품고 있으면 안 돼요. 부모님이 돌아가시면 슬퍼하실 거죠. 다들 그렇다고 하네요. 그런데 부모님이 돌아가실 걸 알고 미리 정을 떼는 분, 여기 계신가요? 그건 이상하잖아요. 누리세요.

다시 질문자의 고민으로 돌아가 보겠습니다. 종종 관계가 끝났음에도 그 사실을 받아들이고 싶지 않을 때가 있죠? 그럴 때 우리는 추억에 젖듯 섹스를 하게 돼요. 그러니까 다른 관계는 전부 무너져 버리고, 오직 섹스만 남은 셈입니다. 따라서 허무할 수밖에 없어요. 이제 이야기를 주고받는 관계, 함께 여행을 다니는 관계, 맛있는 음식을 나눠 먹는 관계…… 이런 모든 것들이 붕괴됐으니까요. 섹스를 마치고 나서도 함께하고 싶은 관계가 존재하지 않으니, 관계 후에 허무만 남는 겁니다. 그러니 또, 자꾸 섹스를 시도하게 될 테죠.

그래도 허무한 관계가 지속된다면 먼저 얘기하세요, '헤어지자.'라고요. 지지부진하고 괴로우면, 서로를 갉아먹을 뿐이에요. 지금까지의 좋은 추억도 저주하게 될 겁니다.

이혼 후에 각자 새로운 애인이 생겼는데요, 최근 다시 예전 상대와 재결합을 원하는 제 모습을 발견하게 됐어요. 하지만 배우자의 반응이 좀 애매합니다. 서로 연락하고 만나긴 하는데요, 상대의 태도가 불분명해요. 이제 저는 어떻게 해야 할까요?

재결합의 욕구가 든 건, 새로 만난 애인이 마음에 안 들기 때문일 거예요. 현재 애인과 예전의 배우자를 저울질해 본 거죠. 그런데 한편 배우자는 벌써 좋은 상대를 만나 행복해 보이는 겁니다. 막 초조해지죠. 구체적으로 말씀드리자면 지금 질문자에게는 두 가지 마음이 부대끼고 있을 거예요. 현재 만나는 상대와 예전 배우자에 대한 마음. 그러니까 자꾸 저울질하고 비교해 보는 거죠. '과거에 버리긴 했는데, 사실 괜찮은 사람이었던 게 아닐까?' 아무리 그런 생각이 들어도, 아깝게 느껴져도 끊기로 한 이상, 완벽히 절단해 버리는 게 좋아요. 그런데 질문자는 양쪽 관계를 전부 유지하고 싶어서, 일부러 중간에 걸쳐 서 있죠. 그러니 자기감정이 정리될 리 만무하죠.

누군가를 만나려면, 예전 상대와 완전히 헤어져야 해요. 그러지 않으면 두 관계가 전부 파괴돼요. 새로운 사람이 생겨 엉겁결에 기존 상대를 버리면, 계속 이쪽저쪽 비교만 하게 돼요. 저울질이 끝없이 이어지죠. 현재를 향유하며, 눈앞의 상대에게 모든 걸 다 걸어야 하는데 말이에요. 질문자는 템플 스테이를 한 1년 정도 해 보세요. 모든 관계를 다 끊고 나와 보세요. 물론 템플 스테이를 하다가, 그곳 스님과 사랑에 빠질 수도 있습니다만……. 아예 동학사 같은 비구니 사찰로 들어가세요. 아무튼 이전 관계를 확실히 끝내지 않고 새 관계를 시작하면 너무 피곤해져요. 한 사람과 헤어진다는 건 본인 마음속에 자리한 그 상대를 완전히 지운다는 겁니다. 예전 사람이 남아 있으면, 새 사람을 만나도 자꾸 비교하게 돼요. 누군가와 이별하고 나면 가슴이 뻥 뚫리죠. 그 구멍이 다아문 다음에 새로운 상대를 만나야 해요. 그러지 않으면 뚫린 자리에 어떤 남자가 들어오든 사랑하게 될 겁니다. 그런데 사실 이건 사랑이 아니죠. 그저 과거의 상대가 남기고 간 구멍을 임시방편으로 때우는 거니까요. 현재의 남자는 그저 과거 상대의 대용품일 뿐이니, 이게 어찌 사랑이겠어요?

남자의 욕구는 섹스로 채워지지 않기 때문에 허무를 느낀다고 하셨습니다. 그런데 왜 남자는 계속해서 섹스에 목맬까요? 참고로 저는 교사인데요, 더러 섹스를 목적으로 여학생을 만나 성관계를 가지자마자 버려버리는 남학생들을 목격하곤 합니다. 성관계가 사랑에 별 도움이 안 되는데도, 왜 이토록 남자는 섹스에 골몰합니까? 선생이기에 앞서 여자인 저는 섹스를 사랑의 표현이라 믿고 이제껏 응해 왔는데요, 가끔 남자들이 하는 걸 보면 정말 배신감이 듭니다.

저는 학교 선생님들이 이런 이상한 의식을 가진 걸 혐오해요. 섹스를 절대적인 것으로 여기는 사람들이 있어요. 음란한 사람일수록 섹스를 지나치게 신성시해요. 차라리 매춘부들이 가장 플라토닉한 사랑을 하지요. 섹스를 존귀하게 생각하지 마세요. 섹스가 사랑의 표현이라고요? 한 부부가 늙어 더 이상 섹스를 할 능력이 없다면, 이제 사랑하지 않는 건가요? 19세기 문학, 특히 모파상이나 프랑스 문학을 보면 '진짜 사랑'을 아는 매춘부들이 많이 나오잖아요. 오히려 요조숙녀들이 더 음란하게 그려지고요. 여하튼 '섹스는 사랑의 표현이다.'라는 의식에 함몰되어서는 안 돼요. 섹스로 사랑을 이어 갈 수 없다는 걸 알잖아요. 섹스는 섹스예요, 그걸 사랑이라 여기며 포장하는 것만큼 음란한 게 없어요. 그런 의식을 가지시면 안 돼요.

섹스는 사람이 나눌 수 있는 수많은 사랑 행위 중 하나일 뿐이에요. 성교를 못 해도, 그저 서로의 등을 쓰다듬는 것만으로도 사랑이에요. 때때로 그런 게 더 에로틱해요. 성기에 집중하는 것, 즉 섹스를 사랑의 완성이라 여기며 허니문 때 해야 하는 행위로 보는 그런 발상들! 정말 심각한 문제입니다. 그러면 손잡는 것만으로도 사랑이 충분할 수 있다는 걸 모르게 된다고요. 섹스가 유일한 사랑의 표현이라고 믿는 커플은 세월이 흐르면 어떻게 되는지 아세요? 마흔, 쉰 되면 남편은 아내의 손조차 안 잡으려고 해요. 아내가 오해할까 봐요. 손만 잡아도 만족할 수 있는데 말이죠. 또 아내는 남편을 배려해서 예쁜 속옷으로 못 갈아입어요, 남편이 의심하거나 부담스러워할까 봐요. 이게 뭐예요? 그래서 주부들은 마음에 드는 속옷이 생기면 몰래 입어요. 이건 너무 지질하고 추하잖아요.

물론 어린애들의 섹스에는 여러 가지 문제가 있죠. 남자는 책임을 잘 안 져요. 다른 동물들이 그러는 것처럼 말이죠. 여하튼 아까, 남자아이들이 대개 여자아이들을 버린다고 하셨죠? 그건 '섹스 판타지'의 차이일 뿐이에요. 우리는 포르노를 보면서 섹스가 줄 엄청난 희열을 기대하죠. 근데 막상 해 보니까, 그럴싸한 희열이 없는 거죠! 사실 그런 건 원래 존재하지 않거든요. 그래서 전 사람들이 젊었을 때 더 열렬히 관계를 가져 봐야 한다고 생각해요. 성교육의 핵심은 '피임'이에요. 다 필요 없어요. 피임하는 방법만 가르치면 돼요. 실습도 안 하면서 섹스에 대해 왈가왈부할 필요가 없어요. 섹스는 직접 해 봐야 알게 돼요.

한편 부부이신 분들, 그런 기억이 하나쯤 있죠? 부인이 남편한테 비아그라를 먹이고, 막 하는 거예요. 그게 뭐예요? 억지로 발기시키고, 그렇게 발기 부전을 낫게 해 봤자 뭐할 거예요? 이 무시무시한 탐욕과 욕망을 보세요. 섹스가 사랑의 표현이다? 개뿔이죠. 문제의 핵심을 잘못 잡은 거예요. 제대로 된 관념을 가지지 못한 거예요. 이 영화에서 섹스가 사랑의 표현인 양 그려지는 건 맞아요. 하지만 그걸 일반적인 문맥에서 독해하면 안 돼요. 기치와 사다에겐 섹스밖에 없기 때문에, 사랑을 섹스로 표현한 거예요. 물론 그것마저 파국을 향해 치닫죠.

학교 선생님이시라 하셨죠? 요조숙녀였을 테고, 공부도 잘하신 데다 타의 모범이었을 겁니다. 하지만 섹스가 사랑의 표현이어야 한다? 섹스를 해 봐야 사랑인지 아닌지를 알죠. 질문자는 분명 '완전한 사랑'을 꿈꾸고 계실 겁니다. 사뮈엘 베케트의 『고도를 기다리며』를 보세요. 고도는 끝내 오지 않아요. '완전한 사랑'이 고도인 겁니다. 차라리 왕성하게 성관계를 가지세요. 그리고 아이들한테도 그런 경험을 들려주며, 피임 교육만 제대로 하세요. 그리고 이 남자다, 이 여자다, 싶은 생각이 들면 사랑을 나누되 정직한 관계를 가지라고 조언해 주세요. 그래야 우리 아이들이 기성세대처럼 힘들지 않아요. 공연히 판타지에 물들어 영원한 사랑을 꿈꾸다가, 막상 엉뚱한 걸 경험하고 나면 자기 자신을 환멸하게 돼요. 그래서 섹스를 겪어야 해요. 그렇게 성장하고 나면, 아이들은 쿨하게 떠나는 방법을 깨닫게 돼요. 이 모든 걸 젊었을 때 겪어야 해요. 차라리 그게 나아요.

제자들의 문제도 다시 한 번 생각해 보세요. 미숙한 존재들의 섹스 문제잖아요. 그건 과정일 뿐인데, 미숙한 아이들의 섹스에 대해 결과와 책임까지 거론하시면 그들이 미성숙하다는 걸 이해하지 못하고 계신 거예요. 그럼 미숙한 사람들은 섹스를 하면 안 되나요? 아니죠, 오히려 관계를 하면서 하나하나 배워야 해요. 그러니 선생님들은, 그들이 배워 가는 과정에서 커다란 생채기가 남지 않도록 도움을 줘야죠. 조심하고 배려해야 할 부분들에 대해 가르쳐 주세요. 미숙한 존재를 미숙한 존재로 바라보는 것이야말로 질문에 대한 답이 되지 않을까 싶어요. 명색이 선생님인데, 자기 판타지에 빠져 색안경을 끼고 학생들을 대하면 안 되죠.

이렇게 생각해 보죠. 한 학생이 섹스를 하고 나서 덜컥 임신을 했어요. 그런 선생님은 그들에게 '이제 임신했으니까 결혼하고 돈을 벌 거예요!' 같은 각오를 듣고 싶은 건가요? 정말 그런 걸 원하시는 겁니까? 미숙한 존재를 미숙한 것으로 받아들이세요. 제 주변엔 안타까운 여자 선배들이 많아요. 페미니즘으로 무장하고 있었는데, 돌연 어떤 남자랑 한 번 자고 나더니 결혼해 버리고 말았어요. 그게 성숙한 걸까요? 유치한 사람일수록 자기 수준을 모르면서 성숙한 줄 알아요. 애들이 그렇잖아요. 과학 잘한다고 다짜고짜 NASA(미국항공우주국)에 가겠대요. 나이가 들면 알죠, 그곳에 쉬이 갈 수 없다는 걸요. 자기 자신부터 알아야 합니다.

하루에도 몇 번씩 뜨거운 사랑에 빠지고 싶다고 생각하는 여자입니다. 그래서 '겁내지 말고 사람을 만나 보자.'라고 결론을 내렸는데요. 우연찮게 괜찮다고 생각했던 사람으로부터 연락이 왔고, 자연스레 식사도 하고 술도 마시고 하룻밤을 보내게 됐습니다. 제가 지금 38살인데, 그동안 가졌던 섹스 중 가장 뜨거운 밤을 보냈습니다. 그러고서 집에 돌아와 가만히 누웠는데 가슴속에서 뜨거운 감정이 몰려왔습니다. '이대로 죽어 버렸으면 좋겠다.' 싶었습니다. 지금껏 사랑하지 않는 사람과의 관계에서는 오르가슴을 느낄 수 없다고 단언했던 겁니다. 그런데 그날 처음 만났던 그 사람과의 관계에서 첫 오르가슴을 느끼고는 제 생각이 깨졌습니다. 지금껏 잘못 살아왔나 싶습니다. 제가 대체 어떤 사랑을 꿈꿨는지, 사랑을 제대로 알기나 하는 건지 궁금합니다.

사람들은 사랑과 섹스 사이에서 상당한 간극을 느껴요. 우리는 왜 자위를 할까요? 인간은 섹스에서 쾌감을 찾는 동물이기 때문이에요. 우리는 오로지 번식을 위해 섹스를 하지 않지요. 자위를 하면 쾌감을 얻잖아요. 애인이랑 자는 것보다 차라리 자위하는 게 더 좋을 때도 있어요. 잔뜩 기대하고 섹스를 했다가 실망할 때도 많다고요. 여하튼 질문자는 사랑하지 않는 남자와 관계를 가졌는데 엄청난 쾌감을 느꼈고, 그게 여러 가지 감정과 고민을 불러일으킨 거죠, 맞죠? 항상 새로운 것, 특히나 새로운 감정은 낯설어요. 예측하지 못한 감정을 느꼈다면, 우리는 자신을 불신할 수밖에 없죠. 새로운 세계를 만난 거예요. 이때 정답은 없어요. 본인이 느낀 걸 그냥 받아들이는 수밖에 말이죠. 그 느낌은 지금껏 인생에서 찾아본 적 없는 아주 작은 점 같은 거예요. 일단 눈에 띈 그 점은 아무리 작더라도 결코 사라지지 않을 겁니다. 아마 점점 더 커져서 본인의 삶과 정신을 지배하게 될지도 몰라요. 사랑하면 오르가슴을 느끼는 걸까요, 오르가슴을 느껴야 사랑하는 걸까요? 개인적으로 저는 후자라고 봐요. 아니 그렇게 봐야 합니다. 사랑은 관념 속의 자위행위가 아니니까요. 육체가 타인에게 완전히 열리지 않는데 어찌 마음이 열리겠어요. 그러니 오르가슴을 느끼게 해 주는 상대를 사랑하세요. 그걸 거부하지 마세요.

그렇게 쾌락을 느낀 것은 제게도 반가운 일이었어요. 난생처음 오르가슴을 느낀 거였거든요. 그래서 그런 걸 느끼게 해 준 이 사람과 인간적으로 사랑하게 됐으면 좋겠다는 거예요. 근데 우습게도 그 사람이랑은 섹스를 할 때만 좋아요, 데이트를 하거나 다른 일로 시간을 보낼 때는 막 싫더라고요.

그럼 두 번째 만났을 때부터는 사랑이 아닌 거죠. 정리가 된 거예요. 그

다음 단계는 그 남자를 안 만나는 일, 그것뿐이겠죠. 대화도 안 되는 놈인데요, 뭘. 결국 일종의 강렬한 자위행위였던 거예요. 처음에 잘못 생각하신 거죠. 이런 오르가슴이면 사랑으로 나아가리라 생각했는데 아니었던 거죠. 사랑은 다 품어야 하는 것인데, 섹스 말고 다 싫으면 어쩌겠어요. 나중에 생각은 나겠죠. 어쨌든 만족스러운 경험이었으니까요. 더불어 '섹스도 이만큼 하고, 다른 매력까지 지닌 남자가 어디 없을까?' 하고 생각할 수도 있어요. 정직한 겁니다. 자위할 때는 좋은데, 끝나면 허무감에 빠지고 죄의식을 느끼는 분들 계시죠? 그런 분들과 비슷한 상태입니다. 여태껏 오르가슴을 몰랐는데 그 남자를 통해 처음 느꼈다? 그런데 불쾌하다? 사랑하지 않는데 오르가슴을 느껴 버렸으니까요! 그건 질문자께서 쾌락이 사랑이라는 관념과 배치된다고 생각하기 때문이에요. 따라서 그 사람을 사랑하지 않으니까 즐거웠던 순간마저 쳐내려는 겁니다. 본인 스스로 사랑에 대해 이미 테두리를 정하고, 그 범주 안에 갖가지 조항들을 만들어 놨는데 그 관념이 깨져 버리니까 불쾌한 거죠.

아직도 순진한 관념에 사로잡혀 사는 '소녀적 감성' 그 이상도, 그 이하도 아니에요. 자신이 생각해 둔 사랑의 테제 안에 들어오는 것만이 사랑이라 여기는 한 아무리 좋은 쾌락이 와도 그걸 배척하고 악마적인 것이라고 밀쳐 내겠죠. 저는 질문자께서 그 부분을 좀 더 열어 놨으면 좋겠어요. 조금 안타까워요. 미쳐야 사랑입니다. 그 과정에 섹스도 들어 있는 거랍니다. 계속 심판하고 단죄하려고 들면 사랑이 끝나요. 참 묘하게도 사랑의 감정이 절대성을 담보하는 건 그 때문이에요. 그 사람이 좋으면 그냥 좋은 거죠. 섹스는 좋은데 나머지 부분은 싫다? 그냥 싫은 겁니다, 그걸로 관계는 끝! 섹스라는 관계만 남겨 뒀으니 거의 자위행위처럼 느껴지는 거죠. 몸과 머리는 점점 더 괴리되고요. 그냥 그 남자를 애써 사랑하려고 하지 마요, 그 사람은 자위 도구일 뿐입니다. 그렇게 사용하세요! 사랑이 아닌데, 오르가슴을 포기할 수도 없고…… 그렇게 자꾸 감정을 넣으려니까 복잡해지는 거잖아요.

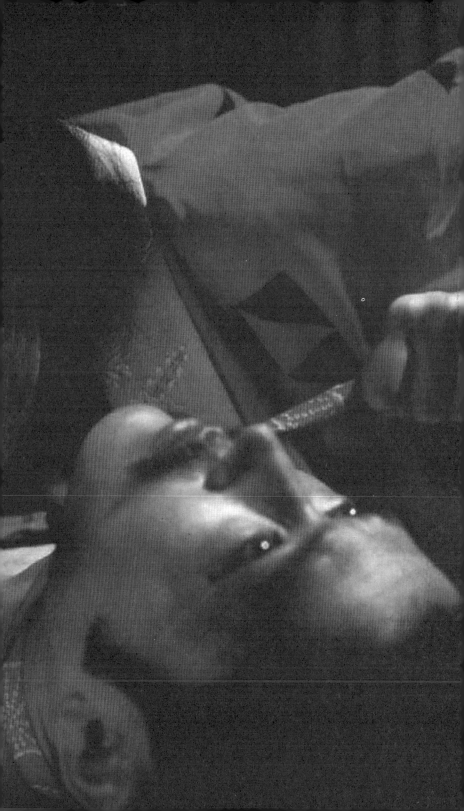

버킷 리스트

숙제 검사받지 마라

평생 숙제 검사를 받고 사는 사람들이 있다. 심지어 누군가가 숙제를
내주는 게 편하다고 생각하는 사람들도 있다. 이건 학생들만의
문제가 아니다. 기획서, 보고서, 예산서…… 한 해 동안 숙제만 받아
푸는 사람들이 부지기수다. 여기에 한 가지 진실이 있다. 기한에 맞춰
숙제를 하느라 만사 급급한 사람은, 아무리 졸업을 했더라도 결코 '학생
신분'에서 벗어나지 못한다. 인생이 숙제를 중심으로 돌아가는 것이다.
숙제를 하듯 섹스를 하고, 숙제를 하듯 여행을 가고, 숙제를 하듯 독서를
하고, 숙제를 하듯 영화를 보고…… 끝도 없다.

스스로 부지런하다며 위안을 삼고 있을 테지만, 혹시 그걸 아시는지?
당신이 하는 모든 일은 단지 숙제일 뿐이다. 숙제를 제대로 끝냈다고
착각하면서 일시적인 만족감에 젖어 산다. 그런데 미안하게도 숙제의
본질은 '제출 기한'에 있지 않다. 당신이 진정 도달해야 할 마감은
제출했다는 데에 있는 게 아니라, '까짓것 제출하지 않아도 돼!'라는
태도에 있다. 숙제를 정말 제대로 파악했다면, 당신은 그 분야의
전문가처럼 말할 수 있을 것이다. 그리고 이 따위 숙제로는 만족할 수
없다고 상대에게 성낼 것이다.

숙제하는 사람들은 이렇게 묻는다. "몇 장을 제출해야 하나요, 언제까지
제출해야 하나요, 중간에 한번 봐 주실 수 있나요, 제대로 하지 못할까
봐 두려워요." 미안하지만 그런 질문으로는 숙제를 제대로 할 수 없다.
숙제를 통해 무엇을 얻을 수 있는지 물어야 하고, 그것을 해내기 위해

어느 정도의 지식을 쌓고 조사해야 하는지를 고민해야 한다. 그리고 생각하는 수준에 머무르지 말고, 직접 움직여야 한다. 그런다면 곧이어 이제껏 해 온 숙제의 허술한 부분이 보일 것이다. 단편적인 목표 의식에 찌든 숙제엔 대부분 공백이 있다. 따라서 '이제 기한이 됐으니 숙제를 제출해야지.'라고 생각하면 안 되는 것이다. 그보다 더 높은 마감을 노려야 한다. 자발적으로 생각하고 보완하려는 의지를 지녀야 한다. 거기엔 반드시 목표를 넘어서는 통찰이 있고, 숙제를 더 좋은 방향으로 이끌어 줄 제언이 있다.

무엇보다도 연애마저 숙제하듯 하면 정말 곤란하다. 만난 지 100일이 됐다, 1000일이 됐다고 헤아리는가. 밸런타인데이가 있고, 화이트데이가 있다고 챙기는가. 서로의 생일이며, 각종 기념일을 다 암기하고 있는가. 그건 평범한 연애로 가장한 '이벤트 숙제'일 뿐이다. 기념일을 잘 치렀다고 만족해 봐야 아무 소용도 없다. 또 새로운 '이벤트 숙제'를 준비해야 할 뿐이니까. 정말 이 정도면 '숙제'에 미쳐 있는 게 아닌가?

모든 것을 숙제화하는 당신은 영원한 학생이다. 제발, 부디, 숙제 노트를 버려라. 기왕 숙제를 할 거라면, 상대가 두 번 다시 같은 숙제를 내주지 않도록 놀라운 리포트를 던져 줘라. 오늘도 기한을 들여다보며 하루하루 대충 수습하는 수많은 이들에게 묻는다. 매 순간 어딘가에서 새로운 숙제거리를 고민하는 '영원한 학생'은 아닌지 말이다.

마음에 들면 일단 자고 보자

섹스! 후손을 남기려고 생물학적 생산 기능을 활성화하는 것? 발정기의 동물처럼 절박하기만 한 결합의 욕망? 그래서 헷갈린다. 누군가와 자고 싶을 때, 이게 성욕 때문인지 아니면 상대방을 사랑해서인지……. 그러니 마음에 들면 일단 무조건 자고 볼 일이다. 격렬한 호흡과 몸짓으로 상대방을 사랑한다고 믿으면서, 서로의 육체를 격하게 더듬으며 탐닉해야 한다. 격정적인 순간이 지나 서로에게서 몸을 떼었을 때, 우리는 깨닫게 되리라. 방금 불태운 열정이 성욕이었는지, 아니면 사랑이었는지를! '현자 타임'에 상대방과 다른 짓을 해 보고 싶어진다면, 그래서 미소를 짓게 된다면, 당신은 그에 대해 성욕뿐 아니라 사랑을 느끼고 있는 것이다. 반대로 대단히 끝내주는 밤이었지만 오직 그것뿐이라는 느낌이 든다면, 당신은 근사한 방법으로 허기진 성욕을 충족시켰을 따름이다. 물론 한동안 교류하며 다시 섹스를 할 수는 있겠지만, 그다지 오래가지는 않을 것이다. 매력적인 상대를 앞에 둔 순간, 우리는 성욕뿐인 것인지, 아니면 사랑이기도 한 것이지 구분하기 어렵다. 그러니 마음에 들면 일단 자고 볼 일이다. 이런 경험이 어느 정도 쌓여 안목이 생기면, 우리는 새로운 상대를 만나도 '지금 이 느낌'이 성욕인지 아닌지를 구분해 낼 수 있다. 몇 명의 남자와 잠을 자야, 몇 명의 여자와 잠을 자야 그런 지혜가 생길까? 다만 확실한 것은 사랑이라고 철저하게 믿고 잠을 잘수록 시행착오가 줄어든다는 사실이다.

금기 도전자

오시마 나기사

大島渚, 1932-2013

1960년대 등장한 오시마 나기사는 일본의 쇼치쿠 누벨바그와 독립 영화 제작사를 중심으로 펼쳐진 ATG(Art Theater Guild)의 선두 주자이자 1960년대 일본 영화의 새로운 물결을 이끌어 낸 인물이다. '일본의 고다르'라고 불린 오시마 나기사의 1960년대 영화는 청춘, 성, 정치, 사회 비판을 아우르는 놀라운 작품의 연속이었다. 그는 1960년대에만 15편의 영화를 선보인다.

그의 데뷔작은 1959년에 선보인 「사랑과 희망의 거리(愛と希望の街)」다. 이 영화는 제목과 달리 희망 없이 비둘기를 팔아 생계를 유지하는 한 소년의 일상을 다루고 있다. 쇼치쿠(松竹)에서는 이 작품을 선호하지 않았지만, 평단의 지지로 오시마 나기사는 청춘 영화를 제작할 수 있는 기회를 얻는다. 1960년에 발표된 흥행작 「청춘 잔혹 이야기(靑春殘酷物語)」는 젊은 세대의 범죄와 섹스 행각을 그린다. 이때까지만 해도 오시마 나기사의 도전적 스타일이 확연히 구현되지는 않았지만, 이후 젊은 세대를 주인공으로 내세운 영화들의 토대가 된다. 이어서 선보인 작품은 50개 미만의 장면으로 이루어진 「일본의 밤과 안개(日本の夜と霧)」(1960)였다. 이 작품은 과감히

연극 형식을 취한 형식 파괴적 영화였으며, 유럽 영화의 모더니즘을 적극적으로 껴안은 결과물이기도 했다. 또 정치 영화이기도 한 이 작품엔 신좌파에 대한 감독의 입장과 정치적 발언들이 적극적으로 드러난다.

1961년 오시마 나기사 감독은 쇼치쿠에서 나온 동료들과 함께 '소조샤(創造社)'라는 제작사를 차리고 자유로운 행보를 이어 간다. 그러다 「일본의 밤과 안개」가 '영화 상영 중지' 처분을 받으면서 쇼치쿠의 중역들과 결별하게 된다. 이 무렵에 결성된 ATG는 극장주들이 연합해 만든 제작사 및 배급사로, 소조샤와 같은 독립 제작사와 힘을 합쳐 다양한 영화를 만들어 냈다. 오시마 나기사의 작품 중 이러한 합작을 통해 대대적인 성공을 거둔 영화가 바로 「교사형(絞死刑)」(1968)이다. 이 작품은 여고생을 강간하고 살해한 죄로 사형당한 재일 교포 청년의 실화를 바탕으로 만들어졌다. 영화 「교사형」의 시작은 마치 다큐멘터리처럼 다뤄진다. 그러다 사형수 R의 처형식이 실패하고 만다. 이로써 R은 기억을 상실하고, '자신의 범죄를 기억하지 못한다면 사형시킬 수 없다.'라는 의견이 팽배해지면서 교도관들과 사건 관련자들은 R의 기억을 되살리기 위해 갖가지 작업과 연극 퍼포먼스를 펼친다. 이 과정에서 사형 제도의 모순과 폐지 논쟁, 일본 사회에 만연한 조선인 차별 그리고 2차 세계대전에 대한 책임 문제 등이 거론된다. 이 작품은 한 사형수의 과거를 통해 일본 사회의 모순을 건드리는 폭탄과도 같은 영화였으며, 연극과 사진 등 다양한 매체를 활용한 편집 방식은 지금 봐도 신선하다.

이처럼 오시마 나기사의 1960년대는 숱한 도전으로 가득 차 있었다. 「열락(悅樂)」(1965)과 「백주의 살인마(白晝の通り魔)」(1966)는 일본 포르노 영화의 주제에 도전한 작품이었고, 「교사형」과 「신주쿠 도둑 일기(新宿泥棒日記)」(1969)에서는 다양한 영화적 형식들을 아우르며 절정의 감각을 보여 주었다.

그러나 1970년대에 들어서면서 오시마 나기사는 자신의 영화적 행보에 절망감

과 좌절감을 드러낸다. 이후 그는 텔레비전 프로그램에 출연하기 시작한다. 한 텔레비전 방송사의 여성 상담 프로그램에 고정 출연을 하기도 했던 오시마는 "일본이 침체돼 있어 더 이상 일본에서 영화를 만들고 싶지 않다. 국제적 감독이 되고 싶다."라고 자신의 의사를 밝혔고, 다행히 이 소망은 이루어진다. 1973년, 오시마는 프랑스의 영화 제작자 아나톨 도망으로부터 작품 제작 요청을 받는다. 오시마 나기사는 사실적인 성교 모습을 그대로 담은 하드코어 포르노 영화를 구상한다. 그런데 일본에서는 '공연외설물진열죄' 조항에 따라, 그의 기획은 단속 대상이었다. 그래서 오시마는 촬영을 일본에서 하고, 편집과 후반 작업을 프랑스에서 하는 방식을 취한다. 그럼에도 불구하고 스틸 사진이 삽입된 시나리오 책자는 출간되자 '외설 도서'라는 낙인을 피할 수 없었고, 곧 압수되고 만다. 결국 오시마는 법정에 섰고, 그 결과는 무죄였다. 당시 주류 출판물과 비교해 봐도 외설의 정도가 심하지 않았던 탓이다. 이 재판 과정은 그로 하여금 '일본에 대한 혐오'를 더욱 부추겼다. 「감각의 제국」으로 국제적 성공을 거둔 오시마는 일본으로 되돌아오지 않고 국제 무대를 떠돌며 범작을 만들어 냈다. 「열정의 제국(愛の亡靈)」(1978), 「전장의 크리스마스(「場のメリークリスマス)」(1982), 「내 사랑 맥스(マックス, モン・アムール)」(1986)로 이어지는 그의 국제적 행보는, 일본 사회에 예민하게 반응했던 1960년대의 작품 노선과는 다소 동떨어진 것이었다. 그러나 세월이 흘러 2000년대에 들어서자, 오시마 나기사는 또한 번 주목할 만한 작품을 내놓는다. 사무라이들의 동성애를 다룬 「고하토(御法度)」(2004)는 지금 봐도 파격적인 오시마의 세계관을 도드라지게 보여 준 영화 중 하나다. 역시 그의 칼날은 쉽게 잠들지 않았다.

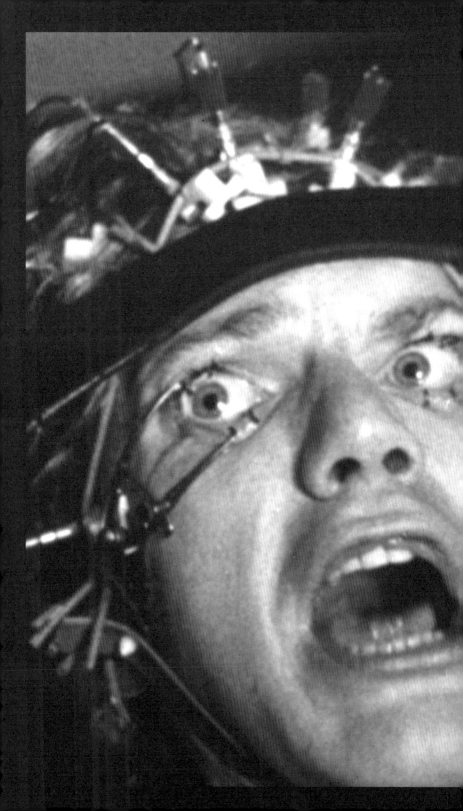

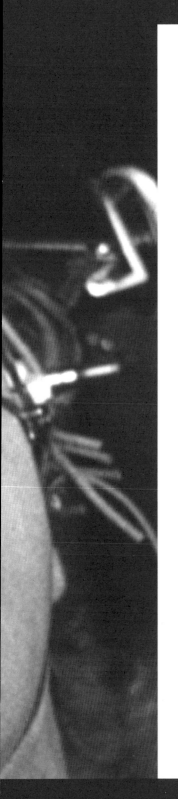

비정상적
영혼의
정상화를 위한

폭력

「시계태엽 오렌지」

A Clockwork Orange, 1971

영국 | 137분 | 스탠리 큐브릭

"사람에게 자유 의지가 없다면,

그는 이미 사람이 아니지."

—등장인물 신부의 대사

인조 속눈썹을 붙이고 중절모를 눌러쓴 한 청년이 비슷한 패거리들과 둘러앉아 우유를 들이킨다. 우유를 홀짝이는 그들의 얼굴에 장난스러우면서도 사악한 표정이 번진다. 이들의 이름은 알렉스, 피트, 조지 그리고 딤이다. 얼핏 평범한 청년으로 보이는 이들은 매일 밤 '코로바 밀크바'에 모여들어 '흥분제'가 듬뿍 들어간 우유를 마신다. 그들은 가끔 흥분제가 든 우유에 취해 괴팍한 행동을 저지르곤 한다. 위스키에 절어 엉망진창으로 노래를 불러 대는 노숙자를 흠씬 두들겨 패는가 하면, 비슷한 부류의 빌리 조이 일당과 패싸움을 벌이기도 한다. 가벼운 도둑질은 예사고, 급기야 자동차를 훔쳐 외진 길목에 위치한 한 가정집에 이른다. 그들은 가면무도회에나 어울릴 법한 화려한 가면을 뒤집어쓰고 집 안으로 침입해 한 가정을 쑥대밭으로 만들어 버린다. 이들 알렉스 패거리는 자신들에게 호의를 베푼 작가 부부에게 씻을 수 없는 치욕을 안긴다. 그들은 쾌활하게 웃는 얼굴로, 「싱잉 인 더 레인」을 흥얼대며 남편이 보는 앞에서 아내를 겁탈한다. 이들은 마치 장난처럼 선량한 부부의 행복을 완벽히 유린한다.

그런데 알렉스는 정녕 아무렇지도 않은 모양이다. 그는 태연하게 챙겨 온 금붙이와 돈을 자기 서랍에 던져 넣고, 베토벤의 「합창」을 들으며 숙면을 취한다. 기괴한 복장을 벗어던진 알렉스의 모습은 여느 청년과 다를 바 없을 정도로 지극히 평범하다. 부모의 잔소리와 선생의 훈계를 가볍게 웃어넘기며, 마치 세상 전체를 제멋대로 쥐락펴락하는 듯하다. 그는 낯선 이들에게서 갈취한 돈으로 여자애들을 유혹해 섹스를 즐기고, 자신과 맞먹으려 드는 동료들을 쥐 잡듯 폭행하며 오늘 밤 벌일 또 다른 범행을 모의한다. 알렉스는 엄청 많은 수의 고양이를 키우는 한 중년 여성을 타깃으로 결정한다. 그는 자신의 패거리와 함께 중년 여성을 희롱하다가 살해하고 만다. 마침 알렉스에게 깊은 불만을 품고 있던 나머지 일행들은, 앞서 계획이라도 했다는 듯 일시에 그를 배신하고 도망가 버린다. 결국 경찰에게 잡힌 알렉스는 처음엔 살인을 부인하다가, 공권력의 혹독한 고문을 견디지 못하고 자신의 잘못을 시인한다. 그는 부모의 냉대 속에 14년 형을 언도받고 교도소로 보내진다.

교도소에 갇힌 알렉스는 죄를 반성하기는커녕 그곳에서 벗어나기 위해 온갖 잔머리를 굴려 댄다. 어린 나이인 데다 초범인 그는 선처를 받기에 여러모로 좋은 조건을 갖추고 있다. 이 점을 간파한 알렉스는 신실한 기독교인 행세를 하며 모범 죄수가 되기 위해 갖은 아양을 다 떤다. 하지만 그는 성서를 읽으면서도 예수를 고문하고, 유대인 여성과 난교를 벌이는 상상만 해 댄다. 그러다 마침 '루드비코 프로그램'에 대한 소문을 듣게 된다. 이것은 세뇌를 통해 범법자의 내면을 완벽히 교정하는 새로운 치료법이다. 아직 시험 단계에 있기에 위험 부담이 크지만, 일단 실험 대상자로 뽑히면 형량을 대폭 줄일 수 있는 기회이기도 하다. 알렉스는 2년 동안의 옥살이에도 벌써 신물을 느끼고 있던 터라, 여러 사람의 만류에도 당장 '루드비코 프로그램'에 지원한다. 그는 세뇌 치료를 통해 폭력성을 감지하거나 격한 성욕을 느끼면 공포에 젖어 움츠러드는 지경에 이른다. 심지어 이 치료 프로그램은 베토벤의 「합창」과 처벌 효과를 결합시킨 구조로 설계된 탓에, 알렉스는 한때 자신이 사랑하고 숭배했던 베토벤의 음악을 들을 때마다 지옥 같은 공포를 느끼게 돼 버린다.

완벽히 '교화'돼 사회로 방출된 그는 곧장 자신의 집으로 향하지만, 그의 부모는 이미 자신의 아들을 잊은 듯하다. 아들의 범행에 체면이 상한 부모는 새로운 하숙생을 들여 자식처럼 보살핀다. 알렉스는 자신의 집으로 돌아왔음에도 오히려 불청객 같은 대접만 받다가 거리로 내몰리고 만다. 망연자실한 채로 강변을 걷던 알렉스는 일전에 자기가 폭행했던 노숙자에게 정체를 들켜 호되게 얻어맞고, 어느새 경찰이 된 졸개들에게 붙잡혀 모진 수모를 당한다. 알렉스는 '루드비코 프로그램' 탓에 제대로 저항조차 못 하고 만신창이가 된다. 그렇게 그는 어딘지도 모를 후미진 동네를 배회하다가 한 가정집에 이르러 도움을 구한다. 그런데 운명의 장난이라는 말인가? 알렉스는 지금 자신을 도와준 반신불수 남성의 얼굴을 들여다보고 대번에 그가 누군지 알아챈다. 바로 자기가 예전에 폭행하고 강간했던 여성의 남편, 바로 그 작가였던 것이다. 물론 작가는 알렉스의 실체를 짐작조차 못 한 채, 정부가 자행한 반인륜적 실험의 희생자라는 점만 눈치챘을 뿐이다. 하지만 샤워 중에 「싱인 인 더 레인」을 흥얼거리는 알렉스의 목소리를 듣고, 작가는 그가 자신의 인생을 망치고 아내를 죽음에 이르게 만든 장본인이라는 사실을 깨닫게 된다. 조금 전까지 '루드비코 프로그램'의 부당함을 설파하던 작가는 복수심에 젖어 알렉스의 약점을 깊숙이 후벼 파기로 결심한다. 그는 알렉스를 다락방에 감금하고 베토벤의 「합창」을 집이 떠나갈 정도로 크게 틀어 둔다. 끝내 몸을 가눌 수 없을 정도로 격한 공포에 사로잡힌 알렉스는 참다 못해 창밖으로 몸을 던진다.

　알렉스의 투신 사건은 '루드비코 프로그램'을 극렬히 반대해 온 반정부 진영을 하나로 결집시키는 데 완벽한 기폭제가 된다. 결국 '루드비코 프로그램'을 진두지휘해 온 내무부 장관이 직접 나서 이 사건을 진화하기에 이른다. 장관에게 한 사람의 인생, 인권 따위는 (과거 알렉스가 그랬던 것처럼) 아무래도 상관없다. 그저 정권을 안전하게 이어 갈 수만 있다면 말이다. 내무부 장관은 부랴부랴 '역(逆)루드비코 프로그램'을 알렉스에게 적용해 '마치 정상인처럼' 행동할 수 있도록 또 다른 차원의 세뇌를 자행한다. 알렉스도 뭐랄까 '홀가분한 기분'을 느낀다. 장관은 바로 이때다 싶어, 모든 언론을 불러 모아 당당히 기자 회견을 개최한다. 알렉스는 어쩐지 자신을 친절히 대해 주는 장관의 품에 안겨 플래시 세례를 받는다. 베토벤의 「합창」을 들어도 더 이상 두렵지 않다. 도리어 그의 머릿속엔 어떤 여성과 격렬히 섹스를 나누는 장면만이 떠오를 따름이다. 알렉스는 의연히 외친다. "나는 이제 치료되었어!"라고……

씨네렉처

1 영화에서 금기로

오로지 대가만이
금기에 도전할 수 있다

1971년에 선보인 「시계태엽 오렌지」는 앤서니 버지스의 원작 소설을 영화로 옮긴 작품이죠. 큐브릭 감독은 다른 문학 작품도 몇 차례 영화화했어요. 블라디미르 나보코프의 『롤리타』도 그가 각색해 영화로 만들었죠. 큐브릭 감독은 미국 뉴욕 출신입니다. 유복한 가정에서 태어났죠. 그의 유작 「아이즈 와이드 셧」에는 의사가 주인공으로 나오는데요, 큐브릭의 아버지도 의사였어요. 큐브릭이 워낙 삐딱하게 자라자 그의 아버지는 '사진이라도 배워라.'라면서 아들을 학교에 보내지 않고 사진을 찍게 했어요. 덕분에 그는 16살에 사진 잡지《룩》에 취직하게 됩니다. 전형적인 공교육과 거리가 먼 삶을 산 것이죠. 이후 영화계에 입문해 각광받았고 쭉 영화감독으로 활약합니다. 그의 작품들은 한국에선 크게 환영을 받지 못했어요. 정서가 다른 탓이었을까요?

큐브릭은 「롤리타」부터 만만찮았어요. 그는 검열이 심한 미국을 뒤로하고 「롤리타」를 만들기 위해 비교적 자유로운 영국으로 이주합니다. 이

일을 계기로 큐브릭은 영국에서 영화를 만들게 되죠. 금기나 검열은 예술가들을 타국으로 이주시키기도 해요. 저는 그가 영국에서 만든 작품 「닥터 스트레인지러브」를 흥미롭게 봤습니다. 이 영화의 부제는 '나는 어떻게 근심을 멈추고 폭탄을 사랑하게 되었는가?'예요. 이 영화의 하이라이트는 바로 폭탄을 떨어뜨리는 장면인데요, 전쟁의 광기에 대한 일종의 블랙코미디죠. 이 작품을 시작으로 큐브릭은 '미래 3부작'을 선보입니다. 「닥터 스트레인지러브」, 인류가 달에 가기 1년 전에 만든 「2001 스페이스 오디세이」 그리고 「시계태엽 오렌지」가 그것입니다. 어쩌면 이 때가 큐브릭의 최고 전성기였다고 할 수 있죠. 미래를 배경으로 자유롭게 상상력을 펼친 시기거든요. 미래라는 시공간은 아직 정해진 게 없는 만큼 막막하지만 예술가에겐 무한한 자유를 주기도 해요.

금기를 건드리려면 미래를 텅 빈 스케치북이라고 상상해 볼 필요가 있어요. 오늘날의 금기들이 미래엔 더 강해질까, 아니면 우스꽝스럽게 될까. 미래를 배경으로 한 영화는 이런 상상을 곧잘 소재로 다룹니다. 좀 못 만든 영화이기는 한데 실베스터 스탤론이 등장한 「데몰리션 맨」을 보면 미래 사회는 온갖 금기로 들끓고 있죠.

큐브릭은 미래를 배경으로 한 일련의 영화를 통해 인류에게 새로운 비전을 보이고자 합니다. 1급 예술가들의 특징은 작품으로 사람의 내면을 건드린다는 데에 있죠. 우리는 감동을 받으면 눈물을 흘립니다. 그런데 비애나 먹먹함을 불러일으키는 것만이 감동의 조건은 아니에요. 인간의 한계를 넘어설 때, 밑바닥까지 나가떨어질 때 비로소 날아오를 수 있는 힘을 얻기도 합니다. 그것이 바로 '불쾌한 감동'이에요. 불쾌한 감동은 좋은 영화가 지녀야 할 중요한 조건이에요. 대부분 좋은 쾌락만이 예술의 조건이라고 생각하는데요, 그것이야말로 편협하기 이를 데 없는 발상이죠. 오히려 현대 예술은 불쾌를 조건으로 삼습니다. 피카소의 그림을 보며 '아, 아름답다.'라고 느끼나요? 아닙니다. 우리는 조각난 여인의 얼굴을 보며 인간의 밑바닥을 느끼고, 그런 미묘한 감정에 자극을 받습니다. 이를테면 새로운 예술의 탄생이에요. 영화를 통해 이런 지점을 지속적으로 건드려 왔던 감독이 바로 스탠리 큐브릭입니다.

「시계태엽 오렌지」는 (영화 후반부부터) 악마적 캐릭터 '알렉스'를 매력적으로 묘사했다는 이유로 비판의 도마에 올랐어요. 큐브릭은 알렉스를 조무래기 악당으로 묘사하지 않습니다. 영화 전반부에선 그의 악마적 모습을 내세우지만, 감옥에 간 알렉스는 더 큰 폭력과 괴물 같은 국가에 짓눌리고 맙니다. 이런 알렉스의 모습은 이상하리만치 동정심을 불러일으키죠. 악당인데도 동정심을 끌다니, 마치 「올드보이」의 한 대사를 떠오르게 합니다. "아무리 짐승 같은 인간이어도 살 권리는 있는 거 아닙니까."

이 영화가 펼쳐 내보이는 복잡한 감정의 뿌리가 여기에 있습니다. 알렉스는 분명 나쁜 인간이지만, 동시에 동정이 가는 인간이기도 하죠. 그점은 알렉스를 둘러싼 세계의 풍경에 주목하게 합니다. "이 영화는 일종의 꿈과 같은 작품이에요. 알렉스는 우리 모두의 내면에 존재합니다. 그런데 일부 사람들은 이 사실에 대단히 분개하면서 불편해합니다." 큐브릭이 한 말입니다.

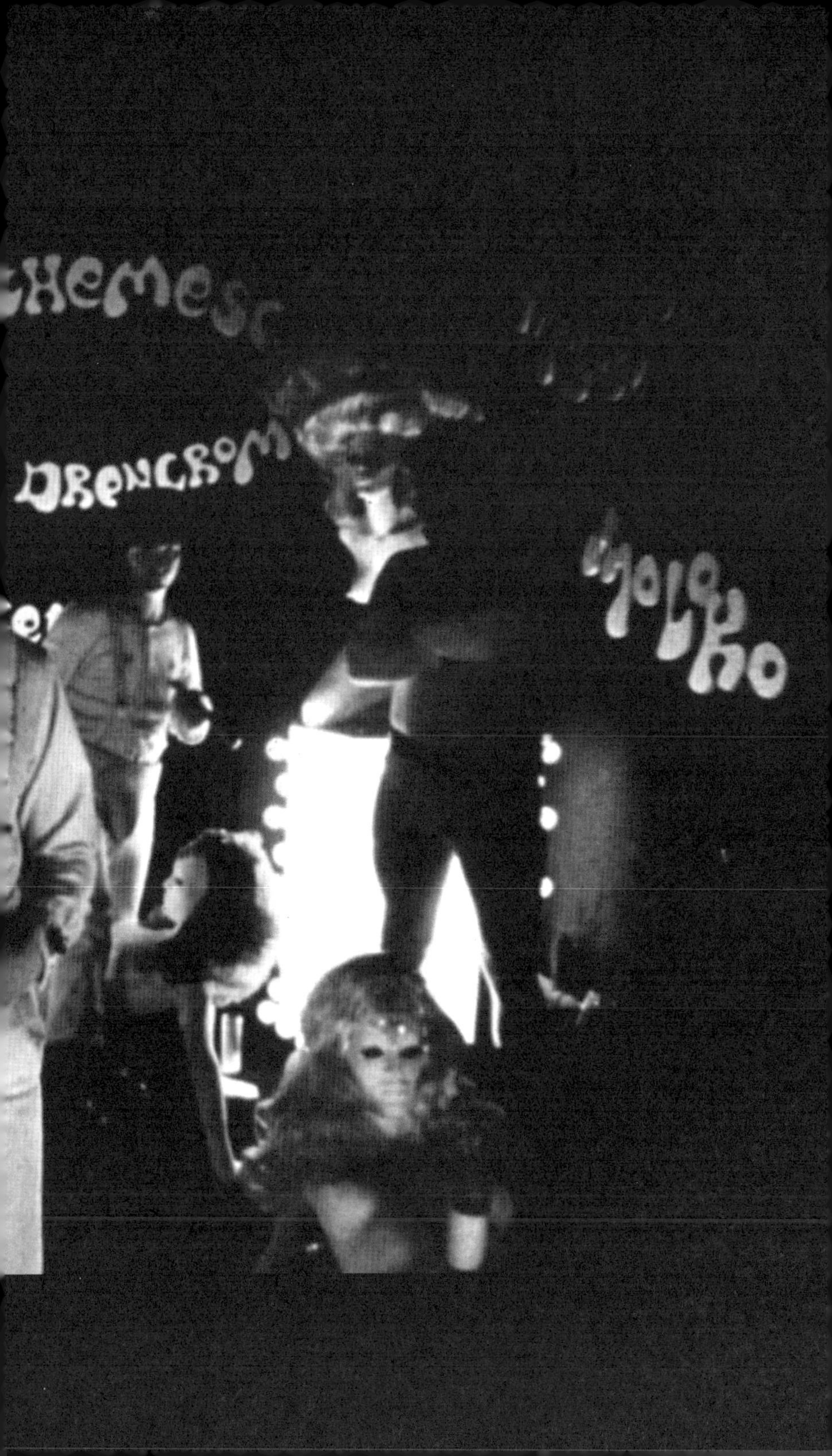
DRENCROM
MOLOKO

인간은 교화될 수 있는가,
루드비코 프로그램

「시계태엽 오렌지」는 크게 두 부분으로 나뉩니다. 전반부에는 주인공 알렉스가 행하는 온갖 악행이 다뤄집니다. 그러다 알렉스는 친구들, 아니 졸개들에게 배신당해 감옥에 갇힙니다. 거기서 그는 '루드비코'라는 교화(치료?) 프로그램에 지원하게 돼죠. 후반부에는 교화된 알렉스가 다시 사회로 나와 겪는 일들이 그려집니다. 이때 알렉스는 가족들과 옛 동료들에게 끊임없이 고초를 당해요. 가해자였던 그가 희생자로 변한 겁니다. 관객은 갑자기 혼란에 빠져요. 구제 불능의 살인자였던 알렉스에게 연민이 느껴지니까요. 마지막 대사, "난 드디어 치료되었다."라는 말을 듣고 나면 더 골치가 아파지죠.

이 영화는 여러 곳에서 상영이 금지됐던 작품이에요. 영국에서 처음 공개됐을 때도 엄청난 논쟁을 일으켰고요. 일전에 강신주 선생님께선 이 영화가 '폭력'에 대한 이야기를 다루고 있다고 말씀하셨는데요, 폭력은 단순히 폭력으로만 끝나지 않죠. 결국 섹스와도 연결이 되고, 정치와도 연결돼요.

또 이 작품엔 폭력 신이 참 많은데, 큐브릭은 마치 춤을 추듯이 그 장면들을 잡아냈어요. 과격한 신을 즐겁게 보셨다면 아마도 감독이 의도한 대로 잘 보신 겁니다. 즐거우면 안 되는데, 은근히 경쾌하죠. 적나라한 액션 장면이 아니라, 꼭 춤을 추는 것처럼 보여요.

「시계태엽 오렌지」는 우선 폭력을 다룬 영화라고 볼 수 있어요. 주인공 알렉스는 굉장히 폭력적이고 악마 같은 사람으로 그려지죠. 그런데 영화를 보다 보면 루드비코라는 교화 프로그램이 오히려 더 큰 폭력으로 자리매김하죠. 이 영화에 나온 대부분의 등장인물과 달리 단 한 명, 오직 신부만이 알렉스의 선택과 교화 프로그램의 이념에 끊임없이 반대 의견을 표해요. 다른 이들이 모두 루드비코 프로그램을 통해 정권을 잡고 "범죄자를 교도소에 넣어 둬 봤자 더 큰 범죄자를 양산할 뿐이야. 우리가 진정으로 범죄자들을 교정할 수 있는 프로그램을 만들게."라고 외칠 때, 거기에 저항하는 유일한 인물이 바로 신부예요. 알렉스가 정말 치료됐는지 공개적으로 시험해 보는 무대 장면 기억하시죠? 한 남자가 조롱하며 구타해도, 아름다운 여성이 벌거벗고 유혹해도 알렉스는 구역질 말고는 아무 짓도 못 해요. 그러자 사람들은 드디어 치료법이 개발됐다며 환호하죠. 하지만 신부만은 끝까지 반대 의견을 고수합니다. 우리는 이 장면에서 금기와 관련해 어떤 태도를 가져야 인간다운 인간이 될 수 있는지 자문해 보게 됩니다.

금기는 무조건 하지 말라고 하는 명령이에요. 근데 신부는 인간에겐 선택과 판단의 자유가 있어야 한다고 주장합니다. 설령 악한 선택을 할지라도 그 자유가 주어지지 않으면 인간일 수 없다는 뜻입니다. 그래요, 인간에게는 악한 것을 선택할 기회가 있어요. 흔히 악한 것들을 없애 버리거나 아주 강력한 처벌을 만들어 내면 해결되지 않을까, 하고 생각하기 쉽죠. 왜 더 강한 처벌을 하지 않는 것일까요? 그건 악에 대한 처벌만 강조하면 인간으로서 마땅히 누려야 할 선택의 자유를 애초에 차단해 버릴 수 있기 때문입니다.

이런 메시지는 영화 전반에 깔린 폭력 장면 때문에 잘 눈에 띄지 않아요. 폭력을 가하는 알렉스, 희생당하는 알렉스만 보이기 때문이에요.

루드비코 프로그램은 알렉스를 통제합니다. 실험에 참여한 의사들은 알렉스의 동공을 확대하고, 약물을 투여해 결국 치료에 성공합니다. 그런데 알렉스의 마음속에는 여전히 악이 있어요. 그는 여전히 사람을 때려눕히려 하고, 여자의 몸을 만지고 싶어 해요. 다만 루드비코 프로그램 탓에 그런 행동을 하면 더 큰 고통을 느껴야 하니 하지 못하는 것뿐이죠. 루드비코 프로그램을 한번 비유적으로 생각해 보죠. 스필버그 감독의 「마이너리티 리포트」처럼 실제로 행동하지 않았는데도 어떤 사건이 발생하리라고 예언이 나오면 경찰에 잡혀가게 되는 것이죠. 루드비코 프로그램은 실제로 폭력을 행사하지 않아도, 마음속에 그러한 욕망을 품기만 해도 고통받도록 만들어 버린 거예요. 즉, 루드비코 프로그램은 '욕망'을 처벌합니다.

이걸 지켜보던 신부는 '선이라는 게 뭐냐.'라고 질문을 던지죠. 신부의 이야기에서 가장 중요한 점은 '선은 인간의 내면에서 우러나와야 하는 것'이라는 거예요. 어쩔 수 없이 조건 반사적으로 선을 선택하는 게 진정한 선일까요? 바로 여기에 의문을 갖는 거죠. 다시 말해 인간이 악을 저지르는 것도, 인간이 인간으로서 존재할 수 있는 자유 의지가 있기 때문에 가능한 일이에요. 악을 선택했다고 인간이 아닌 게 아니잖아요. 오랫동안 수많은 교육과 교화를 통해 선을 추구해야 한다고 배웠지만, 인간은 언제든 악마가 될 수 있죠. 불가항력적으로든 필요와 쾌락을 위해서든 인간은 악을 선택할 수 있어요. 그게 이 영화가 말하는 바이기도 합니다.

이 영화가 논란을 일으킨 건 '우리는 모두 선이 긍정적이고 아름답다고 배웠지만 꼭 그런 것은 아니야. 인간은 악이든 선이든 스스로 선택할 권리를 가져야 해. 그것이 인간이야!'라고 주장했기 때문이에요. 약물을 주사하든 거세를 하든 따져 보아야 할 것은 자유 의지를 박탈당한 인간이 과연 인간인가, 하는 거예요.

원한 감정,
욕망의 자유

'선택'이 인간다움의 조건이라면 '금기'는 뭘까요. 무엇을 금기라고 생각할 수 있을까요? 선뜻 선택할 수 없을 때 바로 금기가 되는 거예요. 선택할 수 없는 것, 그게 다 금기예요. 고를 수 있는 게 단 한 가지뿐이라, 선택이 배제된 것 말이죠. 그래서 이 영화의 주제가 금기인 거예요. 인간은 금기조차도 금기가 아닌 듯 선택할 수 있다는 게 이 영화가 보여 주는 핵심적 주제거든요. 인간은 자유롭게 선택할 수 있어야 해요. 이게 똥인지 된장인지 구분하는 것만이 아니라, 심지어 똥일지라도 자유롭게 선택할 수 있어야 합니다. 사실 따지고 보면 선과 악은 그다지 명확하게 구분되지 않아요.

이것은 니체가 『도덕의 계보』에서 이미 다뤘던 얘기에요. A사회에선 어떤 규범이 선이었는데 B사회에선 악이 되더라는 거죠. 도덕이 과연 절대적으로 주장되거나 설정될 수 있는 것인지 추적해 본 겁니다. 도덕적 상대주의를 목격한 니체는 '그럼 도덕은 과연 누가 만들어 냈을까?' 하고 고민합니다. 이때 등장하는 유명한 개념이 '원한 감정'이에요.

회사에서 일을 하는데 잘 안 돼요. 속으로 부장님을 욕하고 과장님에게 화풀이하기 시작해요. 계속 타자를 원망하는 거죠. 결국 '나는 선하고 타인은 악마다.'라고 규정하기 시작합니다. 직장을 예로 들었지만 이는 특정 집단에서만 발생하는 게 아니라, 인간이 가진 가장 일반적인 특성이라고 볼 수 있습니다. 원망하는 게 가장 쉽거든요. 그 순간 나는 뭐가 되느냐 하면 바로 선한 자가 되는 겁니다. 니체는 이걸 '노예 감정'이라고 말했어요.

'주인'은 원망하지 않아요. 주인은 문제를 책임져야 하기 때문에 무언가를 원망하기보다 해결하고 타계할 길을 궁구하죠. 알렉스는 교화 프로그램을 통해 순수해진 뒤 가족을 탓하고 자기를 때린 사람들, 경찰이 된 친구들을 원망하죠.

자유롭게 선택할 수 있는 의지를 놓쳐서는 안 됩니다. '선택'에 대해 신부가 이야기한 것처럼 우리에게 자유로운 선택이 얼마나 허용됐는지를 살펴보면, 우리 안의 금기가 어느 정도인지 알 수 있어요. 선택과 관련해 가장 중요한 건 '욕망'이에요. 마지막 대사에서 "나는 드디어 치료됐다."라고 하는데 아이러니하죠. 하지만 직설적으로 말하자면 그는 치료된 게 맞아요. 드디어 자기가 꿈꾸는 대로 욕망할 수 있게 됐으니까요. 알렉스가 악마였던 이유는 (영화 전반부에 나오듯) 그가 욕망을 '행했기' 때문이에요. 우리 역시 다양한 욕망을 갖고 있어요. 다만 그걸 다 표출하지 않을 뿐이죠. 꿈은 자유롭게 꿀 수 있지만, 모든 꿈을 행하지는 않잖아요. 현실에서는 어느 정도 금기가 작동할 수밖에 없어요. 그러나 오직 금기만 남는다거나 강력한 금기에 붙들리면 문제가 돼요. 자유를 빼앗기게 되니까요.

「싱잉 인 더 레인」의

두 얼굴

이 영화에는 눈여겨봐야 할 장면이 있습니다. 알렉스가 작가의 집에서 「싱잉 인 더 레인」을 부르는 부분이죠. 뮤지컬 영화 「사랑은 비를 타고」의 주인공 돈(진 켈리)이 사랑에 빠져 부르는 「싱잉 인 더 레인」과 알렉스가 폭력을 저지르면서 부르는 「싱잉 인 더 레인」을 한번 비교해 보세요.

먼저 이상한 생각 하나. 「시계태엽 오렌지」의 알렉스나 「사랑은 비를 타고」의 돈이나 제가 보기에는 둘 다 똑같이 미쳤어요. 경찰 앞에서도 비를 맞으며 춤추는 돈을 보고는 모두 웃으셨잖아요. 그건 우리가 경찰의 시선을 은근히 의식하고 있다는 거예요. 춤추고 노래하는 돈을 바라보며 우리는 무의식중에 '저거 좀 지나치지 않나.' 하고 생각한 거예요. 실제로 여러분 집 앞에서 어떤 남자가 돈처럼 난리를 치고 있다고 상상해 보세요. 경찰에 신고하실 거죠? 영화로 보면 사랑에 취한 돈이 귀여워 보이지만 다른 맥락에 얹어 놓으면 미친놈일 수 있어요.

그런데 왜 「사랑은 비를 타고」는 대단히 낭만적으로 보이고 「시계태엽 오렌지」는 혐오스럽게 느껴질까요? 우리의 선입견, 고정 관념과 무관하지 않다고 생각해요. 그것이 바로 「시계태엽 오렌지」에서 「싱잉 인 더 레인」을 패러디한 의도라고 할 수 있어요.

패러디를 사전적으로 정의하자면 '방법적 인용'이죠. 의도가 있는 인용인 겁니다. 우린 누구나 「사랑은 비를 타고」가 뮤지컬 영화의 고전이자 사랑에 취한 한 남성을 보여 준다는 걸 알고 있어요. 그런데 갑자기 「시계태엽 오렌지」의 주인공 알렉스가 그 노래를 부르며 처절하고 끔찍한 만행을 저지르니 기존의 낭만적 선입견이 파괴돼 버려요. 이 영화를 보고 나면 「싱잉 인 더 레인」을 듣기 싫어지지 않겠습니까. 영화 속에도 동일한 맥락을 지닌 설정이 있어요. 베토벤의 음악을 숭상하던 알렉스가 루드비코 프로그램을 받고 난 후 그 음악을 역겨워하죠? 그건 그 치료가 알렉스의 의식을 송두리째 바꿔 놓았음을 보여 주죠. 아름다운 것을 혐오스럽게, 좋아하는 것을 불쾌하게 만드는 힘. 이러한 패러디 장면과 베토벤 음악 소재는, 인간의 취향이 자유롭게 선택된 게 아니라, 특정한 시스템이나 상황에 따라 '선택되어지는 것'이라는 점을 명백히 보여 줍니다.

「해리 포터와 아즈카반의 죄수」에서 해리가 쓰는 마법 중에 '리디큘러스'라는 게 있어요. 보가트라는 괴물은 상대가 무서워하는 대상으로 변신을 합니다. 그런데 이 마법을 쓰면 보가트가 우스꽝스러운 모습으로 바뀌어 버려요. 이처럼 패러디는 본래의 맥락을 다른 것으로 바꿈으로써 기존의 생각과 관념을 변화시키는 것이죠. 풍자와 조롱의 효과도 있고요. 큐브릭은 패러디를 통해 우리가 지닌 낭만적 감정을 불쾌하게 만든 겁니다. 정말 강력한 효과를 거뒀죠. 여하튼 그는, 우리가 어떤 조건에서 금기를 발동시키거나 거부감을 느끼는 것은 고정 관념이나 선입견이 무너졌기 때문은 아니냐고 묻는 겁니다.

한 발짝 더 나아가 봅시다. 「싱잉 인 더 레인」은 이 영화 속에 두 번 등장합니다. 치료를 받고 나온 알렉스는 경찰관이 된 친구들에게 복수를 당한 후 멍청하게도 자기가 짓밟은 작가의 집으로 다시 찾아갑니다. 알렉스는 목욕을 하며 무심결에 「싱잉 인 더 레인」을 부르다가 정체가 탄로 납니다. 작가는 복수를 결심하고, 그간 모아 둔 정보를 통해 알렉스에게 베토벤 음악을 틀어 주지요. 알렉스는 그 음악을 듣고 너무 괴로운 나머지 창밖으로 투신하고 맙니다. 두 번째로 나오는 「싱잉 인 더 레인」은 알렉스의 '어리석음'을 보여 주는 장치로 뒤바뀐 겁니다.

선택할 수 없는 인간은
과연 인간인가?

이 영화가 가진 가장 중요한 요소로 '선택의 문제'와 '패러디'를 들어 보았는데요. 다시 정리해 보죠. '선택할 수 없는 인간은 과연 무엇인가.' 선택의 자유가 없을 때 우리는 이 작품의 원제처럼 '시계태엽 오렌지'가 되어 버려요. 아무것도 선택할 수 없는 존재가 되는 거예요. 시계태엽 오렌지가 되지 않기 위해서는 선택을 해야만 하고, 선택을 해야만 시계태엽처럼 시간에 맞춰 굴러가지 않고 자유롭게 살 수 있죠. 요즘 많은 사람들이 독특한 중독에 시달려요. 특히 스마트폰 중독이 심하죠. 버스를 타고 내릴 때까지 작은 스마트폰 창에만 매달려요. 시선을 다른 데 두지 못하면서요. 아무리 인터넷을 통해 수만 수억 가지 채널을 둘러볼 수 있다고 해도 스마트폰 창은 단지 하나뿐이에요. 정말 단조로운 삶이죠. 그런데도 우리는 광활한 세계와 연결돼 있다고 믿죠. 일종의 세뇌라고 봐요. 거기서 벗어나는 방법은 알렉스의 투신 장면처럼, 모든 세뇌를 다 던져 버리는 거예요. 모두 내팽개치지 않으면 '시계태엽 오렌지' 같은 시스템 속에서, 불치병에 혹사당하는 환자처럼 살 수밖에 없어요. 저는 현대인들이 '시계태엽'에서 벗어나야 '오렌지'가 아닌 인간이 될 수 있을 거라고 믿어요.

금기의 문제도 정리해 볼까요. 첫째, 우리가 (자유롭게) 선택할 수 없을 때 금기가 우리 내부에서 작동하기 시작해요. 둘째, 모든 것을 원망하기 시작할 때 우리는 '노예'가 되고 말죠. 도덕은 태곳적부터 정해진 게 아니에요. 단지 그것이 쌓이고 두터워져 금기가 되는 거예요. 한데 보통 대중매체는 이런 금기를 건드리지 않아요, 불편하니까요.

예술은 금기를 건드리면서 인간의 자유를 드러내는 영역이에요. 하지만 이 뜻이 잘 전달될까요. 아닐 거 같아요. 많은 분들이 「올드보이」를 보고 나서 기억하는 건 근친상간, 복잡하고 불쾌한 문제가 아니라 시원한 '장도리 액션'이죠. 우리 눈에 뭐가 먼저 와 닿느냐를 알 수 있죠. 금기보다는 자극적이고 쾌락적인 것들이에요. 영화라는 예술이 금기를 건드리면서도 반발만 사는 게 아니라, 사람들을 끌어당기는 것은 금기와 함께 자극적이고 쾌락적인 것들을 제공하기 때문입니다. 하지만 말초적 재미만 보았을 때에는 '사유'가 움직이지 않아요. 사유는 쾌락이 아니라 불쾌함의 여지, 즉 '부정성'을 통해 찾아옵니다. 부정성은 왜 이 영화가 불편한지 묻게 하죠. 그래서 우리로 하여금 사유하게 합니다. 밝은 것이 아니라 어두운 것, 쾌활한 것이 아니라 침묵하는 것을 통해 영화는 사유의 대상이 됩니다. 그것은 금기에 순종하는 게 아니라 금기를 거부함으로써, 새로운 문제를 제기함으로써 드러나는 부정성입니다.

영화에 묻다

로만 폴란스키 감독은 성폭행을 저지르고도 죗값을 치르지 않은 채 유럽으로 도망갔습니다. 더욱더 열 받는 것은 동료 배우와 감독들이 그의 선처를 요구하는 구명 운동을 벌이고 있다는 점입니다. 이렇듯 그 어떤 영화보다 사회가 더 무서운 법입니다, 제가 잘못 알고 있는 건가요? 「시계 태엽 오렌지」 역시 사회에서 일어나는 폭력을 정당화하는 느낌이에요.

배우와 감독들이 선처를 바라는 구명 운동을 했다고 왜 열 받으세요? 영화감독들이 잘난 체한다고 생각하시나요? 아니면 예술가들이 특권 의식을 부린다고 느끼세요? 스탠리 큐브릭이 이 영화를 통해 폭력을 정당화하고 있다고 말씀하셨는데, 정말 잘못 보신 거예요. 물론 폴란스키에게 불만이 있다고 얘기하실 순 있어요.

하지만 동료들로서는 그에 대한 선처를 바랄 수 있는 거예요. 그것이 단순한 특권 의식일까요. 이런 질문은 참 위험해요. 폴란스키도 때가 되면 처벌을 받게 되어 있어요. 그래서 사실 여부를 떠나 공식 석상에는 못 나오는 거잖아요.

폴란스키의 인생은 참 기구해요. 1969년, 폴란스키의 부인은 찰스 맨슨을 신봉하는 미국 히피들에게 임신한 상태로 처참히 살해됐어요. 이런 이야기를 하면 폴란스키에게 면죄부를 주려는 건가, 하고 오해할 수 있는데, 그가 잘했다는 말이 절대 아니에요. 하지만 그의 인생을 살핀 동료들이 선처를 바라는 것은, 폴란스키의 삶을 아는 사람들로서 해 볼 수 있는 인간적인 요구예요. 그의 죄를 사법적으로 풀어 달라는 게 아니에요. 그런 것을 이해하지 못하는 게 더 심하지 않습니까. 타인에 대해 너무 쉽게 정죄하지 말고, 함부로 판단하지 맙시다. 그것이야말로 오늘날 벌어지는 만악의 근원이라고 생각합니다.

니체의 『도덕의 계보』를 이야기했습니다. 윤리적, 도덕적 잣대는 대개 약자들이 맹신하는 거예요. '나는 순수하다.'라고 믿는 거죠. 가난한 자는 순수해요, 힘이 없어 큰 죄를 저지를 수 없거든요. 회사를 사장이 말아먹지, 대리가 망치겠어요?

『도덕의 계보』에 예리하게 나와 있어요. 연예인 스캔들을 떠벌리는 사람들을 보면 대부분 상태가 나빠요. 내 앞에 스테이크나 금이 있을 때 자신을 통제하는 건 굉장히 어려워요. 하지만 내 앞에 별것이 없으면 참을 필요도 없죠. 손만 뻗으면 큰 걸 잡을 수 있는 사람들의 윤리적 잣대를 비판하지 말자는 게 아니에요. 하지만 어떤 질문을 던질 때 내가 어떤 위치에 있는지 잘 알아야 해요. 약자나 익명이라는 '특권'에 젖어 있는 건 아닌지 말예요.

선의지에 대한 이야기를 했지만, 이 영화에 선은 없었습니다. 악과 또 다른 악이 있을 뿐이죠. 이것은 곧 선과 악, 모두 다 없음을 의미하는 게 아닐까요? 과연 선과 악은 존재하는 건가요?

니체의 주장을 그대로 빌리면, 선과 악은 존재하지 않아요. 스피노자가 '선악과'에 대해 썰을 푼 예도 있죠. 독은 악으로 보이시죠? 때때로 그 독이 치료약으로도 쓰여요. 이것을 바로 '파르마콘'이라고 하죠. 독약이자 치료약……

선은 영원한 선이고 악은 영원한 악이라고 보는 시선이 있어요. 그런데 니체는 『선악의 저편』이라는 책에서 이렇게 말했어요. "나에게 선

(good)과 악(evil)은 없다. 단지 좋은 것(good)과 나쁜 것(bad)만 있다."
라고요. 나한테 어떤지가 중요해요. 독을 써서 죽는 사람이 있고 치료되
는 사람도 있습니다. 근원적인 선과 악은 존재하지 않아요. 존재한다면
선생님, 아버지, 체제, 사회가 주장하는 선악일 뿐이죠. 따라서 우리에
겐 좋은 것과 나쁜 것이 있을 따름입니다. 이걸 스스로 선택하지 못하
는 사람은 다른 사람에게 끊임없이 뭐가 맞는지 물어보죠. 그러다가는
평생 남의 명령만 받다가 죽는 거예요.

영화 속에서 신부는 알렉스가 자유 의지로 선을 선택한 것이 아니라 치
료를 받아 선을 선택할 수밖에 없어진 거라고 말합니다. 어쨌든 알렉스
는 악을 선택할 수 없었고, 폭력의 악순환을 끊고자 자살까지 시도합
니다. 큐브릭은 폭력의 존재 이유를 냉소적으로 여기며, 어쩔 수 없다는
듯 생각하는 것 같네요. 정말 폭력은 피할 수 없는 것일까요?
알렉스는 폭력의 악순환을 끊고자 자살을 선택한 게 아니죠. 그저 조건
반사적인 '시계태엽 오렌지'가 되어 버렸기 때문에 「베토벤 교향곡 9번」,
즉 「합창」을 견디지 못해 몸을 던진 거예요. 한편 폭력이 인간 사회에 전
제되어 있다는 건 사실이에요. 폭력을 피한다는 건 세상과 단절한 채 고
립돼 살겠다는 거죠.

　하지만 그 와중에도 폭력은 존재해요. 자연의 폭력도 만만치 않거든
요. 계절의 변화 같은 거요. 폭력을 피할 수 있다는 생각은 이 영화가 주
는 메시지를 오해하는 겁니다. 차라리 폭력을 어떤 식으로 극복할 수 있
을지 고민해야 해요. 어떻게 폭력을 최소화할 수 있는가, 하는 걸 말이
죠. 폭력이 가장 극대화한 상태는 전쟁이죠. 그런 상태에 돌입하면 모든

것이 약육강식의 법칙에 따라 흘러갈 수밖에 없어요. 그러니 그런 단계까지 이르기 전에 최소화할 수 있는 방법을 생각해야 해요. 나쁜 폭력에 대응하는 일정한 폭력, 일례로 혁명 같은 것을 발휘하는 지혜도 필요하고요.

단어의 문제도 있습니다. 우리 모두 '폭력'이라는 단어를 쓰고 있어요. 그런데 그 뉘앙스는 다 다르죠. 명확히 규정해야 해요. '오십보백보 모두 다 폭력이다.'라고 말하면 잘못된 거예요. 권력자가 사용하는 전형적인 물타기 수법이에요. 폭력이 나쁘다는 교육을 받다 보니, 정당방위마저 폭력이라고 생각해요. 균형 감각이 필요합니다. 물론 최소한의 폭력에도 균형 감각은 꼭 필요하죠.

알렉스가 창문에서 뛰어내린 뒤 병원에서 눈을 떴을 때 그는 '의사들이 내 머릿속에서 뭔가를 제거한 느낌이다.'라고 말합니다. 그러자 의사는 '그건 회복되는 과정'이라고 하죠. 금기에 사로잡힌 상태에서 자아를 찾으려면 알렉스처럼 투신하는 과정, 그런 충격이 필요한 게 아닐까 하고 생각했습니다.

그 장면에 대한 뚜렷한 보충 설명이나 해설이 나오지 않기 때문에 정확히 알 수 없어요. 알렉스는 꿈을 꾼 것 같다고 말했죠. 이 영화 전체를 다르게 이해해 본다면, 알렉스가 경찰들에게 맞았을 때부터 이후의 장면들은 모두 그가 꾼 꿈일 수도 있습니다. 교화와 사회 복귀 등 모든 것들 말예요. 관객의 입장에선 어떤 식으로든 해석해 볼 수 있는 여지가 있지요. 여하튼 그 장면은 명백히 결말 부분과 연결되어 있어요.

그러니까 치료됐다는 게 과연 무엇인가, 하는 문제 말이죠. 이전 상태로 돌아가는 것? 더 강력하고 새로운 세녀를 받아 변모하는 것? 의학은 두 가지 치료 방법을 가지고 있어요. 예전 상태로 되돌리는 것과 새로운 물질로 덧입히는 것. 제가 이 영화를 해석한 바로는 후자에 더 가까운 듯싶어요. 끊임없이 치료를 받아야 하는 거죠. 오늘날처럼 수많은 의료 체계 속에서 살아가는 우리도 똑같아요. 어렸을 때부터 계속 예방 접종을 받고, 치아를 바꾸고, 약을 먹고…… 우리는 이걸 치료라고 생각하죠. 알렉스도 그런 일련의 과정을 겪은 게 아닌가 싶어요.

항암 치료 과정을 보면 이러한 순환 고리의 연속이죠. 암세포를 죽이기 위해 약을 쓰고, 새로운 게 발병하면 또 그것을 잡기 위해 다른 약을 쓰고, 결국 암보다 더 강한 독이 온몸에 퍼져 죽게 되죠. 요즘 대체 의학이 급부상하는 건 이러한 악순환의 결과입니다.

제목이 '시계태엽 오렌지'이잖아요. 그런데 시계태엽이랑 오렌지가 무슨 상관이 있죠? 제목이 상징하는 게 무엇인가요?

몰라도 돼요. 꼭 제목을 제대로 분석해야 할까요? 그것도 일종의 강박 관념이라고 생각해요. 버지스의 원작 소설을 보면 신조어가 상당히 많이 등장합니다. 작가가 다양한 언어를 조합해 초현실적인 단어들을 만들어 낸 거예요. 초현실주의 작가들이 그러잖아요. 예를 들어 '수술대 위의 우산' 같은 거요. 상충하는 두 가지 이미지를 조합해 충격을 주는 게 초현실주의의 목표죠. '이게 무슨 의미냐.'라고 따지면 훅 걸려드는 거예요. 어떻게 해석하든 상관없어요.

시계태엽과 오렌지. 즉 무생물과 생물의 조합이라고 볼 수도 있죠. 오렌지에 시계태엽 장치가 달렸다고 생각해도 좋고요. 낯설게 하는 게 목

표니까요. 특히 언어를 다루는 세계에서 가장 폭넓게 시도해 볼 수 있는 건 낯선 느낌 그 자체일 겁니다. 스탠리 큐브릭도 자신의 작품에서 '꿈'을 자주 다뤘어요. 인간의 몽상과 욕망이 마음껏 표현될 수 있는 공간이니까요.

또 하나는 '낯선 언어'에 대한 관심이에요. 사실 「롤리타」가 영화로 (혹은 소설로) 나오기 전에 우리는 '롤리타 콤플렉스'가 뭔지도 몰랐잖아요? 언어가 규정해 주는 순간, 확 들어오는 게 있거든요. 「시계태엽 오렌지」에는 언어적 충격 효과에 대한 큐브릭의 공감이 잘 녹아 있죠.

금기와 관련해 하나만 더 말씀드리자면, 그건 분명 '언어'를 통해 드러납니다. '하지 말라!'라는 명령문의 언어죠. 그래서 작가들은 자꾸 새로운 언어를 창조하는 건지도 몰라요. 언어가 지닌 고정된 이미지를 변신시키기 위해, 새로운 생각들을 불어넣기 위해, 언어를 창조하는 것이죠. 이를 통해 우리는 좀 더 자유로운 존재를 꿈꾸게 되고요.

2 금기에서 삶으로

한 자아가 탄생하는
지난한 과정

저는 이 영화를 '한 자아가 탄생하는 과정'으로 봤어요. 알렉스가 교도소에 들어가기 전에는 꼭 어린아이의 모습 같아요. 자기가 하고 싶은 대로 하고, 무자비할 정도로 잔인하잖아요. 멋모르는 사람들은 아이들을 보고 천사 같다고 말해요. 혹시 애들이 개미나 잠자리를 죽이는 걸 본 적 있나요? 아주 잔인하죠. 영화의 전반부를 보면 알렉스는 자기 뜻대로, 정말 아이처럼 천진난만하게 살아요. 여자를 보면 덮치고 강간해요. 또 거슬리는 사람이 있으면 앞뒤 안 가리고 구타하죠. 가령 어린아이들은 다이어트를 안 해요. 미쳤다고 다이어트를 하겠어요? 그냥 계속 먹고 싶으니까, 그냥 먹는 거죠. 이 지점에서 프로이트가 생각나는군요. 정신분석학이 우리에게 주는 메시지는 딱 한 가지예요. 외적인 지배가 모든 개인에게 금기나 금지를 내면화시킨다는 것! 그 내면화가 완성되는 순간, 한 생명이 사회 구성원으로서 새로 태어나게 되는 거죠. '나는 고유한 나'라고 생각하는 건 헛소리예요. 잘 생각해 보세요, 우리들 모두 전부 비슷하게 살고 있잖아요. 누가 누군지 구별하기 어려울 정도로요.

주인공 알렉스를 볼까요? 제일 인상적인 건 베토벤의 음악이에요. 문학수 씨가 쓴 책을 보니 '베토벤' 하면 '스탠리 큐브릭'이 먼저 떠오른대요. 사실 원작 소설에는 「베토벤 교향곡 5번」이 언급돼요. 그런데 큐브릭 감독이 왜 굳이 「베토벤 교향곡 9번」으로 바꿨는지 잘 모르겠어요. 차라리 「교향곡 5번 영웅」을 그대로 따랐다면 이야기를 풀어내는 게 훨씬 쉬웠을 겁니다. 그건 워낙에 파시즘적인 곡이니까요. 「교향곡 9번 합창」은 실러의 시를 차용할 정도로 종교적 분위기가 충만한 악곡입니다. 베토벤은 이 「합창」을 쓴 지 얼마 안 되어 죽어 버렸어요. 그렇다 보니 이미지가 꽤 센 곡이죠. 저는 이 영화를 '한 자아가 탄생하는 과정을 그린 작품'이라고 정의했는데요, 실은 한 사회의 탄생으로도 볼 수 있어요. 우리 주변에도 폭주족 젊은이들이 많죠. 사실 좀 무섭잖아요. 서너 명씩 몰려다니는 애들 말이에요. 저도 그런 사람들은 무서워요. 갑자기 몰려와서 "형씨, 담배 좀 줘." 하면 섬뜩하죠. 이런 아이들이 진짜 무서운 이유는, 그들 스스로 자신이 무슨 짓을 하는지도 모르고 덤빈다는 데에 있어요.

서너 해 전에 있었던 사건이에요. 어떤 아이가 있는데 평소 게임을 너무 많이 했어요. 마침 사람을 마구 죽이는 게임이었죠. 그러던 어느 날, 그 아이가 학교 친구를 마치 게임하듯 칼로 찔렀어요. 물론 그 결과는 게임과 완전히 달랐죠. 현실이었으니까요. 아이는 그제야 소리를 지르면서 현실과 게임의 차이를 깨닫게 됐어요. (물론 게임을 한다고 해서 전부 이렇게 되는 건 아닙니다.) 이와 똑같은 원리로, 전쟁을 경험한 세대는 다시 전쟁을 일으키지 않아요. 하지만 전쟁 영화, 전쟁 게임을 즐기던 애들이 사관 학교에 가면 위험해져요. '진짜 전쟁'을 모르니 전쟁을 쉽게 생각하고, 더 잔인해지죠. 살인을 저지른 사람들을 가만 살펴보면, 평소에 주먹 좀 쓰던 깡패들보다 아무것도 모르고 살아온 일반인들의 비율이 더 높아요. 싸움을 해 본 적 없는 사람이 홧김에 사람을 치면, 자칫 상대를 죽일 수도 있어요. 젊은 시절에 터프한 걸 강한 걸로 착각하는 사람들이 많아요. 제가 대학교에 다닐 때도 뭐 좀 훔쳐 오라고 시키는 인간들이 많았어요. 선배가 그러면, 후배들은 기에 눌려 슈퍼마켓에서 맥주 한 박스를 훔쳐 왔죠. 까라면 깠어요. 이문열의 소설 『젊은 날의 초상』에도 그런 예가 많이 나와요. 젊을 적에는 닥치는 대로 해 보고 싶어 해요. 뭘 모르니까요. 젊을 때 술을 많이 마시는 까닭이 뭔지 아세요? 자기 주량을 모르기 때문이에요. 그래서 쉽게 도를 지나치죠. 40대가 되면 그렇게 못해요. 본인의 분수를 알게 됐으니까요.

그리고 주인공 알렉스는 대장 노릇을 하고 싶어 해요. 대장은 무리에게 인정받고 존경을 받는 자리죠. 주먹질만 잘해도 인정받을 수 있어요. 싸움으로 짱 먹으면 대장이 될 수 있답니다. 주먹으로 이겼으니, 누구도 부인할 수 없는 '직접적인 일등'인 거예요. 학창 시절만 봐도 '성적 일등'과 '주먹질 일등'이 학교의 권력을 양분해요. 그들은 서로의 영역을 나눠 갖고 침범하지도, 치고받지도 않아요. 상대의 권력을 인정하는 거죠. 흥미롭지 않나요? 경쟁을 강요해서 일등을 상찬하는 사회 구조에서는 일등이라는 이유만으로 모든 걸 인정받을 수 있다는 사실 말이에요. 주먹 일등, 게임 일등, 저항 일등, 공부 일등, 섹스 일등…… 일등만이 모든 인정과 존경을 독점하는 사회! 알렉스는 바로 이런 사회가 길러 낸 괴물, 아니 이런 사회가 낳은 적장자라고 할 수 있지요.

아무튼 영화 초반은 갈 데까지 가 보려는 알렉스의 모습을 담고 있어요. 어릴 땐 아무것도 몰라요. 소년원에 들어간 아이들은 자기가 무슨 짓을 저질렀는지, 왜 그랬는지 몰라요. 부모와 학교의 통제가 싫기만 하고요. 그러다 큰 사고를 치고 소년원에 가는 거죠. 알렉스도 똑같아요. 결국 감옥에 가게 됐으니까요. 이후 알렉스는 감옥에서 약물 치료를 받게 돼요. 일명 '루드비코 프로그램'을 받은 알렉스는 이제 폭력적인 걸 떠올리기만 해도 구역질을 하게 됩니다. 이게 바로 두 번째 단계예요. 아무것도 모르던 어린 시절을 지나 금기가 생기는 단계, 아니 정확히 말해 금기가 내면화된 단계라고 할 수 있죠. 알렉스의 마지막 대사, '나는 드디어 치유됐다.'라는 걸 들으면 의문이 생겨요. 도대체 뭐가 치유가 된 걸까요? 못된 짓을 하기도 전에 구역질을 느끼는 건 '치유'가 아니에요. 이제 그는 성욕이나 폭력성을 현실화하지 못하게 됐고, 그걸 상상 속에서만 충족할 수 있게 된 거죠. 섹스를 꿈만 꾸는, 그런 어른이 돼 버린 거예요. 머릿속, 상상 속에 갇힌 거죠.

현실에서 하면 안 되지만 내 머릿속에선 할 수 있는 것! 여자분들이 그렇더라고요. 다들 교생 선생님을 상대로 성적인 상상을 해 봤잖아요. 하지만 현실에서는 시도하면 안 된다는 걸 알고 있죠. 이미 금기로 받아들인 거예요. 선생님과 섹스를 하면 안 된다는 걸 말이죠. 그게 이 영화의 마지막 장면과 같아요. 영화 끝 부분을 보면, 내무부 장관이 나타나 알렉스를 협박해요. 기자들을 병상 앞에 깔아 두고 수틀리면 「베토벤 교향곡 9번」을 튼다고 하면서 말이죠. 감옥에서 루드비코 프로그램을 받을 때, 알렉스는 「베토벤 교향곡 9번」을 들으면 구역질하게끔 길들여졌으니까요. 하지만 그는 달리 겁먹지 않아요. 이제 '머릿속 세계'를 갖게 되었으니까요. 그래서 '치유됐다.'라는 말은 심각한 표현이에요. 한 자아가 탄생한 거죠. 이 영화는 정신분석학과 연관된 영화로도 보여요. 우리의 자아는 어떻게 탄생할까요? 자기가 하고 싶은 대로 다 하면 기억에 남는 게 없어요. 하기 싫은 걸 했을 때 기억에 남죠. 이처럼 어릴 적의 질풍노도는 절대 기억나지 않아요. 우리는 좌절한 것, 실패한 것만 기억하니까요.

이렇게 보면 이 영화는 세 단계로 나눠 볼 수 있어요. 첫째, 꼬맹이 때 자기 마음대로 살던 폭력성, 동물성에 가까운 단계. 그다음엔 이전과 완전 반대예요. 두 번째는 폭력성과 동물성에 구역질을 느끼는 치료 단계. 제도와 체계는 이 단계를 '치유가 된 단계'라고도 말하죠. 진짜로 교정된 건 마지막 단계예요. 이제 꿈을 꾸면서 만족을 느끼는 음란한 단계에 이른 거예요. 니체는 이런 식의 사유를 가리켜 '계보학'이라고 했죠. 나의 현재 상태가 '어떤 족보를 통해 탄생했는가?' 하고 추적하는 겁

니다. 원하는 대로 사는, 즉 폭력성의 요소와 금기의 요소, 그 두 가지의
결합으로 하나의 자아가 탄생하는 것이지요. 음란한 내면이라고 해도
좋고, 평범한 소시민의 자아라고 해도 좋아요. 이룰 순 없지만 머릿속으
로 꿈꾸는 것이지요. 프로이트는 꿈을 '억압된 요소의 간접적 실현'이라
고 정의했어요. 매우 옳은 지적입니다.

내 안에 웅크린 괴물,
폭력성

큐브릭은 우리가 받아들이기 힘든 메시지를 던지고 있어요. 사실 우리
는 굉장히 폭력적이라고 말이죠. 우리 안에 잔혹성과 폭력성이 내재해
있잖아요? 채찍으로 남자를 패고 싶은 충동, 그런 것 말이에요. 그런 게
누구에게나 있다는 거예요. 아무도 안 볼 때 뭔가를 잡아 죽이고 싶은
폭력성! 우리는 폭력이 나쁘다는 걸 알아요. 그렇게 생각하고 있죠. 마
찬가지로 성욕도 나쁘다고 여겨요. 하지만 우리 안에는 폭력성도 있고,
성욕도 존재해요. 성욕은 상대를 먹어 치우려는 충동입니다. 타자를 장
악하려는 거죠. 한편 폭력성은 인간의 이기성과 연관돼 있어요. 스탠
리 큐브릭의 영화가 우리를 불편하게 하는 이유는, 인간이 폭력적이라
는 사실을 까발리기 때문이에요. 알렉스가 약물로 교정 치료를 받으면
서 소리를 지르는 장면, 다들 보셨죠? 그는 '폭력은 반사회적인 거예요.'
하고 울부짖지만, 실은 다 거짓말이었죠. 그래서 이 영화를 보면 인간의

사회화 과정이 떠올라요.

교정 책임자는 알렉스가 가장 좋아하는 「베토벤 교향곡 9번」을 틀고 폭력적 장면을 보여 주면서 구역질을 유도하잖아요. 그런데 알렉스는 베토벤의 교향곡만큼은 지키고 싶어 해요. 그 교향곡이야말로 자신의 '폭력성'을 상징하는 것이었으니까요. '폭력은 반사회적인 거예요!' 하고 울부짖으며 자신이 교정됐다는 제스처를 취하는 건, 베토벤의 「합창」을 지키려는 발버둥인 겁니다. 비록 실패하지만 말이지요. 알렉스에게 폭력성은 「베토벤 교향곡 9번」과 정서적으로 연결돼 있었던 거예요. 그런데 알렉스에겐 또 다른 음악이 있죠. 약물 치료로도 잡지 못한 음악이 하나 있어요! 바로 「싱잉 인 더 레인」이에요. 베토벤의 교향곡이 알렉스의 폭력성을 상징하는 코드였다면, 이 노래는 그의 성욕을 상징하는 것입니다. 이제 폭력성이 제거됐으니, 지금껏 폭력에 집중돼 있던 알렉스의 에너지는 성욕으로 모이게 될 겁니다. 아주 예언적인 이야기 전개라고 할 수 있지요.

사실 영화 초반에 나온 알렉스의 모습이 가장 건강한 상태예요. 받아들일 수 있겠어요? 마지막 장면은 오히려 섬뜩하고 심각한 상태예요. 이 영화의 불편함은 성폭행 장면에 있는 게 아니에요. 미셸 푸코라면 이걸 '훈육 과정'이라고 말했을 겁니다. 스탠리 큐브릭은 그 지점을 과장해서 영화로 만든 거죠. '내 마음속의 욕망은 어떻게 생겨났을까?', '어른은 어떻게 되는 걸까?' 하는 문제를 영화로 풀어낸 겁니다. 무인도에 여자와 남자, 단 두 사람만 남겨졌어요. 그럼 뭐할 거예요? 뻔하죠! 하지만 사회에 살고 있는 우리는 욕망대로 못 하죠. 구조와 권력의 지배를 받고 있으니까요. 우리는 알렉스처럼 훈육을 끝마친 사람들이에요. 마음속으로는 수천 번이라도 간음하고 살인해도 괜찮지만, 실제로 그래서는 안 된다고 교육을 받았죠. 따라서 우리는 욕망을 제대로 풀지 못해 폭발하게 되더라도, 그저 애꿎은 종이나 찢으며 분을 삭이죠.

한번 돌아보세요. 우리는 인간을 알기 위해 어디에서부터 출발해야 할까요. 미셸 푸코의 주제가 이거였어요. '훈육 과정' 말입니다. 사실 이건 프로이트가 앞서 던진 문제라고 할 수 있지요. 여러분, 다들 대소변을 가리시죠? 전부 고개를 끄덕이시는데, 이거 굉장히 힘든 거예요. 프로이트에 따르면, 인간의 발달 과정 중 항문기라는 게 있어요. 항문에 쾌감이 집중되는 시기이지요. 한 사람의 유년기는 구강기-항문기-남근(성기)기의 순서로 진행돼요. 나이가 들어서도 오랄 섹스를 좋아하는 사람, 항문 섹스를 즐기는 사람은 어느 한 발달 단계에서 욕망이 제대로 충족되지 못한 거예요. 일종의 반작용이지요. 사회나 어른들은 입으로 무언가를 빠는 행위, 항문을 가지고 노는 것, 그리고 성기를 만지는 행동을 금지하죠. 이게 작용입니다. 그런데 쾌감이 느껴지는데 어떻게 관둘 수 있겠어요. 그러니 나중에, 간접적으로나마 그것을 실현하려고 하는 겁니다. 반작용이지요. 이렇게 지배는 내면에서, 바로 자아의 형식으로 완성돼요. 그 때문에 부모는 죽어도 아이에게 지속적인 영향을 미치는 겁니다. 마지막 장면에서 섹스를 꿈꾸는 알렉스의 가증스러운 모습이 현재 우리의 모습이에요. 이제 우리가 어떤 과정을 거쳐 왔는지 아시겠죠? 인간은 한 개인이 지닌 폭력성과 거대한 체제가 행사하는 폭력이 복잡하게 얽힌 교차로인 겁니다.

우리는 세 가지 단계 중
어디에 있는가?

첫 번째 단계, 자기가 세계를 향해 마음껏 폭력을 가하던 시절이에요. 자신의 자연적 폭력을 행사하던 때이지요. 두 번째 단계, 외적 구조의 힘에 철저히 노출되어 무방비 상태로 당하는 시절이죠. 체제로부터 폭력을 당하는 겁니다. 그렇게 완전히 통제되리라 생각했는데, 마치 물이 막다른 곳에 이르면 다른 길을 찾아내듯 우리 내면 역시 억압되는 순간, 다른 방향으로 흐르게 됩니다. 그게 세 번째 단계예요. 자아가 탄생하는 순간이죠. 내면으론 욕망하지만 겉으로는 실현하지 못하는 묘한 모습이지요. 그래서 자아는 겉과 속이 괴리된 존재라고 할 수 있습니다. 이처럼 (겉과 속이) 다르니 자기 스스로를 반성할 수 있는 거지요. 외면과 내면이 똑같다면 어떻게 반성할 수 있겠어요. 무언가를 생각하려면 (어떤 대상을 그릴 때처럼) 일정 정도 거리를 두어야 하는 법이지요. 사과에 코를 박고 있는데, 어떻게 사과를 그릴 수 있겠어요?

자, 알렉스의 어린 시절로 돌아가 볼까요? 그게 여러분의 모습이기도 할 겁니다. 한 가지 질문해 볼게요. 어떤 상대, 당기는 누군가와 덮어 놓고 직접 섹스를 해 보는 게 나아요, 아니면 언감생심 머릿속으로만 상상해 보는 것이 나아요? 어떤 단계가 좋은 것 같아요? 첫 단계를 선택했다가는 우린 분명 경찰에 잡혀가 교화를 당하겠죠. 이처럼 우리는 구조와 체제의 '폭력' 때문에 머릿속으로만 섹스를 꿈꾸고 욕망하게 될 겁니다. 폭력의 뫼비우스 패턴을 반복하는 거예요. 그래서 우리는 이 영화에 갑갑함을 느끼죠. 한편 원작과 달리 스탠리 큐브릭 감독은 두 노래만 강조했어요. 「싱잉 인 더 레인」과 「베토벤 교향곡 9번」이요. 그런 점에서 큐브릭은 천재예요. 앤서니 버지스의 원작을 아주 간명하게 정리했거든요. 인간은 아무리 알렉스처럼 어떤 검열, 교정을 받더라도 수만 가지의 강한 능동성과 폭력성을 항상 자기 안에 지니고 있죠.

이 영화의 마지막 장면은 우리 시대에 대한 비판이 될 수도 있어요. 정치권력에는 개기지 못하니 성적 쾌락에만 몰입하는 시대잖아요. 본디 '코미디'란 금기 체계를 건드려서 희열을 주는 거예요. 광대들은 그 옛날에도, 지엄한 왕에게조차 마음대로 시비를 걸 수 있었어요. 그게 광대(피에로)의 역할이었죠. 결국 코미디는 정치와 성(性), 이 모든 것을 건드려야 재미있어져요. 그런데 우리 사회에서는 정치적 비판을 제대로 할 수 없어. 그러니 「SNL」 등 온갖 개그 프로그램에 오직 '섹스 코미디'만 오르내리는 겁니다. 알렉스의 경우, 「베토벤 교향곡 9번」을 통해 정치적 검열을 당한 거죠. 이제 그는 쫄아서 아무것도 못 할 거예요. 따라서 그에게 남은 건 「싱잉 인 더 레인」의 세계뿐이죠. 미국적 자본주의의 세계, 뮤지컬의 세계 말이에요. 어쩌면 스탠리 큐브릭은 이러한 부분들을 건드리고자 했던 것일 수도 있어요. 어쨌든 알렉스는 정치적 영역에서 거의 '거세'를 당한 거나 마찬가지예요. 그런데 그는 섹스를 꿈꿀 수 있게 되면서 '나는 치유됐다.'라고 선언하죠. 정말 무서운 이야기입니다. 이 영화를 보면서 '나도 이렇게 탄생한 것이구나.' 하고 깨달았어요. 제가 초등학생이었을 때는 여자애들의 치마를 그냥 막 올렸어요. 그러다 선생님한테 많이 맞았죠. 하지만 어느 순간부터 치마를 올리지 않게 됐어요. 왜냐고요? 머릿속으로 꿈을 꾸면 그만이니까요.

다시 물어볼게요. 첫 번째 단계가 좋아요, 세 번째 단계가 좋아요? 두 번째, 그러니까 교화당하는 단계는 아무도 좋아하지 않을 거예요. 힘을 키우고 권좌에 오르려는 건 결국 어렸을 때로 돌아가고자 하는 거예요. 이를테면 첫 단계로 말이죠. 폭력과 섹스를 동물적인 행위라고 혐오한다면, 그건 두 번째 단계에 속해 있다는 걸 보여 주는 겁니다. 반면 겉으로는 점잖은 척하면서, 속으로는 가장 폭력적이고 관음증적인 꿈을 꿀 수도 있지요. 이건 세 번째 단계죠. 어쨌든 중요한 건 알렉스의 세계에는 사랑이 없다는 사실입니다. 알렉스는 여자와 사랑에 빠지지 않아요. 그에게 여자란 그저 성욕을 푸는 고깃덩어리일 뿐이에요. 첫째, 둘째, 셋째, 그 어느 단계든 끔찍하죠. 감독은 우리에게 '여기서 그렇게 살래?' 하고 묻고 있어요. 저 세계(지옥?)에서 벗어날 수 있는 방법은 폭력과 가장 멀리 있는 것, 바로 '사랑'이에요. 이 모든 단계를 극복할 수 있는 건 사랑이라는 거죠. 스탠리 큐브릭의 다른 작품을 보면 사랑의 주제를 찾아볼 수 있어요. 큐브릭의 현실 감각, 이게 참 무서운 거예요.

이제 알렉스가 덜 밉죠? 그래도 여전히 미워요? 알렉스는 그런 캐릭터예요. 큐브릭의 감각은 정말 기가 막혀요. 알렉스가 두 번째 단계, 즉 교화되던 와중에 앙탈을 부리는 거 봤죠? 막 사기를 치면서 "폭력은 나쁜 거예요, 그만해요!"라고 외쳐 댔잖아요. 알렉스는 베토벤을 건지려고 했던 거예요. 왜냐하면 베토벤은 '순수한 폭력성'이기 때문이죠. 똘마니들을 팰 수 있고, 여자도 함부로 만질 수 있게 해 준 것이 바로 「베토벤 교향곡 9번」이었어요. 그래서 그것만큼은 지키고 싶었던 거예요. '누군가를 지배하며 살아야겠다.'라는 마지막 꿈이 그 곡에 담겨 있던 거죠. 그런데 결국 베토벤마저 정복당하죠. 그래도 마지막 보루인 「싱잉 인 더 레인」이 남아 있어 알렉스는 괜찮았어요. 그나마 그 세계 하나만큼은 지킬 수 있었죠. 제가 아까 농담 삼아 그랬잖아요. 권력, 정치, 섹스…… 이외에도 수천 가지 지배력이 우리 안에 들어 있다고요. 이 영화가 마지막 장면에서 우리에게 보여 주는 건 바로 그런 사실일 겁니다.

'훈육을 하더라도 인간은 결코 완전히 훈육되지 않아.' 이건 루소가 좋아한 주제였죠. 자연 상태의 인간을 보존하려는 거예요. 하지만 그런 상태를 '희망'으로 읽는 순간, 우리는 첫 번째 단계의 알렉스를 받아들여야 해요. 그래서 우리는 끝까지 우왕좌왕할 거예요. 그럼 세 번째 단계가 좋은 걸까요? 욕망을 꿈꿀 수만 있는 알렉스 말예요. 더 이상 성폭행도, 노숙자도 두들겨 패지 못하는 알렉스 말입니다. 이 영화는 잔혹해요. 지나치게 정직하기 때문에 잔인한 겁니다. 자신의 맨 얼굴을 보는 것처럼 불쾌한 일은 없어요. 자기가 지닌 진짜 욕망들, 그러니까 겉으로는 요조숙녀 같고 신사 같지만 천박한 욕망으로 들끓고 있는 자신 말입니다. 하지만 우리는 그 욕망을 입 밖으로 꺼내 보지조차 못해요. 지금 이 순간, 솔직한 욕망은 눈앞의 남자랑 모텔에 들어가는 건데, 끝내 우물쭈물하다가 집에 돌아가서 후회하죠. 물론 대놓고 덮쳤다가는 바로 경찰서로 잡혀가 눈을 까뒤집고 약물 치료를 받게 되겠죠. 이게 뭐예요? 이런 세계에서 어떻게 벗어날 수 있겠어요? 그래서 저는 이 영화엔 '보이지 않는 세계', 즉 '빠진 세계'가 있다고 생각해요. 바로 폭력에 반하는 세계, '사랑의 세계' 말입니다! 그래서 우리는 이 영화를 스탠리 큐브릭의 다른 작품들과 비교해 봐야 해요.

아무튼 그의 최대 걸작은 「시계태엽 오렌지」예요. 가령 '우리는 남을 지배하려고 한다. 현실에서 이루지 못하면 미래의 어느 순간에라도, 꿈속에서라도.' 또는 '남편을 통제하지 못하면 어린 아들을, 아들을 틀어

줄 수 없다면 개라도 통제하고 싶다.' 우리가 지닌 이런 모습을 보여 주
는 거예요. 그런데 그런 상태에서라도 사랑을 해야만 해요. 그게 우리에
게 주어진 숙제예요. 사실 저는 이 영화를 보다가 그 마지막 대사, 그러
니까 '그래, 난 완벽히 치료됐다.'라는 마지막 대사를 듣고 소름이 쫙 끼
쳤어요. 하나의 소시민적 내면을 가지게 된 소년……. 도무지 모르겠어
요, 도대체 어떤 상태가 더 좋은 건지요. 여러분 자신에게 질문해 보세
요. 어떤 자아가 더 좋나요? 무작정 상대의 옷을 벗기려고 시도하는 자
아? 상대의 옷을 벗기려는 생각만 해도 구역질에 시달리는 자아? 아니
면 머릿속으로 상대의 옷을 벗기는 꿈만 꾸며 만족하는 자아……. 못
고르겠죠? 세 가지 상태 중에 어느 것이 더 좋다고 누가 감히 단정할 수
있겠어요? 이 영화가 힘들게 느껴지는 건 바로 그 때문이에요. 하지만
한 가지 방법이 있긴 해요. 그 상대가 먼저, 스스로 옷을 벗고 내게 다가
오는 거예요. 그게 사랑의 힘인 거죠.

　여러분 홀로 찾을 수 있는 타인과의 관계는 세 가지뿐이에요. 타인을
지배하거나, 지배하는 일에 토악질을 해 대거거나, 혹은 지배를 꿈꾸거
나! 하지만 누군가가 내게 먼저 복종해 준다면, 아니 나를 사랑해 준다
면 이 모든 문제가 일거에 해결될 수 있어요. 모든 딜레마에서 벗어나는
거예요. 세 자아가 모두 나쁘다는 걸 처절하게 공감해야 해요. 그럼 희
망이 보여요. 나 혼자서는 어떤 지랄을 해도 못 벗어나는 딜레마. 구원
이 필요한 거예요. 여기서의 구원은 종교적인 것이 아니에요. 그 남자를,
혹은 그 여자를 강제로 범하려 할 때 모든 문제가 벌어졌잖아요. 반면
내가 원하는 그 사람이 먼저 나를 품어 준다면 모든 문제가 해결되죠.
어쨌든 사랑이라는 기적이 아직 일어나지 않았더라도, 여러분들은 세

가지 자아를 모두 가지고 있을 겁니다. 여러분 모두에게 다 있어요. 우리 주변의 사람들을 이 세 가지 자아 형태 중 어떤 자아가 강한지, 아닌지로 나눠 볼 수도 있을 거예요. 누구에게나 이 세 가지 자아가 다 있다는 참담한 이야기를, 큐브릭은 전하고 싶었던 거예요. 사랑이 찾아올 때까지는 말이죠.

삶에 묻다

폭력성이 우리 모두에게 내재돼 있다면, 그걸 억제하려는 시도조차 폭력이라고 볼 수 있지 않을까요? 그렇다면 우리 개개인은 폭력을 어떤 방향으로 다시 교육받아야 할까요?

자기 스스로 폭력을 억제하려는 시도 또한 폭력이라고 볼 수 있죠. 원초적인 데에서 출발해 보자고요. 도토리를 먹어 치우려는 다람쥐조차 폭력적일 수 있어요. 이때 중요한 것은 '최소한의 폭력'이라는 생각일 겁니다. 자신이 폭력적이라는 사실을 받아들인 다음에, 우리는 최소한의 폭력을 추구해야 해요. 폭력을 없애진 못해요. 없애려면 신이 돼야 하죠. 그러니 최소한의 폭력을 지향해야 합니다. 폭력을 거부하면 우리는 살수 없어요. 우리 인간들은 스스로 양분을 생산하지 못하니까, 결국 다른 생명체에게 폭력을 가할 수밖에 없어요. 폭력을 행사하지 않으면 고기도 잡지 못하고, 결국 아무것도 먹을 수 없죠. 가능한 적게 먹고, 최소한의 폭력을 사용할 수 있는 기준을 고민해야 해요.

누가 뭐라고 해도, 인간이 가장 폭력적이에요. 우린 '적당히'라는 걸 몰라요. 살육한 고기를 먹을 만큼 먹고 만족하는 게 아니라, 냉장고까지 만들어 한가득 저장을 하죠. 그러니 더 많이 죽이고, 폭력을 행사하게 된 겁니다. 폭력이 가능하고, 필요한 상황이 만들어진 거죠. 따라서 우리는, 즉 인간인 이상, 폭력적 존재라는 사실을 겸허히 받아들여야 해요. 더불어 최소한의 폭력을 고민해야 하고요. 테오도르 아도르노가 쓴 책 중에 『미니마 모랄리아』가 있습니다. '최소한의 도덕'이라는 뜻이죠. 우리에게 필요한 것도 마찬가지예요. 도덕적인 부분도 '최대성'을 더 가치 있게 여기기보다, 최소한의 것이 무엇인지 먼저 고민할 필요가 있거든요. 최소한 무엇을 해 볼 것인가, 최소한 무엇을 가질 것인가를 고민해 보는 것이야말로 '폭력 문제'를 헤쳐 나가는 첫걸음일 듯합니다.

인간이 태생적으로 폭력적이라고 전제하면, 그 자리에 불순한 정치적 함의가 끼어들지 않을까요. 가령 '인간은 폭력적이기 때문에 반드시 통제받아야 한다.' 같은 발상이 가능해질 것 같은데요. 어떻게 생각하시나요?
폭력적인 아이가 있다고 가정해 보죠. 이 아이의 폭력을 막으려면, 과연 더 큰 폭력을 가하는 것 말고는 다른 방법이 없을까요? 한번 이런 식으로 생각해 보세요. 폭력은 결코 근본적인 해결책이 아닙니다. 폭력에 길든 아이는 더 큰 힘을 길러, 자신에게 가해진 폭력적 조치를 극복하려 할 테니까요. 결국 우리는 폭력에 폭력으로 맞설 수 없다는 가르침을 얻게 됩니다. 폭력을 폭력으로 누르는 게 아닌, 그걸 상쇄할 수 있는 방법을 모색해야 합니다. 그게 바로 사랑입니다.
제가 사랑에 대해 얘기했죠. 사랑이 충만한 사회 있잖아요. 우리는 폭력과 반대되는 공동체를 꿈꿔야 해요. 남태평양에 한 섬이 있어요. 젊은 애들이 물고기를 잡아 오면 노인들과 아이들이 가져가요. 우리가 보기엔 일도 안 한 사람들이 내 몫을 가져가는 것만 같아요. 하지만 그 섬에 사는 청년들은 그렇게 생각하지 않아요. '내가 무엇을 얻겠다.'라는 게 아니라 '나누겠다.'라는 거예요. 저 나이 든 사람들이 내가 아직 어린아이일 때 고기를 줬고, 또 내가 노인이 되면 저 어린아이들이 나에게 고기를 줄 테니까요. 이처럼 다른 가치들도 있다는 걸 알아야 해요. 이게 바로 『오래된 미래』 같은 책에서 꿈꾸는 세상이에요. 고통과 절망이 깊어질 때, 우리는 그 바닥에서 희망을 봐요. 밑바닥에 이르러 제대로 까무러쳐 봐야 비로소 보이는 거예요. 해결 방법이 안 보인다는 건, 아직 덜 아픈 거예요. 아파야 새로운 국면이 보여요. 마치 산모가 아기를 낳는 것처럼 말이죠.

국가의 참혹한 폭력이 난무했던 5·18, 수많은 생명을 잃은 4·16에 노출된 우리도 어쩌면 폭력에 세뇌돼 감각이 마비된 것은 아닐까요?

감각 마비 상태가 맞죠. 대중문화도 점점 우리를 마비시키고 있어요. 「시계태엽 오렌지」에서 세뇌라는 주제가 가장 중요한 이유는 뭘까요? 권력자들은 어떤 방식으로든 우리를 감각 마비 상태로 이끌려고 해요. 세뇌는 곧 마비입니다. 자기 스스로 어떤 대상에 다가갈 수 없게, 욕망할 수 없게 하는 거예요. 각종 매체를 통해 획일화된 문화가 대량으로 살포되면서 우리가 무엇을 중요하게 여겨야 하는지 잊게 돼요. 요즘엔 요리, 음식 방송이 넘쳐 나요. 얼마 전까지만 해도 요리사가 이렇게 각광받을지 누가 상상이나 했겠어요? 전부 일순간에 일어난 일이죠. 이 영화도 매체의 위력을 아주 세밀하게 다루고 있어요. 현대 사회에서 마비를 불러일으키는 대부분의 세뇌 작업은, 사실 매체를 통해 이루어져요. 질문자의 의문처럼 우리 사회는 이미 마비돼 있죠.

그러니까 폭력에 무감각해지는 것은 그것에 반복적으로 노출됐기 때문이 아닙니다. 상처 난 데를 또 다치면 아프지, 무감각해지지는 않잖아요. 단지 매체의 힘으로 무감각해질 뿐입니다. 현실의 폭력과 매체가 다루는 폭력은 질적으로 다릅니다. 물론 현실의 폭력에 대해서도 무감각해질 수는 있어요. 그러나 이때의 무감각은, 매체를 통해 습득한 무감각과는 완연히 다릅니다.

동물적 본능과는 반대된 삶을 살고 있어요. 스스로 정죄하고 억압하면서요. 그런데도 머릿속에서는 이상한 생각들이 문득문득 떠올라요. 사람들이랑 즐겁게 대화하다가도 '이 사람한테 물을 뿌리면 어떤 반응을 보일까?' 또는 '이 사람한테 갑자기 욕을 하면 어떻게 반응할까?' 하는, 망측한 생각이 들어요. 원만한 일상생활을 하면서도 이런 생각이 들 때가 있어서, 지금 내가 선택한 삶의 방식이 나와 맞지 않는 것인지, 아니면 제 안의 욕망이 제대로 분출하지 못해 그런 것인지 궁금합니다.

알렉스가 보여 준 세 가지 단계 중에 '3기'입니다. 욕망은 마음껏 품을 수 있죠. 하지만 실생활에선 전부 실현할 수 없는 게 또 인간이지요. 여하튼 머릿속에 문득 떠오르는 욕망들까지 문제시하다 보니까 힘들어하고 계신 것 같아요. 제가 한 가지 말씀드릴 수 있는 개선책은, 글을 쓰는 거예요. 욕망을 배설할 방법이 필요한 거예요. 자, 이제 여기 무대 앞으로 나와 보세요. 한번 욕해 보세요. 욕하는 걸 주저하는 사람들 있죠? 여기에 서서 시원하게 욕해 보세요. 사실 욕은 굉장히 건강한 거예요. 그런데 이처럼 건강한 욕조차 제대로 못 하니까 내면에 막 쌓이는 거예요.

20세기 초에 활동했던 초현실주의자들의 생각이 무엇인 줄 아세요? 훌륭한 작가가 되려면, 일체의 검열 없이, 아무도 날 안 본다는 생각으로 모조리 다 쓰라고 했어요. 다른 사람이 볼 거라고 생각하면, 스스로 검열하고 보기 좋은 말만 쓰게 되니까요. 욕을 하고 싶을 땐 그냥 다 해 버려요. 그러고 나면 싫어하던 사람도 예뻐 보여요. 그게 좀 힘들겠다 싶으면 '욕 일기' 같은 걸 한번 써 봐요. 도서관에 가 보면 '욕 사전' 같은 게 있어요. 특히 전라도 욕이 차지고 좋아요. 욕을 해 본 적이 없다면 그런 걸 찾아보면서라도 방출해야 해요. 그럼 굉장히 편안해져요. 참고로 검열의 가장 기본적인 단계가 '타인의 눈을 의식하는 것'이라는 점을 알아야 해요. 그래서 남의 눈치를 보기 시작하면 자신의 솔직한 모습, 진솔한 욕망을 방출하거나 표현하지 못하게 되는 겁니다. 저도 길거리를 걸으며 방귀를 뿡뿡 뀌어요. 주변 반응에 지나치게 민감한 사람들뿐 아니라, 주인 때문에 안절부절못하는 반려견들이 변비를 앓는다잖아요. 그러니까 타인을 의식하지 말고 하나둘씩 풀어 나가면 돼요. 그러고 나면 불쑥 튀어나오려던 욕망도 차차 정리가 될 거예요.

선생님에게 이상적인 사회는 어떤 것인지 궁금합니다. 이 세상에 나 혼자 산다면 금기든 억압이든 없을 텐데, 우리는 공동체를 이뤄 살잖아요. 서로 맞춰 가야 하니까요. 수많은 알렉스들이 모인 '우리'로서의 사회는 과연 어떤 모습을 지향해야 할까요?

'이건 해서는 안 된다.' 아마 이런 생각이 금기고, 억압일 겁니다. 그런데 진짜 문제는 이것이 타인과 무관하게 우리 내면에 각인될 수 있다는 사실입니다. 그러니까 타인을 만나기 전에, 우리 내면에는 부모나 사회의 명령이 초자아의 형태로 들어설 수 있다는 거죠. 이게 문제입니다. 타인을 만나 모종의 시행착오 끝에 '내가 이러면 상대가 힘들어하는군. 앞으로 그러지 말아야지.' 하는 생각이 들어야 정상인 거죠. 우린 이런 걸 가리켜 금기나 억압이라 부르지 않습니다. 오히려 타인에 대한 배려, 애정이라고 해야 옳겠죠.

사랑은 타인과 관계를 맺는 가장 기초적인 요소예요. 인간 공동체의 가치는 사랑이죠. 우리가 처음 연애할 때는 상대방보다 내가 아팠으면 좋겠고, 상대에게 업히기보다 업어 주고 싶죠. 전 이 세상이 원효가 말했던 화엄 세계가 되었으면 좋겠어요. 우리 모두는 저마다 다 달라요. 그 다름을 인정하고 아껴 줘야죠. 다양하다는 건 정말 좋은 거예요. 그런데 우리는 누군가를 더 지배하고 싶어 하고, 끝없이 이기적이죠. 마치 알렉스 같아요. 자신이 장미라고 민들레나 히아신스까지 몽땅 장미로 만들려고 해요. 이게 바로 알렉스가 겪는 세 단계로 이뤄진 폭력의 세계이지요. 그곳에서 근본적으로 벗어나는 방법은 사랑밖에 없을 겁니다. 사랑은 나의 욕망을 상대에게 관철시키기보다는, 타인의 욕망을 실현하기 위해 노력하는 감정이니까요.

저는 30대 중반입니다. 회사를 다니다가 다른 일을 찾아보려고 아예 직장을 그만두었습니다. 결혼도 했지만 상대와 서로 맞지 않고, 함께 사는 게 행복하지 않아서 얼마 전에 이혼을 했습니다. 남들이 뭐라고 생각하든 제가 한 선택이었기에 여태껏 행복했습니다. 하지만 가끔씩 '내가 어려움을 회피하고 있는 건 아닐까, 나약한 걸까?' 하는 생각이 들 때면 정말 두렵습니다.

선택을 할 때는 두 가지를 고려해야 해요. 하나, 내 삶을 송두리째 바꾸는 방향. 둘, 내 삶을 지금처럼 그대로 유지하는 방향. 선택은 대칭적이지 않아요. 하나는 모험이고, 나머지는 안주예요. 부인과 헤어진 게 행복을 위해서라고 말씀하셨죠? 그럼, 잘못한 거예요. 우린 선택할 땐 힘든 쪽을 선택해야 해요. 부인이랑 사는 게 더 힘들다면 계속 살았어야 해요. 행복하려고 이별을 선택했는데, 막상 지금 행복하지 않아서 불안한 거잖아요. 어떤 것을 선택하려면 그 선택의 단점을 모두 감당할 것, 그리고 버린 선택의 장점을 전부 포기할 것! 이 정도는 각오해야 해요. 그런데 질문자의 선택은 너무 쉬웠잖아요. 본인은 잘못 선택한 게 아니라며 괜찮다고, 후회가 없다고 하는데요, 사실 지금 굉장히 복잡한 방식으로 후회하고 있는 거예요.

저는 26살이고요, 야구 심판을 하고 있습니다. 심판이 되기 전에 통역도 하고 공장에서 일도 하고, 경제적인 이유로 대학원을 때려치웠습니다. 하지만 무슨 일을 해도 불만뿐이고, 항상 부정적인 생각을 품고 있어서인지 한군데 정착하지 못하고 정말 여러 조직을 전전했습니다. 어느 곳에 가든 '또라이'는 꼭 있더라고요. '쫄지 마, 씨발!' 하면서 버티고 있긴 한데요, 잘 모르겠습니다. 제 자신도, 이놈의 세상도!

혹시 본인이 '또라이'라는 생각은 안 해 봤어요? 유유상종이지요. 자기가 또라이니까 자꾸 또라이들만 보이는 겁니다. 여하튼 전 조직 생활을 하는 사람들이 제일 안타까워요. 모름지기 사람은 단 둘만 모여도 서로가 상대의 지능을 떨어트려요. 여러 명이 있을 때 어느 한 놈이 자기 개성을 주장하기 시작하면 갈등이 생기니까, 그러는가 봅니다. 가령 월드컵 때처럼 수만 명이 모이면 '대한민국!' 하면서 박수만 쳐야 한다고요. 사람이 많으면 많을수록 단순 무식해져요. 참고로 직장은 여러분 것이 아니에요. 따라서 '손님 의식'을 가져야 해요. 물론, 이 손님 의식을 사장이나 상관한테 절대 들켜선 안 돼요. 중용이 필요하죠. 직장을 마치 자신의 것인 양 아끼는 척 연기하면서, 동시에 이 회사는 사장의 소유물이라는 사실도 잊지 말아야 해요. 어차피 남의 돈을 받으려고 붙어 있는 거니까, 돈을 주는 사람의 소원도 어느 정도 들어줘야 해요. 그게 바로 누군가의 집에 빌붙어 사는 손님이 보여야 하는 최소한의 도리인 겁니다. 그럼에도 불구하고, 열심히 일하지 마세요. 내가 열심히 일을 안 해도 회사는 돌아가요.

한편, 상대를 또라이라고 여기는 발상 자체가 웃겨요. 왜냐고요? 사실 또라이를 지목하는 사람이 가장 또라이랍니다. 오늘날 직장인의 좌우명은 손님 의식이에요. '널리러야.' 하면서 노세요. 특히 사원이 많은 직장이라면, 개개인의 업무는 줄어들어야 마땅합니다. 많은 수로 나누면 각각의 몫은 줄어들 수밖에 없죠. 본래 직장에 10명이 있으면 5명만 일하게 돼 있어요. 유사시에 10명이 필요해서 10명을 고용한 거지, 평소엔 5명만 있어도 충분하거든요. 더군다나 여러분이 게으를수록 고용이 창출된다는 걸 잊지 마세요. 물론 게으른 걸 들키면 해고당하게 될 테니 조심해야 합니다. 여러분이 미친 듯이 야근하면, 사장은 그만큼 사람을 안 뽑아요. 마치 과객인 듯 잠자코 계세요. 시집살이도 똑같아요. 마치 그 집 딸인 것처럼 하되, 진짜 딸은 아닌 거예요. '나는 너를 딸처럼 생각한다.'라는 시어머니 말씀에 속으면 안 돼요. 그 균형을 잘 잡아야 합니다. 아무튼 계속 그렇게 사세요! 그런데 당장 못 관두겠죠, 또라이가 있어도 버텨야겠죠? 돈을 벌어야 하니까요. 그렇다면 지금은 그럭저럭 견딜 만한 거예요. 정말 죽을 것 같으면, 돈이고 뭐고 무슨 소용이겠어요? 그대로 때려치우고 말겠죠.

버킷 리스트

압도적으로 강해져라

압도적으로 강해지라고? 그럼 폭력을 마구 행사하라는 말인가?

'압도적으로 강해져라.'라는 조언에 이런 의문이 들 것이다. 그렇지만

타인에게 가하는 폭력을 관찰해 보면, 이것이 무슨 말인지 어렵지

않게 이해할 수 있다. 폭력은 자신의 약함을 강한 척으로 은폐하려는

무의식적 동기에서 출현한다. 독재자가 시민들에게 공권력을 함부로

행사하는 건, 그가 시민들을 두려워하기 때문이다. 그래서 강자인

것처럼 태도를 취하는 것이다. 남편이 아내를 때리는 것도 마찬가지다.

아내가 내심 무서운 것이다. 또 아이들을 폭행하는 부모는 자신을

쏘아보는 아이의 눈매가 무서워서 그러는 것이다. 결국 폭력은 약자나

위축된 사람, 혹은 정당성이 없는 사람이 취하는 부질없는 몸부림이다.

그러니 압도적으로 강해져야 한다. 어정쩡하게 강해졌다가는 두려움을

감추기 위해, 강한 척하기 위해 폭력에 심취할 수 있으니 말이다. 따라서

완전한 약자나 완벽한 강자는 타인에게 폭력을 행사하지 않는다. 전자는

폭력을 행사할 힘이 없고, 후자는 그것을 굳이 행사할 필요가 없다.

문제는 그 중간에 있는 어정쩡한 사람들이다. 누군가에게는 강자이고,

다른 이들에게는 약자인 사람 말이다. 그러니 압도적으로 강해져라,

내면뿐 아니라 외면까지도! 그럴 때에만 우리는 자신의 폭력적 성향,

폭력의 유혹으로부터 탈출할 수 있다.

형님이라 부르지 마라

만난 지 1시간 만에, 아니 만나자마자 '형님'이라고 부르는 사람들이 있다. 친밀성의 표현인 걸 잘 안다. 서로서로 부끄러움 많은 사람이니, 분위기를 좋게 하려고 일부러 그런다는 걸 잘 안다. 그런데 '형님'을 습관적으로 붙인다는 건, 그만큼 서열 의식이 강하다는 게 아닐까? 형님이라는 호칭은 손윗사람에 대한 성의 표시인 동시에, 자신보다 나이 어린 이들로부터는 대접을 받고야 말겠다는 자발적 과시이기도 하다. 이런 두 마음은 서로 엉겨 붙어 있다. 그래서 형님을 남발하는 사람일수록 동생들을 어떻게 대하는지 유심히 지켜보게 된다.

어차피 타인으로 만난 사이니만큼 형님과 동생은 예의 표현에 불과하다. 기본적인 예의로 그리 부를 수 있겠지만, 이를 남발하거나 엉뚱하게 사용하는 일처럼 꼴사나운 건 없다. 오래전에 읽은 어떤 책에, 한 랩퍼의 예가 적시돼 있었다. 그의 랩은 사회 비판적이고, 적나라한 말들로 채워져 있었다. 그런데 그는 공연이 끝나갈 즈음 멤버들을 소개하며 말끝마다 '형님'을 붙였다고 한다. 그가 과연 제대로 된 랩퍼일 수 있을까, 하는 것이 그 책의 요지였다.

텔레비전에선 다음과 같은 장면을 보며 묘한 기분에 사로잡혔다. 여성 랩퍼들의 경연을 다룬 그 프로그램에 가장 자주 나오는 레퍼토리는 "나를 무시하지 마라."라는 것이었다. 더불어 '실력으로' 내가 너를 눌러 주겠다는 다짐과 선언도 들어 있었다. 그런데 흥미로운 점은, 그렇게 이를 갈던 경쟁자들조차 일상적인 대화를 나눌 때에는 "언니, 언니."를 외쳐 대거나 서열을 따지는 광경이었다.

그렇다! 나이 듦의 서열을 무시하기란 쉽지 않다. 하지만 최소한 처음 보는 사람에게 "형님.", "언니." 하면서 이상한 친밀성을 강요하고, 자신의 위치를 확보하려 들지 마라. 좋은 관계가 형성되면 자연스럽게

"형님, 언니." 하면서 살게 된다. 호칭은 위치를 점하기 위해 먼저 내던지는 언어가 아니라, 의미 있는 관계 속에 오가는 자연스러운 언어일 때에만 생명력을 얻는다. 어디서, 나를 보거든, '형'이라고 부르지 마라. 우리가 언제 봤다고.

금기 도전자

스탠리 큐브릭

Stanley Kubrick, 1928-1999

미국 뉴욕 브롱크스에 사는 의사의 아들로 태어났다. "19세까지 책을 읽어 본 적이 없다."라고 말할 정도로 큐브릭은 학교생활에 별다른 흥미를 느끼지 못했다, 그러던 중 아버지가 먼저 아들에게 사진을 권했다. 이후 큐브릭은 체스, 사진, 영화의 세계로 깊이 빠져든다. 큐브릭은 16세 나이에 당시 대통령이었던 프랭클린 루스벨트의 죽음을 다룬 연작 사진으로 잡지 《룩(LOOK)》에 이름을 올렸으며, 아예 17세부터는 해당 잡지의 수습기자로 활동하게 된다.

이때부터 그는 대부분의 시간을 뉴욕현대미술관의 필름 도서관에서 보내며 영화에 열중한다. 그 후 4년 동안 사진 기자로 생활하면서 세 편의 다큐멘터리 영화 「시합의 날(Day of the Fight)」(1951), 「날아다니는 목사(The Flying Padre)」(1951), 「항해자(The Seafarers)」(1953)를 만들어 낸다. 1953년 첫 장편 영화 「공포와 욕망(Fear and Desire)」을 통해 본격적인 영화감독으로 데뷔한다. 그는 제작, 감독, 촬영, 시나리오, 편집까지 모든 작업을 홀로 해낸 「공포와 욕망」, 「살인자의 키스(Killer's Kiss)」(1955) 이후 '해리스·큐브릭픽처스'를 설립해 「살인(The Killing)」(1956), 「영광의 길(Paths of Glory)」(1957), 「스파르타쿠스(Spartacus)」(1960), 「롤리타(Lolita)」(1961)까지 네 편의 영화를 제작한다. 그러다 큐브릭은 이 중 최종 편집권과 각본을 고쳐 쓸 권리를 갖지 못했던 「스파르타쿠스」의 경험 이후, 「롤리타」로 검열 문제까지 불거지자 아예 영국의 보어햄우드스튜디오로 거취를 옮긴다. 그 뒤로 이곳은 큐브릭 영화의 새로운 본거지가 된다.

영화 「롤리타」는 나보코프의 소설을 왜곡했다는 이유로 비판에 부딪혔다. 일단 롤리타가 원작에 묘사된 것처럼 '성적 매력을 지닌' 사춘기 여자아이로서가 아니라, 감독의 필요에 의해 이미 성장한 10대 소녀로 묘사된 것이다. 그는 단순히 소녀의 성적 매력을 앞세우지 않고, 중년 교수 험버트가 지닌 좌절감과 무기력에 초점을 맞췄다. 사실 이 점 또한 나보코프가 만든 세계의 중요한 부분이었으며, '한 인간이 사회의 무기력한 구성원으로 성장하는 과정'은 그 뒤로 이어진 큐브릭 작품들의 중대한 키워드이기도 했다. 큐브릭은 '미래 3부작'을 통해 황금기를 맞이한다.

「닥터 스트레인지러브(Dr. Strangelove)」(1963)를 필두로 「2001 스페이스 오디세이(2001: A Space Odyssey)」(1968), 「시계태엽 오렌지」로 이어지는 '미래 3부작'을 통해 큐브릭의 영화 세계는 절정에 도달한다. 「닥터 스트레인지러브」의 부제는 '나는 어떻게 근심을 멈추고 폭탄을 사랑하게 되었나?(How I Learned to Stop Worrying and Love the Bomb)'이다. 「2001 스페이스 오디세이」는 인류가 달에 착륙하기 1년 전에 만들어졌고, 일반에게 공개되자 엄청난 반향을 일으켰다. 컴퓨터 할(HAL 9000)의 인간보다 더 인간적인 모습, 그리고 통제 사회에 대한 불안과 광기는 영화 전편에 걸쳐 현대 사회를 겨냥한 듯한 묵시록을 만들어 냈다.

「시계태엽 오렌지」는 악마적 캐릭터 알렉스를 영화 후반부에서부터 가엾고 매력적인 인물로 묘사한 탓에 비판의 도마 위에 올랐다. 큐브릭은 알렉스를 조무래기 악당으로 묘사하지 않았다. 영화 전반부엔 그의 악마적 모습이 강렬하게 그려진다.

그런데 감옥에 간 알렉스는 더 거대한 폭력과 사악한 국가의 모습을 마주하게 된다. 그런 상황에 놓인 그의 모습이 이상하리만치 동정심을 불러일으킨다. 이 영화가 펼쳐 보이는 복잡한 감정선은 바로 이 지점에 있다. 알렉스는 분명 나쁜 인간이지만, 동시에 동정할 수밖에 없는 인간이 되는 것이다. 그러한 요소는 알렉스를 둘러싼 세계의 풍경에 주목하도록 만든다.

큐브릭의 후기작들 또한 영화사의 한 페이지를 장식한다. 「배리 린든(Barry Lyndon)」(1975)은 과거의 한 시대를 꼼꼼히 묘사한 아름다운 화면으로 보는 이를 압도하는 작품이고, 스테디캠을 활용한 「샤이닝(The Shining)」(1980)은 공포 영화의 새로운 장을 열었다. 또 전쟁의 광기를 다룬 「풀 메탈 재킷(Full Metal Jacket)」(1987)은 압도적 세계의 부속품으로 전락해 버린 인간을 향한 그만의 비전이 담긴 큐브릭 영화의 종합편이다. 그 후 10년간 침묵을 지킨 스탠리 큐브릭은 톰 크루즈와 니콜 키드먼 주연의 신작 「아이즈 와이드 셧(Eyes Wide Shut)」(1999)을 촬영하면서 세간의 관심을 모은다. 그리고 그는 1999년 3월 7일, 70세의 나이로 영국 런던의 자택에서 숨을 거둔다. 큐브릭의 유작 시나리오 「에이 아이(A.I.)」(2001)는 스티븐 스필버그에 의해 완성됐다.

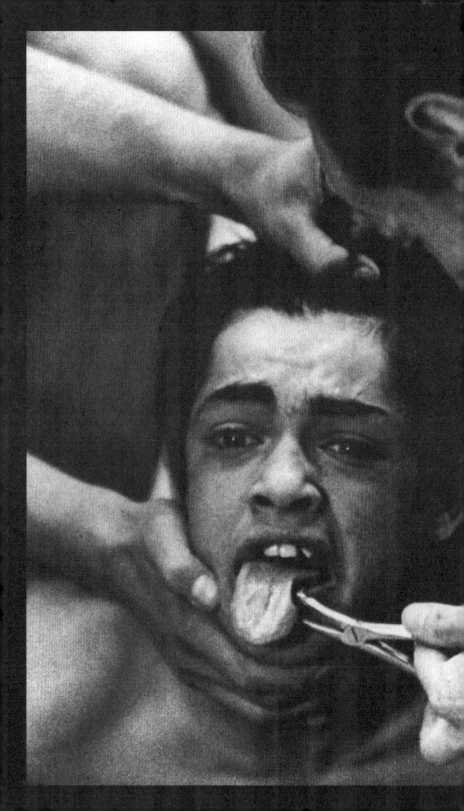

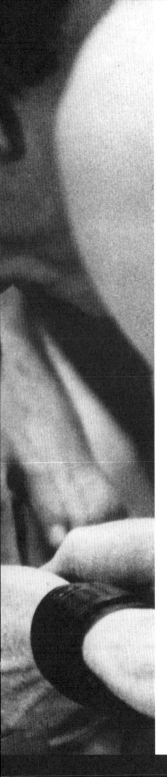

배신하지 않는
동물의 왕국을
꿈꾸는

정치

훔쳐보기

「살로, 소돔의 120일」

Salò o le 120 giornate di Sodoma, 1975

이탈리아 | 114분 | 피에르 파올로 파솔리니

"사랑의 극한에서는 공범자가 필요한 법이오.
그래서 형을 집행하는 자와 희생자가 존재하는 것이지."
—등장인물 공작의 대사

연합군에 의해 이탈리아 파시스트가 몰락하고, 그 잔당들이 모여 이탈리아 북부 살로에 괴뢰 정권을 수립한다. 어느 날 이곳 살로공화국을 대표하는 공작, 주교, 판사, 의장이 한자리에 모여 밀약을 나눈다. 이들은 파시스트 정부의 악랄한 이념을 숭앙하며 자신들의 탐욕을 충족시켜 줄 사악한 연회를 은밀히 준비한다. 그들은 이제껏 인류가 추구해 온 인본주의적 가치에 반대하며 전혀 '새로운 규칙들'을 하나씩 써 내려간다. 이제 머지않아 '지옥의 문'이 열릴 것이다. 살로공화국의 지배자 4명은 자신들의 부하를 시켜 여러 마을에 흩어져 있는 아름답고 건강한 젊은이들을 모조리 잡아들인다. 그리스 조각처럼 수려한 외모의 청년, 꽃잎처럼 부드러운 살결을 지닌 처녀…… 이들은 모두 잔혹한 욕망의 제물들이다. 지배자들은 매춘 뚜쟁이가 사냥해 온 젊은이들을 죽 세워 놓고 얼굴, 피부, 성기, 심지어 치아에 이르기까지 하나하나 세심하게 평가한다. 그들은 흠이라고는 도무지 찾아볼 수 없는 미모의 동정 남녀를 9명씩 골라 본격적인 '대향연'이 이뤄질 외딴 저택으로 향한다. 그 전에 지배자들은 이 무시무시한 파티를 완벽히, 그러니까 어떠한 검열도 없이 '자유롭게' 즐기기 위해 서로의 딸과 혼인을 올린다. 장차 120일 동안 벌어질 '향연'은 오로지 이들 네 사람의 소유가 될 것이다.

미리 약속된 저택으로 향하던 도중 한 명의 소년이 도주를 감행하다 사살된다. 이로써 8명의 소년과 9명의 소녀만 남게 된다. 한편 외진 저택엔 '대향연'을 주도할 네 사람의 이야기꾼, 즉 연륜 깊은 창부들이 기다리고 있다. 더불어 파시스트 민병대원과 나머지 하인들도 저마다 자기 임무를 맡고 있다. 바야흐로 말쑥하게 차려입은 지배자들은 '대향연'을 시작하기에 앞서 자신들이 만든 괴악한 '규칙'을 공표한다. "너희 연약한 창조물들은 우리의 쾌락만을 위해 여기에 모인 것이다. 바깥세상에서 허용된 자유를 이곳에서 기대하지 마라. 너희들은 어떠한 '적법함'도 미치지 못하는 곳에 와 있다. 아무도 너희들이 이곳에 있는지 모른다. 이 향연의 목적은 우리 욕정에 불을 붙이는 것이다. 그러므로 모든 음란 행위가 허용된다. 야식을 먹고 나면 이른바 '대향연'을 벌인다. 대강당은 열기로 후끈 달아오를 것이다. 참석자들은 적당한 의상을 걸치고, 동물들처럼 바닥을 뒹굴고 서로 뒤엉켜 상대를 바꿔 가며 근친상간, 남색을 가리지 않고 혼음할 것이다. 우리 이외에 남녀가 즐기는 모습이 현장에서 발각될 경우 팔다리가 잘리는 처벌을 받을 것이다. 어느 누구든 사소한 종교적 행위라도 한다면 사형에 처한다." 이렇게 '대향연'의 막이 오른다.

'기벽의 장'을 맡은 바카리 부인은 풍성한 드레스를 입고 나타나더니, 곧바로 어린 시절부터 시작된 자신의 성생활을 매우 유쾌하게 늘어놓는다. 그녀는 자기가 겪은 온갖 성경험과 최상의 자위 방법을 마치 자랑스러운 훈장을 과시하듯 천연덕스럽게 자랑한다. 그녀가 쏟아 내는 음담에 흥분한 지배자들은 아무 아이나 끌고 가성교를 시도하고, 소녀들로 하여금 나체로 식사 시중을 들도록 강요한다. 식사 도중에 섹스가 벌어지기도 하고, 도주를 기도했던 소녀가 주검으로 발견되기도 한다. 하지만 어느 누구도 신경 쓰지 않는다. 바카리 부인은 침착하게 자신의 경험담을 이어 간다. 그러다 느닷없이 남근과 여자의 성기 중 어느 것이 더 쾌락을 얻는 데 적합한지 검증에 나선다. 4명의 지배자들은 소년과 소녀를 강제로 수음시켜 오르가슴을 맛보게 하더니, 급기야 혼인까지 맺게 한다. "우리 파시스트들이야말로 진정한 무정부주의자들이오. 우리가 국가의 지배자가 된다면 진정으로 무질서한 힘이 세계를 지배하게 될 것이오. 하지만 저들의 음란한 몸짓을 보시오. 마치 벙어리의 수화 같은 저 행동은 우리의 강력한 힘으로도 도저히 뚫을 수 없는 것이오. 우리가 할 수 있는 건 없소. 더 강력한 몸짓으로 우리의 욕망을 충족시킬 수 있어야 하오." 지배자들은 각기 성경, 니체 등을 언급하며 자신들의 욕망을 온전히 실현할 수 있는 방법에 대해 강구한다. 급기야 소년과 소녀들을 개처럼 부리며 채찍질하고, 먹이를 던져 주며 능욕하기에 이른다. 하지만 이것만으로는 충분하지 않다.

이어 검은 베일을 쓴 마치 부인이 등장해 '똥의 장', 즉 항문과 배설을 찬양하는 일장 연설을 개시한다. 그녀는 똥과 오줌에 유달리 애착을 보였던 고객들을 차례로 열거하며, 배설물이 지닌 매력을 칭송한다. 심지어 그녀는 분변 성애가 만들어 내는 강력한 욕망을 참지 못하고 자기 어머니를 살해해 버렸다며 담담하게 고백한다. 이때 공작이 나서 마치 부인의 '선택'을 옹호한다. "인간이 자신의 어머니에게 은혜를 입었다고 말하는 건 어리석은 짓이오. 그녀는 어떤 사내와 쾌락을 나눈 것뿐이오. 그것만으로도 이미 충분한 보상을 받은 것이오. 나 또한 어머니 때문에 저주를 받았소." 바로 그때 인간 사냥을 당하던 와중에 어머니를 잃은 한 소녀가 울먹이기 시작한다. 그러자 공작은 오히려 욕정이 동한다며 바로 대변을 보더니 소녀에게 먹으라고 강요한다. 동시에 마치 부인은 더러운 똥일수록 더 고귀하고 즐거움을 주는 대상이라며 분변 성애의 우수성을 끝도 없이 칭찬한다. 결국 네 지배자들은 아이들에게 똥과 오줌을 먹이고, 또 그들의 것을 받아먹으며 '최고의 항문'을 선정하기에 이른다. "소돔의 행위는 인간 종의 종말을 의미하죠. 인간들은 사회적 규범을 위반하면서도 모호하게 그것을 받아들이죠. 죽음 말이오!" 그들은 지체 없이 성애의 극한까지 나아가 보기로 결심한다. 형 집행자와 희생자, 그 모든 것이 이미 준비돼 있으니까.

이제 4명의 지배자들은 '피의 장'을 열어젖히기 위해 각자 무장한 민병대원들과 혼례를 올린다. 여장을 한 4명의 지배자들은 그들의 항문을 즐겁게 해 줄 신랑들과 첫날밤을 보낸다. 근사한 성기를 지닌 민병대원과 격렬한 잠자리를 나눈 주교는 때마침 한 가지 첩보를 전해 듣는다. 이 저택에 머무는 이들 중 규칙을 어기는 자들이 있다는 사실 말이다. 결국 불심 검문을 통해 진실이 밝혀지고, 밀고에 밀고가 이어진다. 그렇게 규칙을 위반한 이들은 마땅한 대가를 치르게 된다. 마침내 살육의 향연을 주최할 카스텔리 부인이 등장한다. 그녀는 고문과 살인을 통해 극한의 성적 쾌락을 취하던 한 고객의 이야기를 들려준다. 그 자는 니체와 위스망스에 정통한 인물로 사춘기 소년과 소녀를 모아 가죽을 벗기고 신체를 변형시키며 즐거움을 느꼈다고 한다. 카스텔리 부인은 그럴 때마다 불끈 발기하던 그의 성기를 자못 감격스럽게 묘사한다. 결국 4명의 지배자들은 살육의 욕망을 참지 못하고 (자신의 남편이기도 한) 민병대원들과 함께 가혹한 고문을 시작한다. 그들은 가녀린 소녀와 건강한 소년들의 가죽을 산 채로 벗기고, 눈알을 빼내며 극도의 쾌락에 빠져든다. 이들 형 집행자들은 서로 돌아가며 희생자들에게 고문을 가하고, 그런 모습을 각기 창가에서 관전하며 다른 소년들의 성기를 애무한다. 한편 고문이 이뤄지는 와중에 전망 좋은 방에 남겨진 2명의 파시스트 민병대원은 바깥 아수라장엔 아무런 관심도 없다는 듯 전축을 켜고 왈츠를 추기 시작한다. "춤출래?" 두 사람은 감미로운 선율에 맞춰 발걸음을 옮긴다. "근데 네 여자 친구의 이름은 뭐야?" 한 민병대원이 동료에게 일상적인 질문을 던진다. "마르게리타." 그들은 서로에게 다정히 안겨 춤을 이어 간다. 하지만 살육은 멈추지 않는다. 음악이 흐르고, 시가 읊어지는 순간에도.

씨네렉처

1 영화에서 금기로

어서 오세요,

파솔리니의 세계로

피에르 파올로 파솔리니는 감독이기에 앞서 시인, 소설가이기도 했어요. 그의 소설 『폭력적인 삶』은 벌써 우리나라에 소개된 바 있죠. 그는 수많은 칼럼과 논쟁적인 글을 많이 썼어요. 가장 논란이 됐던 것은 프랑스 68혁명 이후 유럽의 젊은이들을 위해 쓴 글이었는데요, 당시 젊은 독자들의 공분을 샀다고 알려져 있습니다.

그는 당대 이탈리아 영화계의 여러 인물들과 교분을 맺었어요. 페데리코 펠리니 감독의 초기작이라 할 수 있는 「카비리아의 밤」의 시나리오를 쓰기도 했고, 베르나르도 베르톨루치(「몽상가들」의 감독으로 알려져 있지만 사실 파솔리니와 동시대에 활동했으며 「거미의 계략」이라든가 「순응주의자」와 같은 정치적 작품을 만들었던 인물입니다.)와 작업을 하기도 했죠. 또 이탈리아의 현대 작가 알베르토 모라비아의 친구이기도 했습니다만 그를 향해 공격적인 칼럼을 쓰기도 했죠. 말하자면 그는 당시 유럽 사회를 비판하던 논객 중 한 사람이었어요. 또 영화 이론에서도 제법 영향을 끼쳤어요. 그의 논문 「시의 영화」는 오늘날에도 영화 이론을 연구하는 데 상당히 중요한 문헌으로 통해요. 다방면에 재주가 있는 인물이었죠.

파솔리니는 볼로냐 출신이에요. 한국인들이 잘 가는 피렌체에서 30분 정도 떨어진 거리에 위치한 도시인데요, 대학의 발상지로도 유명하지요. 한데, 파솔리니의 주요 활동 무대는 로마입니다. 1950년대에 로마에 입성한 그는 두 권의 시집과 두 편의 소설을 발표합니다. 시인과 작가로서 먼저 명성을 얻은 셈이죠. 사투리에 능했던 그의 언어 능력은 문학에서 놀라운 감수성을 발휘합니다. 표준어가 아니라 방언을 활용했다는 점이 특징인데, 그의 관심사가 주변부에 위치한다는 걸 보여 줍니다. 변방의 언어와 문화, 그리고 주변부적인 계급과 정치를 어떻게 표현할 것인가 하는 것이, 그의 평생 관심사였습니다.

영화와 인연을 맺은 것은 페데리코 펠리니가 연출한 「카비리아의 밤」의 시나리오를 쓰면서부터예요. 첫 연출 작품은 「걸인」이었고, 이어 선보인 「맘마 로마」로 화제를 모았습니다. 범죄자, 하층민을 주인공으로 삼은 이 영화들을 통해 파솔리니는 주변부에 대한 관심을 영화적으로 드러냅니다. 이어지는 작품들에선 종교와 신화 그리고 당대 현실을 넘나드는 방대한 탐구 과정을 보여 줍니다. 무엇보다 종교에 큰 관심을 가지고 있었죠. 그는 원시 종교를 통해 열정의 회복을 주창할 정도였는데요, 당대 종교에 대해서는 비판적인 태도로 일관했어요. 「테오레마」와 「돼지우리」는 부르주아 가족을 잔인하게 해부하면서 주목을 받았습니다. 파솔리니의 영화는 편하지 않아요. 이야기를 매끄럽게 전달하는 것을 의도적으로 거부한 작가였고, 영화가 지닌 이미지의 힘을 폭력적으로 극대화시켜 쟁점을 만들어 내기도 했습니다.

1970년대 초반에 파솔리니는 '인생 3부작'을 선보입니다. 「데카메론」, 「캔터베리 이야기」, 「아라비안나이트」는 제목 자체만으로도 친숙하지요. 이 작품들은 문학이나 설화로 남은 옛이야기라고 할 수 있는데요, 특유의 성적 에너지가 담긴 장면들에 눈이 갑니다. 보카치오가 쓴 『데카메론』은 중세 유럽을 휩쓴 페스트를 피해 모여든 선남선녀들이 주고받은 이야기라 할 수 있는데요, 그러한 설정은 영화에도 반영됩니다. 성적인 화면에조차 인간의 어두운 욕망과 공포가 드리워져 있죠.

'인생 3부작' 이후 잠시 휴식기를 갖고 만든 작품이 「살로, 소돔의 120일」이에요. 사드의 소설 『소돔의 120일』을 가지고 만든 영화죠. 이탈리아에서 처음 이 영화가 공개됐을 때 수많은 관객들이 상영 도중에 뛰쳐나가고, 구토하고, 계란을 던졌다고 합니다. 그만큼 사드적 텍스트를 강하게 표현한 영화였어요.

「살로, 소돔의 120일」이 사드가 쓴 원작을 각색한 영화라는 걸 놓치면 안 될 것 같아요. 금기라는 주제를 다룰 때 항상 빠지지 않고 등장하는 인물이 바로 사드 후작이죠. 한국에서는 그가 쓴 『소돔의 120일』이 금서로 지정되기도 했습니다. 파솔리니는 이 작품을 과감하게 각색하면서 사드의 특징들을 재해석해 냅니다. 그럼에도 「살로, 소돔의 120일」은 파솔리니의 대표작이라고 하기에는 좀 겸연쩍어요. 하지만 이 작품은 과격한 선정성과 파솔리니의 기이한 죽음으로 유명해졌죠. 그는 이 영화를 찍은 뒤 얼마 지나지 않아 로마 근처의 해변에서 변사체로 발견됩니다. 그가 질투에 사로잡힌 동성 애인의 손에 살해당했다는 이야기도 있고, 난도질당한 시신 때문에 살인범이 여러 명일 거라는 등 역사에 상당한 스캔들을 남긴 사건이었어요. 이 작품이 지닌 불쾌한 분위기와 함께 이 사건은 영화사의 비극으로 남게 됐어요.

파솔리니와 그의 작품에 대한 평가는 다채롭습니다. 『반딧불의 잔존: 이미지의 정치학』의 저자 조르주 디디위베르만은 다음과 같이 파솔리니를 평합니다. "파솔리니는 반딧불의 이미지를 통해 소멸하는 민중의 모든 현실을 본다. 그가 『루터의 편지들』에서 말한 것처럼 파국적인 방식으로 '사물의 언어가 변화됐다.'라고 한다면, 무엇보다도 그 이유는 '민중의 정신이 소멸했기' 때문이다." 물론 조르주 디디위베르만은 파솔리니가 생각한 민중 개념에는 한계가 있다고 아울러 비판합니다. 다분히 추상적이라는 것이죠.

파시즘이 종말을 고하던 때를 배경으로 삼은 「살로, 소돔의 120일」은 소멸해 버린 민중에 대한 기록일 수 있어요. 파시스트로 인해 민중의 삶은 지옥이 되어 버리죠. 영화는 그 과정을 차분히 기록해 갑니다. 소멸해 가는 민중 혹은 인간의 삶을 구성한 겁니다. 선정성이라는 꼬리표를 떼어 내고, 동물만도 못한 상태로 전락해 버린 인간의 삶을 들여다볼 필요가 있어요. 이번에도 또 불편하겠죠.

악덕의 영광, 사드
20세기로 소환하다

「살로, 소돔의 120일」과 오시마 나기사의 「감각의 제국」은 '선정성' 측면에서 차이가 나요. 「감각의 제국」이 물리적으로 더 진짜죠. 배우들의 실제 정사를 그대로 보여 준 영화니까요. 「살로, 소돔의 120일」에 나오는 섹스와 폭력 장면들은 가짜입니다. 똥은 초콜릿으로 만든 거예요. 하지만 우리가 똥이라고 생각하니 영화를 보며 역겨움을 느끼는 거죠. 「감각의 제국」은 성적 에너지와 감정을 쫓아가면서 인물들의 '바닥'까지 내려가 보는데, 이 영화는 바닥의 바닥, 인간의 '밑바닥'까지 내려가죠.

영화는 '기벽의 장', '똥의 장', '피의 장'으로 각각 나뉘어 전개됩니다. 새로운 장으로 나아갈수록 폭력과 섹스, 역겨움의 강도가 점점 세지죠. 실제로 마지막 '피의 장'에서는 쾌락을 위해 살인도 서슴지 않는 파시스트들의 모습을 볼 수 있는데, 이 또한 사드의 원작에서 가져온 겁니다.

사드는 파리의 바스티유 감옥에 갇혀 있을 때 「소돔의 120일」을 씁니다. 필립 카우프만 감독이 만든 「퀼스」는 사드 후작의 전기 영화예요. 감옥에 갇힌 사드가 얇은 종이 위에 글을 썼어요. 그리고 이를 연결해 마치 두루마리 휴지처럼 만들죠. 이렇게 써 내려간 작품이 바로 『소돔의 120일』이에요. 그가 감옥에 갇힌 죄목은 가학 성욕을 충족하기 위해 창녀를 샀다가 그들로부터 고발당했기 때문이었죠. 사드는 사형 선고를 받고 1778년부터 10년 동안 감옥 생활을 하게 됩니다. 그를 감옥에서 끄집어낸 것은 다름 아닌 프랑스 대혁명이었어요. 그러나 혁명의 거센 기운 역시 그를 이해해 주지 못합니다. 상류층의 입장에서 보기에 사드는 귀족답지 못한 짐승 같은 족속이었고, 혁명 세력의 입장에서는 그저 '변태적인 귀족'일 뿐이었죠. 그는 어디에도 속하지 못한 혁명 전야의 인간이었어요.

그래서 사드의 작품은 시대를 넘어 인간이란 어떤 존재인지, 되묻게 합니다. 『소돔의 120일』에도 네 사람의 귀족들이 나옵니다. 그들은 여덟 명의 소년, 여덟 명의 소녀를 뽑아 네 명의 이야기꾼, 네 명의 감시자들과 함께 놀라운 일들을 벌이죠. 사드는 이 작품을 구상하며 상당히 고민한 듯 보입니다. 그는 서론에서부터 독자들에게 경고를 보냅니다. "내 동포, 내 형제여! 그대는 지금 이 세상이 생긴 이래 나온 가장 불온한 이야기를 들을 마음의 준비를 해야 한다. 이것은 고대에도, 현대에도 결코 만나 본 적이 없는 종류의 책이다."

그의 대표작 『미덕의 불운』, 『밀실에서나 하는 철학』 같은 작품이 국내에도 출간됐지만 어쩐지 어둡고 음울한 표지 탓에 그다지 손이 가지 않죠. 그런데 성과 폭력을 다루는 선정성의 대가라는 사드의 작품을 막상 읽어 보면 상당히 지루해요. 이 사람은 섹스를 이야기하는 듯하지만 실은 자신의 철학을 끊임없이 설파하고 있어요. 인간관계는 이래야 한다, 저래야 한다, 이것이 더 중요한 본성이다, 하면서 말이죠. 사드의 겉만 보면 야하고 폭력적이죠. 살인이나 범죄에 대해서도 독특한 방식으로 옹호하거든요. 그런데 철학적 논증이 주를 이루기 때문에 오늘날의 감각에서 보자면 지루해요.

계몽주의 철학자 볼테르가 쓴 『캉디드』도 철학적 논쟁으로 짜인 작품이에요. 주인공 캉디드가 세계를 돌며 자신의 철학을 떠들어 대죠. 사드는 캉디드에 해당하는 캐릭터를 여성, 과격한 성적 욕망을 지닌 인물로 바꾸었죠. 어떤 한 구절만 보면 굉장히 야한 작품으로 읽힐 수도 있지만 처음부터 끝까지 훑어보면 정말 난해한 철학서로 보일 겁니다. 어느 분야에 두어야 할지 헷갈리는 작품이죠. 어찌 보면 우리가 다룬 네 편의 영화가 다 그런 부류에 속한다고 할 수 있겠네요. 사드가 만든 세계처럼 인간의 관습이나 습속을 넘어서는, 금기를 깨는 영화들이죠. 사드적 이야기는 인간이 가진 도덕률과 관습의 또 다른 목소리를 발견하게 하고, 인간 본성을 더 깊이 파고들 수 있도록 해 주죠. 그 정점에 있는 작품이 바로 「살로, 소돔의 120일」입니다.

영화의 시작,
유럽의 지성을 인용하며

영화의 도입부를 유심히 보면 많은 정보들이 들어 있어요. 그중 작품을 만드는 데 영감을 준 작가와 작품들의 목록이 화면에 나열됩니다. 사드를 다룬 유명한 작가와 인문학자들이에요. 가장 먼저 눈에 띄는 이름으로는 롤랑 바르트가 있죠. 그는 『사드, 푸리에, 로욜라』라는 저술을 남겼어요. 또 모리스 블랑쇼의 이름도 보입니다. 그는 작가이면서 비평가로 20세기 프랑스 지성사에 족적을 남긴 인물이에요. 그는 1949년에 『로트레아몽과 사드』라는 책을 썼죠. 『제2의 성』을 쓴 시몬 드 보부아르의 이름도 등장해요. 1950년대에 『소돔의 120일』이 프랑스와 영국에서 재출간됐을 때 보부아르가 머리말을 썼다고 합니다. 사드를 옹호한 에세이였다고 해요. 이외에도 클로소프스키, 필리프 솔레르스의 이름도 나옵니다. 이들은 모두 사드에 관한 글을 썼으며, 프랑스 지성사에서 중요한 인물들이에요.

파솔리니가 영화 도입부에 이들의 이름을 거명한 데에는 분명한 이유가 있습니다. 이를테면 『소돔의 120일』을 각색한 이 작품은 그들로부터 영감을 받았으며, 더불어 사드를 유럽 지성사 속에 받아들일 수 있음을 과시하는 한편, 자신의 영화 「살로, 소돔의 120일」이 블랑쇼나 바르트의 연장선상에 있음을 보여 주고자 했던 것입니다. 클로소프스키, 필리프 솔레르스의 이름 뒤에 '파솔리니'라는 이름을 넣은 셈이죠.

「살로, 소돔의 120일」을 보고 있노라면 눈에 띄는 고유 명사가 또 나타납니다. 사드의 원작 소설은 『소돔의 120일』이에요. '소돔'은 성서에 등장하는 고대 도시의 이름입니다. 너무 타락한 나머지 신이 멸망시킨 도시였죠. 소도미(sodomy)라는 말이 있는데, 이 단어는 '남색(男色)', '수간(獸姦)'이라는 뜻으로도 쓰입니다. 그러면 '살로'가 성적으로 타락했다는 의미일까요. 살로는 실제 지명입니다. 이곳은 2차 세계대전과 함께 역사에 등장한 매우 상징적인 장소입니다.

당시 이탈리아를 지배하던 무솔리니는 1943년 9월 8일, 연합군에게 항복을 선언합니다. 무솔리니의 항복에 동맹국이자 전쟁 주축국이었던 독일은 무척 불편해합니다. 히틀러는 무솔리니를 좋아하지 않았지만 이탈리아 파시스트 정권이 붕괴된다는 것은 독일의 고립을 의미했기 때문입니다. 그래서 히틀러는 친위대를 급파해 구금돼 있던 무솔리니를 구출해 냅니다. 이 사건을 계기로 1943년 무렵, 독일군이 점령한 이탈리아 북부 지역을 중심으로 파시스트 정부가 세워집니다. 일명 '살로공화국' 말입니다.

그런데 살로의 파시스트들은 기세등등하지 못했어요. 독일의 도움으로 유지되는 정권이었기에 카리스마 넘치는 지배력을 발휘하지 못했죠. 파솔리니의 영화 「살로, 소돔의 120일」은 이러한 (살로공화국의) 분위기를 반영하고 있습니다. 4명의 파시스트들은 자신들의 몰락을 예견한 듯

9명의 소년과 소녀를 선발해 '극한의 향락'을 추구합니다. 그들이 쾌락의 궁전(비밀의 집)으로 향하는 길은 몰락의 여정이자 최후의 선택이기도 한 셈입니다.

파시스트가 이동하는 와중에 나오는 다른 지명도 눈에 띕니다. 트럭이 길을 지날 때 얼핏 '마르차보토'라는 지명이 보이죠. 그곳 역시 역사적인 현장입니다. 1944년, 나치의 SS군대가 마르차보토에서 2000명에 달하는 이탈리아 사람들을 학살했다고 알려져 있습니다. 파시스트가 선발한 소년과 소녀도 일종의 학살 현장으로 끌려가고 있다는 암시겠죠. 여하튼 파솔리니는 이런 지명들을 거론함으로써 자신의 영화가 단순한 폭력 액션, 섹스 판타지가 아님을 명백히 보여 주고자 했습니다. 그렇게 이 작품은 역사의 잔혹한 현장을 새기고, 파시즘의 참상을 기록한 작품으로 남게 됐죠.

우리 안의
파시즘

소년, 소녀 무리와 함께 성으로 들어간 네 명의 파시스트는 자신들의 쾌락과 권력에 대한 일종의 실험을 행합니다. 이 영화에서 가장 중요한 대사라 할 수 있는 걸 인용해 보겠습니다. "실제로 우리가 쾌락을 느낄 수 있는 건 단순히 육체적 쾌락이 아니라 사회적 관계 속에서 내가 어떤 권리를 행사할 수 있느냐 하는 것이다."

이들의 말은 권력을 행사하는 것이야말로 성욕, 식욕을 능가하는, 즉 인간이 누릴 수 있는 최고의 쾌락이라는 점을 노골적으로 보여 주죠. 독재자들이 잔혹한 학살을 한 이유를 두고, 종종 인간 본성이 악하다거나 해당 인물의 정신 병리학적 측면만 파고드는데요, 그보다 더 근원적인 까닭은 '쾌락의 추구'가 아닐까 싶습니다. 사드도 이와 비슷한 말을 했지요. "불행한 일이지만 비결은 너무 자명하다. 조금이라도 악습에 뿌리를 내린 방탕이라면 살해가 관능에 대해 얼마나 큰 지배력을 행사하는지 모를 리가 없을 것이다."

이러한 생각을 머리 밖으로 끄집어내는 건 분명 위험한 짓이죠. 그래서 사드조차 주의를 기울이죠. '불행한 일이지만'이라고 전제를 달았잖아요. 조르주 바타유는 사드의 이 문장을 자신의 저서 『에로티즘』에서 새로이 언급합니다. "살해하는 광경이나 살해에 관한 상상이 적어도 어떤 환자들에게는 성적 욕구를 불러일으킬 수 있을 것이다. 그러나 이 경우 둘의 관계를 병적인 탓으로만 돌릴 수는 없다."

살인을 하면서, 상대를 지배하면서 느끼는 쾌락은, 바타유의 말을 빌리자면 "악습의 지평에만 국한되는 것"이 아니라 "그 진리를 우리의 삶과 죽음에 표상하는 가장 근본적인 진리"라고 합니다. 그러니까 특별하고 기이한 것이 아니라 근본적이고 보편적인 진리 중 하나라는 것이지요. 좀 충격적인가요? 바타유는 이렇듯 충격을 받는 원인으로 철학의 오류를 지적합니다. 그는 철학에 오류가 생기는 가장 큰 요인으로 "생명을 멀리"하는 태도를 꼬집습니다. 즉 철학이 인간 본능이 지닌 동물성, 생명체라는 사실을 묵살해 버렸기 때문에 결국 탁상공론에 지나지 않게 됐다고 설명한 거죠.

지배자의 권력에 대한 통찰은 20세기에 이르러 더욱 다양하게 이뤄집니다. 이 영화에 나오듯 그 어느 때보다 강력한 '파시즘 독재'가 등장했고, 민주주의는 새삼 치명적인 위기를 맞게 됩니다. 왜 그러한 일이 자연스럽게 생겨났을까요? 권력이 주는 쾌락은 과연 무엇일까요? 먼저 인간이 욕망 덩어리이며, 쾌락을 추구하는 동물이라는 점을 이해해야 합니다.

프랑스의 철학자 미셸 푸코는 『성의 역사: 앎의 의지』에서 권력의 문제를 흥미롭게 성찰합니다. 군주의 주권적 힘을 '생살여탈권'이라고 말합니다. 그것은 왕이나 군주가 타인의 목숨을 빼앗을 수 있다는 뜻입니다. 한 인간이 타인의 생명을 좌지우지할 수 있다면, 그런 권력은 분명 신적인 쾌락을 줄 겁니다. 파시스트들은 이러한 상황에 흥분합니다. 그래서 파시스트가 행하는 권력과 폭력의 강도는 점점 더 세질 수밖에 없어요. 마치 무언가에 중독된 것처럼 말이죠. 맞아요, 그들은 자신들의 권력에, 그것이 주는 쾌락에 중독되어 가는 거예요.

자본주의도 비슷하죠. 돈이 곧 권력이 되는 시대인 겁니다. 돈이면 못 할 게 없다는, 즉 갑질의 야망을 품게 돼요. 타인에 대한 배려는 사라지고, 황금만능주의가 팽배해지죠. 파시즘이 인종주의로 모든 사유를 차단했듯, 자본주의는 돈을 통해 모든 생각을 단순화합니다. "돈 주면 될 것 아니야!" 파시즘과 자본주의는 모두 '한 가지'로 세상의 다양성과 복잡성을 재편하는, 권력의 놀라운 횡포를 보여 줍니다.

「살로, 소돔의 120일」은, 파시즘과 자본주의가 그러하듯 권력이 주는 쾌락에 점점 더 중독되어 가는 인물 군상을 단계적으로 풀어 갑니다. 중년의 창부가 등장해 음탕한 이야기를 던집니다. 이것에 자극받은 파시스트와 일부 병사들이 성행위를 시작합니다. 난교와 항문 성교로 시작된 가학적 상황은 시간이 흐를수록 더욱 거세집니다. '똥의 장'에서는 아예 서로의 똥을 먹으라고 합니다. 거부하면 죽을 수밖에 없기에 소년, 소녀들은 권력에 굴종합니다. 똥을 먹은 자들은 권력에 굴복했기 때문에 저항하지 못합니다. 그러한 분위기는 피지배자 집단에 속한 소년, 소녀들의 공포심을 자극하며 자발적 노예 상태를 부추깁니다. 같은 인간이지만 스스로 남보다 못하다는 생각, 이것은 인간을 진정한 '인간 이하'로 만들어 버립니다.

「살로, 소돔의 120일」은, 인간이 저항을 잃어버리면 자유로부터 얼마나 멀어지게 되는지를 보여 줍니다. 그들은 노예 수준에도 미치지 못하게 됩니다. 저렇게 괴로운데도 왜 자살하지 않느냐고 물을 수도 있어요. 심지어 저런 상황에서도 더 살아남겠다며 같은 희생자들을 고발하는 지경에 이릅니다. "저를 살려 주세요. 그 대신 비밀을 알려 드릴게요." 하면서 자발적 끄나풀이 돼요. 타인을 팔아 치우는 거죠. 신뢰가 없는 집단은 권력에 순응하는 비겁함을 일삼게 되고, 그러다 효용성이 떨어지면 폐품처럼 버려지고 마는 거예요.

어느 피아니스트의
죽음

이러한 상황에서도 묵묵히 피아노를 치다가 홀연히 죽음을 선택하는 피아니스트가 눈에 밟힙니다. 대사를 한마디도 않기에 그 여자가 무슨 생각을 하는지 도통 알 수 없지만 느낄 순 있죠. 여자가 겪었을 고통과 생각들, 그리고 결단까지 말예요. 죽음을 선택함으로써 유일하게 저항을 하는 인물이에요. 파솔리니가 이 영화 속에 심어 둔 희망과 저항이, 아마 저 피아니스트의 죽음일 거예요.

대부분의 등장인물들은 점점 상황에 동조하거나 순응해 갑니다. 가령 폭력적 상황에 직면해서도 '명령에 충실했을 뿐이다.'라고 말하는 사람이 생겨나는 것이죠. 어째서 이런 인물이 탄생하는 걸까요. 한나 아렌트는 『예루살렘의 아이히만』이라는 저작을 통해 이 점을 해명하고자 합니다. 아이히만은 전범 재판에 오른 나치 정권의 관료였어요. 그는 유럽 전역에 거주하던 유대인들을 붙잡아 강제 수용소로 이송한 장교였죠. 아렌트는 그의 재판 과정을 지켜보면서 아이히만이 지닌 가장 큰 문제는 바로 '사유가 없다.'라는 것, 즉 지성의 부재였다고 말합니다. 그는 상투적 언어와 관료 어법을 제외하고는 자신을 표현할 수 없었으며, 다른 사람들이 자기 행동을 어떻게 볼지만 상상할 수 있는 최소한의 능력만 가졌다고 합니다. 그러니까 아이히만은 상상력이 결여된 인물이었어요. 그래서 타인의 고통에 둔감할 수밖에 없었죠. 상상력은 지성과 사유를 연결하는 고리이고, 이것이 없으면 인간은 무감각한 괴물이 될 수 있어요.

피아니스트는 영화 속에서 유일하게 사유를 시도했던 인물이에요. 성에 모인 여러 부류의 인물 중에 오직 그녀만이 숨구멍을 찾아냈죠. 그녀의 얼굴에는 소년, 소녀들이 받은 고통에 대한 말 없는 공감이 들어 있어요. 그래서 피아니스트는 파시스트적 쾌락에 굴복하지 않고 자살을 선택합니다. 비록 소극적인 방법일지라도, 투신 행위를 통해 인간의 존엄성을 보여 주려고 한 것이죠. 파시스트들은 소년과 소녀들을 사물로 취급합니다. 이를 단적으로 보여 주는 예가 아름다운 엉덩이를 선별하는 장면입니다. 인간을 상품으로 보는 것이죠. 이러한 시선은 파시스트만 지닌 게 아니에요. 돈이 지배하는 자본주의 사회에서 가장 강력하게 드러나는 부분이죠. 자본주의는 모든 것을 사물화해요. 그런 면에서 파시즘과 자본주의는 서로 연결됩니다. 인간을 사물처럼 대하는 파시즘은, 생명을 돈으로 환산하는 자본주의와 등가를 이루죠.

예를 하나 들어 봅시다. 사람들은 자주 무엇이든 돈으로 환산해 버립니다. 실제로 어떤 관객은 극장에서 영화를 다 보고 난 후 재미없다며 환불을 요청하기도 해요. 자신을 만족시키지 못했으니 돈을 돌려 달라는 셈인데, 그럴 수 있고 없는 게 있는데도 전부 상품으로 규격화해 버려요. 흡사 '프로크루스테스의 침대'처럼 되는 거죠. 그리스 신화에 등장하는 프로크루스테스라는 강도를 아시나요. 그는 아무 행인들을 붙잡아 와서는 팔다리가 자기 침대보다 길면 잘라 죽이고, 짧으면 늘여 죽였다고 합니다. 인간들의 개별성, 고유성보다 자기 침대의 절대성만 주장한 것이죠. 그게 파시즘입니다. 무조건 나에게 맞추라는 거죠. 파솔리니는 이 지점에 집중하고 있어요. 프로크루스테스의 침대와 같은 힘의 논리는 '금기의 명령'으로 다가오기도 합니다. 한 사회를 지배하는 극한의 금기, 사실 이건 우리 스스로가 불러일으키는 어떤 괴물 같은 존재가 아닐까요. 그런 점에서 한계를 넘어서려는 이 영화가 주는 메시지는 분명합니다. 저항하지 않는 삶은, 인간 대접은커녕 똥만 먹어야 한다고, 장난감처럼 놀리다 버려질 수밖에 없다고 명백히 선언하고 있습니다.

영화에 등장하는 관음증에 대해서도 생각해 봐야 합니다. 영화의 끝

부분에 고문과 살인 광경을 망원경으로 훔쳐보는 장면이 나옵니다. 그것은 우리 시대의 관음증적 문화를 생각하게 만듭니다. 현대 사회는 대부분의 것들을 관음증적 시선으로 바라보게 합니다. 그럴 때마다 우리가 영화 속 파시스트보다 나은 것이 과연 무엇인가, 싶습니다. 수많은 채널과 윈도로 이루어진 문화다 보니, 어디서든 창(윈도)을 통해 세계를 관음증적으로 응시할 수 있죠. 이런 태도는 걷잡을 수 없이 내면화되고 있습니다. 더 큰 자극을 위해 더욱 센 것을 봐야만 합니다. 어느새 모든 것이 포르노적 이미지로 변모해 버린 것이지요.

그것은 내가 관음증의 주체가 된다는 의미뿐 아니라 관음증의 대상이 될 수 있다는 의미이기도 합니다. 주점에서 술을 마시는 것도, 근사한 레스토랑에서 식사를 하는 일도, 누군가의 응시를 전제로 한 공간에서 이뤄지고 있습니다. 포르노의 관람자가 포르노의 주인공이 되는 현상. 그것은 단순히 애인과의 성행위 영상을 공유하는 수준을 넘어, 모든 문화적 형태들이 포르노로 전환되는 우리 시대의 풍속도를 되돌아보게 합니다. 느닷없이 끝나 버리는 이 영화의 마지막 장면을 떠올려 보세요. 끌려온 소년, 소녀를 감시하던 병사들이 갑자기 손을 맞잡고 왈츠를 추기 시작합니다. 그들은 항상 파시스트와 소년, 소녀들의 성행위를 지켜보는 입장이었는데, 어느새 주인공이 되어 영화의 화면을 가득 채웁니다. 관찰자(감시자)에서 관찰의 대상으로 전환되는 순간에 「살로, 소돔의 120일」이 멈춰 버립니다. 파솔리니는 보는 주체와 보이는 주체가 합일해 버린, 세상의 종말을 그려 냅니다. 그것이 바로 지금 우리가 직면한 현실이 아닐까요.

2주 전 「살로, 소돔의 120일」을 극장에서 보고 온종일 심신의 고통에서 헤어나지 못했습니다. 파시스트들은 영화 속 창녀가 하는 이야기를 성적 쾌락으로 삼습니다. 저는 그 창녀들이 고통을 쾌락으로 받아들이게 됐을 환경에 대해 생각했습니다. 창녀라는 직업은 가난을 선회하니까요. 그리고 그녀들이 나이 들어 포주가 되고, 가학적 행위를 권장하는 걸 보면서 고통에서 쾌락으로의 전이가 읽혔습니다. 이들이 보여 주는 욕망의 메커니즘이 궁금합니다.

이야기꾼들이 이야기하는 건 자극적인 상황으로 이끌어 가기 위함인 거죠. 사드의 소설이 그러한 것처럼 말이죠. 적나라한 장면을 노골적으로 보여 줌으로써 자극을 끌어내는 게 아니라, 이야기라는 형식을 통해 자꾸 상상하게 만든다는 게 중요한 지점이에요. 창녀라는 직업이 가난을 선회한다고 단정하셨는데, 요즘엔 꼭 그렇지도 않아요. 자발적인 선택도 가능한 시대예요. 다만 중요한 게 있어요. 사드의 원작과 영화가 말하고자 하는 건 고통이 커지면 커질수록 쾌락도 커진다는 명제예요. 장이 바뀔수록 점점 잔혹해지고 가학적으로 변하잖아요? 그게 바로 '사디즘'의 본질이기도 해요. 그런 사디즘적 상황을 계속 단계적으로 보여 주고 있는 거죠. 이때 이야기는 뭐랄까요, 비유적으로 표현하자면 '전회'에 해당하는 단계죠.

그런데 한 단계씩 기계적으로 따라가는 이유가 있어요. 점점 더 큰 강도의 쾌락을 추구하는 것이죠. 그러려면 단계적으로 올라가야 해요. 비약하는 건 권력이 원하는 게 아니에요. 어디로 튈지 모르니까요. 그래

서 영화 속 파시스트뿐 아니라 원작의 귀족들 역시, 쾌락을 얻는 방법을 규격화하고 체계화하려고 해요. 공교롭게도 이러한 시스템은 자본주의와 닮아 있죠.

미소녀를 골라내는 과정에서 어머니를 잃고 비통해하는 소녀를 군이 선택합니다. 그때 한 파시스트가 자기 어머니도 죽었다는 말을 합니다. 제나름대로 위로하려 한 것일까요. 무슨 의미인가요?

그 장면을 보면 소녀가 비통해하자 파시스트들이 굉장히 좋아하죠. 가족은 파시즘 속에선 의미가 없어요. 권력이 중요하죠. 서로 자신의 딸들을 바꿔 결혼하잖아요. 가족에게조차 어떻게 고통을 주고 극단으로 몰아갈지 고민하죠. 희생자가 울부짖을수록 쾌락이 극대화되니까요. 그러기 위해 '나도 그랬어.'라며 애도를 표하지만, 이건 공감이 아니라 더 아프라고 뿌려 대는 굵은소금 같은 겁니다. 상대를 더 극한의 상황으로 몰기 위해서 말예요.

나중에 가장 예쁜 엉덩이를 골라 죽이겠다고도 하죠. 그리고 가짜 총성을 울린 뒤 '그렇게 쉽게 죽을 줄 알았느냐.'라며 놀리는 장면이 나와요. 죽음을 갖고 노는 거예요. 생살여탈권, 즉 타인을 죽일지 살릴지 자기 뜻대로 정할 수 있다는 절대적 권위를 확인할 때에만 극단적 쾌락을 느끼는 거예요. 쾌감을 배가하기 위해 어머니의 죽음에 가짜 공감을 던지는 겁니다.

파시즘은 '가족 공동체'를 인정하지 않아요. 파시스트는 모든 것을 다 자기 재산으로 만들어 소유하려고 하죠. 왜냐하면, 파시즘의 권력 구조 안에선 오직 권력만이 주인이니까요.

너무 끔찍하고 잔혹해서 결코 두 번은 보고 싶지 않은 영화였습니다. 놀란 맘이 진정이 안 돼요. 아무리 영화지만 저걸 연기한 젊은 배우들이 심리적 내상을 입지 않았을까요?

일단 봐야 돼요. 두 번 보고 싶지 않다 하셨잖아요? 실제로 20세기를 돌아보세요. 이보다 더 잔혹한 일들이 얼마나 많았어요? 한국의 현대사만 봐도 더 끔찍한 일들이 즐비하죠. 어쩌면 보지 않으려는 태도가 더 끔찍한 것일지도 모릅니다.

「살로, 소돔의 120일」은 파시즘의 행태에 대해 이야기하는 영화예요. 그런데 이걸 정면으로 보지 못한다면 진짜 세상에 대해선 아예 편히 눈감아 버리게 되지 않을까요. '가뜩이나 힘든데 이런 잔인한 일들을 봐야 해?'라고 자신을 위로하면서 말이죠. 이 세상은 기아, 기근, 재해, 지진…… 수많은 참사가 일어나는 고통의 현장입니다. 이것을 외면해 버리면 더 강한 쾌락만을 추구하는 저 파시스트들과 뭐가 다르겠어요? 그래서 보아야 합니다.

심리적 내상이라, 해당 배우들은 이미 내용을 알고 합의한 상태에서 출연했기 때문에 생각하시는 것만큼 괴롭지 않았다고 해요. 유럽 영화에서 전라 연기는 그리 드문 일도 아니었어요. 아마추어든 프로든 이들은 연기자예요. 자신을 드러내 보이는 게 이들 배우들의 강력한 소원이었을 거예요. 우리 관객들이 자신을 어떻게 응시할지 고민하면서 각 장면에 임했겠죠.

가령 파시스트들은 희생자들의 눈을 뽑고 고문하는 모습을 보며 낄낄거리죠. 관객들은 이러한 장면을 응시하면서 마음속으로 갖가지 반응을 경험하게 됩니다. 그러다 어느 순간, 감정이 솟구치게 될 테죠. 심지어 이 장면을 클로즈업까지 합니다. 이 작품을 쾌락을 위한 영화로 만들고자 했다면 클로즈업하지 않았을 거예요. 다시는 이러한 파시스트 정권과 사회가 인류 역사에 등장하지 않기를 바라기에 이처럼 과감한 표현을 할 수 있었다고 생각해요. 악을 다룸으로써 '선의지'를 불러일으키는 방법. 그러니 이 장면들을 변태적인 것으로 여겨 피하려고 한다면 오히려 악이나 불의에 맞서지 못하게 될 테죠. 세계를 응시하지 않고 불편한 시선을 피한 채 자기만의 방에 갇혀 있으면, 상상력의 불능(공감의 단절) 속에 함몰될 겁니다.

영화를 보면 특권 의식을 가진 지배자들이 노예 같은 아이들과 함께 식탁에서 똥을 먹고, 여자 옷을 차려입고 결혼까지 하는데요, 저는 이러한 장면들이 잘 이해되지 않습니다.

파시스트들이 소년, 소녀를 고문할 때에만 쾌감을 느낀다고 상상해 보세요. 실제로 반려동물을 괴롭히며 즐거움을 얻는 사람들도 있죠. 그런데 중요한 점은 권력이 작동하기 위해서는 명령만 해서는 안 된다는 거예요. 힘과 폭력을 과시하기만 하면 모두 복종할 거라고 생각하는데, 오히려 후폭풍을 맞을 수 있어요.

그렇다면 먼저 똥을 먹는 파시스트들을 어찌 해석해야 할까요. 결국 그들의 행동은 "내가 먼저 먹었는데 너는 왜 안 먹느냐."라는 것이 돼요. 이게 가장 핵심적인 논리예요. 단지 시키기만 하면 피지배자들이 말을 듣겠어요. 하지만 '나도 하는데 너는 왜 안 해.'라고 하면 상황이 달라지죠. 그게 더 큰 지배력이 되는 겁니다. 이들이 사냥해 온 아이들을 지배하기 위해서는, 지배자 또한 고통을 즐겨야 해요. 일벌레 상사가 있다고 생각해 봅시다. 그가 열심히 일할수록 아랫사람은 일을 하지 않을 수 없지요. 일 안 하는 상사가 이래라저래라 하면 요령만 늘게 되고요.

이 기묘한 장면은 권력의 작동을 잘 보여 주는 대목입니다. 함께 똥을 먹고, 스스로 복장 도착을 수행하죠. 그래야 희생자들이 당연하다는 듯이 뒤따르게 될 테니까요. 권력은 무식하게 힘만 키우지 않아요. 그런 힘이 잘 발휘될 수 있는 효과적인 방법을 항상 고민한답니다.

2 금기에서 삶으로

명랑 시민을 위한
잔혹 교양 영화

『30금 쌍담』에서 선택한 네 편의 영화 중 아마 이 영화가 보기에 가장 힘들 겁니다. 금기고 뭐고 간에, 역겹고 불쾌하기 이를 데 없는 영화이니까요. 어때요, 이제 이 영화에 적응하셨나요? 이 영화를 처음에 봤을 때, 저도 여러분들이랑 똑같이 반응했어요. 처음에는 견딜 만했어요. 그런데 나중엔 똥으로 파티까지 벌이잖아요. 거기서 좀 쉬었어요. 메스껍더군요. 그래서 이상용 선생님한테 물어봤더니, 선생님이 이렇게 말씀하시더라고요. "어렸을 때 똥 안 먹어 보셨어요?' 그야말로 헉! 이 선생님은 제가 해 보지 못한 경험을 많이도 하신 것 같아요. 여러분들도 똥을 먹어 봤나요? 저만 안 먹어 본 듯싶네요.

힘겹게 이 영화를 몇 번 보다 보니까, 불현듯 아주 탁월한 교양 영화라는 느낌이 들었어요. 파시즘을 겨냥한 '잔혹 교양 영화'죠. 그러니까 「살로, 소돔의 120일」은 교양 영화, 즉 똥이 나오는 교양 영화인 겁니다. 누군가가 이 영화에 대해 물으면 저렇게 설명하시면 돼요. 파솔리니는 '파시즘을 방치하면 너희들 다 좆 된다.'라고, '파시즘을 따르면 너희들은 똥을 먹게 될 것이다.'라고 알려 주고 있는 겁니다. '똥을 먹는다.' 이건 인간으로서의 자긍심이 붕괴됐다는 증거입니다. 물론 똥을 기꺼이 먹는 사람도 있을 수 있습니다. 파시즘에 완전히 복종한 인간이라면 충분히 그럴 수 있죠. 파솔리니는 우리가 가장 불쾌해하는 똥으로 파시즘의 고통을 가르쳐 주고 싶었나 봅니다. 영원히 기억될 불쾌한 장면으로, 우리 내면에 꼭 필요한 트라우마를 남기려 했던 거죠. 파솔리니는 파시즘만 막을 수 있다면, 똥이 아니라 그보다 더 더러운 걸 동원했을 겁니다.

이 영화에서 가장 상징적인 장면은 흑인 하녀와 사랑을 나누던 남자가 파시스트들 앞에 서서 한 팔을 당당히 들어 보이던 모습이에요. 규칙을 어겨 곧 죽임을 당할 테지만, 자신의 사랑에 당당했던 겁니다. 사랑과 파시즘은 대립 관계죠. 파시즘은 사랑을 하지 못하게 하고, 사랑은 파시즘에 맞섭니다. 그래서 영화를 마무리하는 제일 마지막 장면도 매우 인상적이지요. 환락의 파티를 마치고 규칙을 어긴 사람들을 고문하는 현장 바깥에서, 바로 그곳에 남은 두 병사 사이에 우정 혹은 사랑이 일어나는 장면 말입니다. 파시스트들이 떠들어 대는 대사를 하나하나 잘 기억해 봐야 해요. 이 영화는 사드의 『소돔의 120일』과는 달라요, 제법 많이요. 일단 사드의 작품은 완성이 안 됐어요. 여하튼 그와 관련해 기억해 둘 만한 단어가 하나 있는데요, '리베르탱(libertin)'이라는 말입니다. 이걸 검색해 보면 '자유연애주의자'라고 나올 겁니다. 말하자면,

자기 뜻대로 자유롭게 섹스를 하고, 사랑도 나누고 하는 거예요. 부모나 종교의 압력 따윈 신경 쓰지 않고요!

기독교 관념이 지배하던 당시 사회(사드가 활동하던 시대)에서 리베르탱이라는 꼬리표는 아주 저주받은 이름으로 통했죠. 리베르탱의 정신을 완벽히 체현한 존재가 바로 사드예요. 『소돔의 120일』을 읽어 보면, 정말 갈 데까지 가요. 사드가 그나마 '정상'이었을 때 쓴 작품이 『밀실에서 나 하는 철학』이에요. '섹스는 오직 아이를 낳기 위한 거야.'라는 고정 관념을 깨는 내용이었죠. 한편 아이를 낳으면서도 섹스를 저주할 수 있어요. 우리들은 어렸을 때부터 '성기는 저속하다, 쾌락은 나쁘다.'라고 교육받잖아요. 참고로 조선 시대가 같은 시기의 서양보다 더 가부장적일 거라고 착각하는 분들이 있는데요, 사실 그 반대였죠. 조선 시대의 양반집 여인들은 남편의 섹스 요구에 'NO!'라고 거부할 수 있었어요. 반면 19세기에 이르기 전까지 서양의 여자들은 그런 거부를 표현할 수 없었죠. 서양의 여자들이 아직도 남편의 성을 따르는 건, 전부 그때의 관습(아내를 남편의 소유물로 여기는 관습!)이 그대로 남아 있기 때문일 겁니다. 물론 그렇다고 해서 동양에 가부장제가 없었다거나, 미미했다고 말하려는 건 아닙니다. 상대적으로 정도가 약했다는 거죠.

조선 시대에는 부부 사이에 정말 글자 그대로 유별(有別), 즉 구별이 있었어요. 아내는 집의 안쪽에 살고, 남편은 바깥쪽에 살았죠. 그래서 '안방마님'이니 '바깥양반'이니 하는 말들이 나온 겁니다. 부부가 같은 방에 살지 않았어요. 성적인 부분엔 정확했거든요. 그 때문에 부부가 합방을 하려면 임신 가능한 때여야만 했어요. 그 시기가 찾아오면 부인이 남편을 부르죠. 이때 웬만하면 남편은 부인의 말을 들어야 해요. 후사를 봐야 하니까요. 키스? 그런 건 없어요. 그래서 당시 남자들은 사랑을 하려고 첩을 뒀어요. 부인하고는 그저 아이만 만들면 되는 거였죠. 조선 시대엔 다들 이런 식의 관점을 가지고 있었죠. 이제 양반집의 여자로 태어난다는 게 어떤 건지 아시겠죠? 섹스는 그 자체로 아무런 의미도 없는 것이라고, 단지 대를 이어 갈 아들을 낳는 일이 가장 중요한 의무라고 세뇌당하는 삶인 겁니다. 그런데 (일반적인 형태의) 섹스를 하지 않고 어떻게 아이를 만드는지 도무지 모르겠어요. 차라리 시골 농부로 태어나는 편이 섹스를 즐기기에는 훨씬 자연스러웠을 거예요. 지나가던 개들도 짝짓기를 하고, 가축우리의 돼지들도 사랑을 나누니까요. 그렇게 자연스럽게 섹스를 접했던 거예요. 동물들의 '동물다운 모습'을 보면서 말이죠.

반면 엄청난 세뇌 교육, 즉 요조숙녀가 되어야 한다느니 모태 신앙을 지켜야 한다느니 뭐니 하는 것들을 강요당하는 순간, 우리는 저주받은 거예요. 무슨 말인지 아시겠죠? 때늦게 마흔 살, 쉰 살이 돼서야 섹스가 엄청 즐겁다는 걸 깨달으면 뭐해요, 몸뚱이는 이미 다 늙고 망가졌는데! 그래서 리베르탱의 전통이 중요한 겁니다. 교회, 가문, 관습 등 갖가지 제약에 얽매이지 않고 자유롭게 연애를 즐기는 거죠. 사드의 작품들을 꼭 한 번 읽어 보세요. 무려 200여 년 전의 글인데도 여러분보다 더 많이 열려 있어요. 보통 사디즘이라고 하면, 타인을 채찍으로 때리는 등 변태적인 섹스 행위만 떠올립니다. 이건 모두 사드의 리베르탱 전통을 폄하하려는 기득권 세력의 농간이에요. 하긴 아이를 낳는 목적 이외에 따로 섹스를 하지 않는 여인이 보기에, 그냥 자유롭게 섹스를 즐기고 상대를 유혹하고 심지어 조르는 리베르탱의 모습은 아마 폭력적으로 다가올 겁니다. 생식기가 아닌 데를, 가령 젖가슴이나 귓불을 오직 쾌락만을 위해 애무하고 자극하고 물어뜯으니까, 충분히 폭력적으로 느껴질 수도 있겠죠.

파솔리니는 사드를 리베르탱의 전통에서가 아니라 가학증적 측면에서 독해함으로써 파시즘(에 저항하는) 교양 영화를 만들어 낸 겁니다. 동시대 사람들의 편견을 그대로 받아들인 셈이지요. 만일 『밀실에서나 하는 철학』의 사드를 끌어들였다면, 파솔리니의 영화는 완전히 다른 방식으로 전개됐을 겁니다. 어쨌든 영화 전반부에 나오는 한 장면을 기억하시나요? 두 남녀가 사랑을 나누는 장면을 보면서, 파시스트들이 "서로 말도 않고, 몸을 탐하는 저 관능적인 모습이 너무 싫다."라고 말하는 장면말이에요. 파시스트들은 자기 이외의 사람들이 자연스럽게, 그리고 수평적인 관계에서 연애하고 사랑하는 게 너무 싫었던 거예요. 그걸 다 끊어버리려고 하죠. 영화 중반에 나오는 장면, 그거 기억하시죠? 사람들이 개처럼 목줄에 붙들려 손발로 기어 다니잖아요. 그 정도면 거의 완벽한 지배죠. 이 작품에는 상징적 구조가 굉장히 많이 들어 있어요. 파시스트들은 파괴적인 파디를 벌이면서도 우아한 클래식 음악과 담소를 즐기죠? 파솔리니는 그런 장치를 통해 예술과 문화 전반을 조롱하고 있는 겁니다. 우아한 취향을 향유하는 권력자들의 삶, 그 밑바닥엔 뭐가 흐르고 있느냐는 거죠. 바로 파시즘적 만족일 겁니다! 이해하실 수 있겠어요?

파시스트들은 말하죠. "말 없는 저 관능적인 몸들을 봐라." 그게 이 영화의 핵심이에요. 우리는 사랑에 빠지면 일체의 지배자나 억압을 무시하게 돼요. 말을 잘 듣던 딸도 연인을 만나면 부모의 명령을 단칼에 어기잖아요. 그래서 파시스트들은 이렇게 서로를 사랑하고 사랑할 수 있는 사람들을 무슨 수를 써서라도 지배하려고 해요. 참으로 불행하게도 사람들은 파시스트가 강요하는 규칙에, 자기도 모르는 사이에 순종하게 돼요. 마치 개처럼……. 그게 우리의 모습인지도 몰라요. 서로가 서로를 사랑하지 못하게 되는, 아니 안 하게 되는 모습 말이에요. 하지만 놀랍게도 사람들은 어떻게든 사랑을 해요! 영화 막바지에 보면 민병대와 소년, 소녀들이 서로를 고발하는 장면이 나오죠? 어떤 이가 누군가를 사랑하게 되면, 즉 '사랑을 금지한 규칙'을 어기면, 관련자들을 모조리 죽이겠다고 파시스트들이 말했잖아요. 그런데 사람으로 태어난 이상, 어떻게 사랑을 하지 않을 수 있겠어요? 사랑은 무척이나 자연스러운 행동이라고요! 가령 사랑하는 사람이 생기면, 그 사람의 사진마저 고이 간직하게 되잖아요? 여하튼 밀고의 내용은 전부 사랑에 관한 것들뿐이었어요. 고발의 강도가 세어질수록 사랑의 강도 또한 점점 더 강해져요. 영화 거의 끝부분에, 하녀와 섹스를 나누다가 들킨 남성을 기억하시나요? '숭고한 규칙'을 어겼다고 질책하는 네 명의 파시스트들 앞에서 손을 당당하게 들어 보이던 청년 말이에요. 이때 네 명의 파시스트가 쪼는 거 보셨어요? 순간 '뭐지?' 하고 움찔하잖아요. 사랑, 그게 우리가 할 수 있는 유일한 저항의 방식이에요.

우리는 열심히 사랑해야 저항할 수 있어요. 남자가 손을 의연히 들어 올리는 장면, 그게 파솔리니가 말하려고 했던 것의 전부라고 봐요. 파시즘에 저항하지 않으면 우리는 강간당하고 똥을 먹게 되고, 누군가를 고발해 가며 죽여야 해요. 이탈리아에 파시즘이 창궐했던 때가 바로 무솔리니 집권기예요. 정말 놀라운 건 무솔리니도 우리나라의 대통령처럼 투표로 뽑혔어요. 그래요, 박근혜도 우리가 뽑았죠. 그들의 멘트를 기억하세요? "불행한 사람들이 늘 존재했으면 좋겠다."라고 하잖아요. 나중에 파시스트들의 대사만 따로 뽑아 보세요. 그들이 무슨 생각을 하는지요. 그들의 언행 하나하나가 전부 파시즘적인 거예요. 이로써 파솔리니는 근사한 교양 영화를 만든 거예요. 오만 가지 기행을 제시하고, 혹시 이게 우리의 모습은 아닌지 묻죠. 무솔리니를 뽑고, 그 정권에 놀아나면서 곁에 있는 사람조차 사랑할 수 없는, 서로 고발하고 고자질하는 사회가 돼 버린 거예요. 이게 바로 파시즘인 거죠. 그런데 영화 마지막 장면에서 민병대 청년 두 명이 웅장한 클래식 음악을 꺼 버리고 엔니오 모리코네의 서정적인 노래를 틀죠. 그리고 함께 춤을 춰요. 아무리 살육이 벌어지고, 비극이 생겨도 다시 춤을 춰야 한다! 이건 파솔리니가 우리에게 던지는, 일종의 낙관이에요.

낙관치고는 잔인하죠. 중세에는 영주에게 '초야권'이 있었어요. 자기 영지 내의 한 처녀가 혼인을 하면, 그곳 영주가 신부의 첫날밤을 취하는 거예요. 이걸 어떻게 생각해요? 가령 우리 구청장이 저런다고 생각해 봐요. 그런 상황에서 여러분은, 영화 속의 그 청년처럼 손을 번쩍 들 수 있어요? 정말 나설 수 있을 것 같아요? 사회가 손을 못 들게 하면, 거의 모두가 분명 가만히 있을 거예요. 그래서 그 손을 든 청년이 너무 당당한 거죠! 아무리 봐도 너무 근사한 사람이에요. 그런 반항에 움찔하는 파시스트들……. 그 파시스트 네 사람을 우리나라 상황에 맞게 바꿔 보면…… 뭐라고 하면 좋을까, 세도가와 목사, 국회의원과 판사, 재벌 같은 사람들이겠죠. 그리고 그들 밑에 군바리, 짭새들이 있죠. 이처럼 이 영화는 파시스트 조직의 구성을 정확하고 간결하게 보여 줘요. 근사한 교양 영화를 완성한 거죠. 그런데 우리는 이 영화를 보고 똥, 그게 불러일으킨 불쾌감만 기억해요. 똥을 먹게 되는 과정의 핵심에, 파시즘이 자리하고 있어요. 그러니까 파솔리니는 똥보다 더 끔찍하고 혐오스러운 것이 바로 파시즘이라고 역설하고 있는 겁니다.

저항의 또 다른 이름,
사랑하라

사실 제일 불쌍한 것들은 파시스트들이에요. 그들은 항상 상대방을 불행하게 만들어야 해요. 그래도 민병대에게는 약간의 희망이라도 있어요. 그들은 서로 우정을 나누기라도 하니까요. 첫 장면에서 파시스트 네 명이 협약을 맺고 자기 딸들을 맞교환해 결혼하는 장면을 보셨죠? 자신들이 벌일 난잡한 파티의 비밀을 유지하려고 자기 딸들을 희생시키는 거죠. 재벌 자식들이 정략결혼 하는 거, 다 아시죠? 그런 틈바구니에서 모 여성 연예인이 탈출하려고 얼마나 노력을 했는지 알잖아요. 사실 지금도 그렇다고요. 여러분의 부모님들은 부유하지 않아서 잘 모르시겠지만, 지금도 재벌가는 부부 관계만 유지하면 다른 남자, 여자랑 즐겨도 돼요. 마치 중세 시대처럼 말이죠. 지금 이 시대에도 당신들의 부모가 어느 그룹의 회장이라면, 여러분들은 자신이 원하는 결혼을 할 수 없어요. 기득권자들은 오직 자기 자신만 사랑해요. 심지어 자식도 사랑하지 않죠.

파솔리니가 생각하기에 파시스트들, 혹은 기득권자들의 자기애를 밋밋하게 보여 주는 건 별로였나 봐요. 그래서 가장 '아프게' 드러내 보이려고 했죠. '파시즘의 지배를 받아들인다면, 넌 가장 하기 싫은 짓을 하게 될 거다!' 이를테면 '똥까지 먹게 될 거다!'라고 하면서요. 파솔리니는 그 사실을 몽땅 가르쳐 주려고 한 거예요. 똥을 먹지 않으려면 파시즘이 사라져야 한다고 말입니다. 그런데 혼자 저항한답시고 당당히 손들면 뭐해요? 여자 한 명 못 지키고 죽잖아요. 이건 정말 교양 영화예요. 아주 뼈저리게 '진실'을 가르쳐 주고자 온갖 잔혹한 걸 다 집어넣었어요. 이 영화를 가만 보면 파시스트 네 명이 파시즘의 속내를 드러내 보여 주는 한마디를 날려요. 사드의 원작에는 그런 부분이 없어요. 『소돔의 120일』의 결말은 이 영화와 달라요. 사드는 '너희들의 욕망을 끝까지 개발해 보렴.'이라고 하며 이야기를 마무리해요. 파솔리니는 그걸 취해서 굉장히 강력한 반파시즘 영화를 만든 거예요. 아버지가 자기 친구랑 결탁해서 나를 그 사람에게 건네면 좋겠어요? 여러분의 부모님은 정말 좋은 분이세요. 집에 가면 손을 꼭 잡아 드리세요. 안동 김씨 종손이 아무 사람하고 결혼하겠어요? 다른 문중 자손 중에서도 버젓한 사람과 결혼하겠죠. 안동 김씨 종손이 아닌 걸 감사하게 여기셔야 해요.

우리는 '평민'이라 마음에 드는 상대를 만나면 키스하고 사랑을 나누죠. 하지만 이런 우리도 특수한 시스템에 들어가면 너무나 쉽게 똥을 먹고 기어 다니게 돼요. 자기 혼자 살겠다고 동료들을 고발하겠죠. '나만 살고 보자.'라는 원칙은 타인을 사랑하지 않는다는 의미죠. 교양 영화, 그것만 기억해요. '파시즘=똥 먹는다.', '반파시즘=똥 안 먹는다.' 보세요, 파솔리니에게 파시즘의 기억은 그만큼 괴로웠던 겁니다. 그리고 우리가 파시즘 앞에서도 당당할 수 있는 유일한 방법은 사랑 속에서 손을 드는 일입니다. 손을 드는 그 제스처 하나만큼은 꼭 기억해 둬야 해요. 더불어 파시스트 네 사람의 주저하는 모습도요. 영화 전편에 걸쳐 그들(파시스트들)이 유일하게 머뭇거리는 순간이에요.

마지막 장면에서 두 민병대 청년이 모리코네의 음악에 맞춰 춤을 추는데요, 이로써 아주 훌륭한 교양 영화가 완성돼요. 단지 똥을 먹는 장면만 생각하면 이 영화의 근본적인 메시지가 보이지 않아요. 파솔리니 영화를 교양 영화로 바라본 사람이 생각보다 별로 없는 것 같아서 안타까워요. 그의 불행한 죽음에 대해서도 과격한 영화를 만든 탓이라고 단순하게 해석하죠. 이러한 각인, 선정적이고 혐오스러운 영화라는 낙인이 파솔리니가 진정 바라고 전하고자 했던 메시지 자체를 흐리고 있는 건 아닐까 싶어요.

여러분도 이 영화를 보고 나서 역겨운 똥만 기억한다면 파솔리니를 배신하는 거예요. 꼬맹이 때 생각나시죠? 저도 동생이 있었는데 자꾸 뭘 만져 대고, 심지어 콘센트에 쇠젓가락을 넣으려고 했답니다. 자꾸 그러니까 아예 동생 손을 일부러 콘센트에 밀어 넣은 적도 있어요. 물론 동생으로서는 저를 욕할 수 있겠죠. 파솔리니의 의도도 그런 거예요. 똥 이상의 무언가를 각인시키고 싶었던 거예요. 인터넷에 떠도는 이 영화에 대한 평을 보니, 전부 현 정부가 유포시킨 게 아닐까 싶을 정도였어요. 이 영화가 지닌 다른 맥락을 다 무시하고, 오직 엽기적인 부분에만 치중하는 걸 보면요. 이제 보이죠? 파시스트 네 사람이 잔혹극을 벌이며 각자 날리는 멘트를 하나하나 살펴보면 깜짝 놀라요. 제가 이제 좀 유명하잖아요? 그래서 어쩔 수 없이 '내로라하는 분들'을 종종 만나게 되는데요, 딱 저 파시스트들 같아요. 정말 똑같아요. 말이 나와서 말인데요, 한주먹도 안 돼요. 하지만 질 좋은 스테이크를 먹어야 하니까, 가만히 앉아 있다 나오죠. 하지만 까먹지 말아야 해요. 자본가들, 권력자들을 이길 수 있는 방법은 사랑이에요. '지금 당장 옆에 있는 사람을 사랑할 수 있는가?'라고 물어보고 싶어요. 사실 그건 쉬운 게 아녜요. 학창 시절에 친구들을 한 명 한 명 밟고 올라갈 때 기분 좋았잖아요. 취업이 안 되니까 괜히 여자들에게 '보슬아치', '김치녀'라고 욕하는 사람들이 있잖아요. 「살로, 소돔의 120일」에 등장하는, 서로 고자질하는 사람들과 똑같아요. 자, 이제 좀 교양 영화 같죠? 저도 똥 나오는 건 싫어요. 하지만 그 남자가 손을 들던 장면, 권력자들이 만든 규칙을 당당히 어기던 장면만은 반드시 기억하세요. 그래서 파솔리니가 남루한 감독이 아닌 겁니다.

1950년대, 2차 세계대전이 끝나자 이탈리아에서는 네오리얼리즘이라는 새로운 바람이 일어났어요. 일단 리얼리즘의 느낌이 나는 장르는 다큐멘터리죠. 여하튼 이탈리아는 승전국인데도 패전국 처지였죠. 묘한 나라예요. 왜 패전국 상태였느냐 하면, 무솔리니가 제거되고 난 후에 겨우 연합군에 가담했기 때문이에요. 즉 승전국이 되긴 했는데, 이미 이탈리아는 무솔리니 정권에 의해 거의 패전국 수준으로 초토화돼 있었죠. 독일처럼 깔끔하게 초토화된 것도 아니고, 그야말로 이것도 저것도 아니었답니다. 그 고통이 너무 심각했어요. 그래서 많은 영화감독들이 자진해서 파시즘을 고발하는 영화들을 만들어 냈어요. 「자전거 도둑」(비토리오 데 시카 감독이 1948년에 발표한 작품이다.) 같은 영화를 말이죠. 네오리얼리즘은 약자들, 어린아이들에 주목해요. 그런데 이들 감독들에게는 영화를 촬영할 필름이 별로 없었어요. 그래서 그냥 중간에 끊지 않고 계속 찍었어요. 그런 열악한 상황 탓에, 그들은 다큐멘터리적 기법을 취할 수밖에 없었죠. 400개, 500개의 신을 편집해 만들어 내는 할리우드 영화와 달리, 홍상수 감독은 단 50여 개의 신만으로 영화를 제작해요. 그러다 보니 홍상수 감독의 영화에는 다큐멘터리적 색채가 나타나요. 그래서 그는 연기를 잘하는 노련한 배우만 섭외하죠. 배우가 연기를 못하면 자꾸 새로 찍어야 하고, 그만큼 제작비도 올라가게 되니까요.

아무튼 네오리얼리즘 시기의 이탈리아 영화가 대개 그랬어요. 「자전거 도둑」만 봐도 알 수 있죠. 그중에도 특히 파솔리니는 정말 뼈저리게 고생한 감독이에요. 이탈리아에 불어닥친 파시즘 때문이었죠. 그래서 그는 알려 주려고 했던 거예요. '파시즘을 따라가면 똥을 먹게 된다.'라는 사실을요. 파시즘에 맞서 당당히 저항의 손을 드는 것, 혼자서는 못하죠. 어머니가 왜 강한지 알아요? 자식과 같이 있기 때문이에요. 아이를 사랑하니까요. 혼자 있을 때 사람은 쉽게 타락해요. 하지만 진정으로 사랑하는 사람이 곁에 있다면 비굴해지지 않죠. 홀로 불량배를 만나면 무릎을 꿇고 돈도 다 내줄 테지만, 애인과 함께 걷다가 변을 당해도 그럴까요? 사랑은 굉장히 큰 힘을 줘요. 예를 들어 세월호 유족들을 깊이 사랑하고, 또 그들에게 공감한다면 여러분은 현 정권에 대항해 싸울 수밖에 없을 겁니다. 그런데 벌써 1년이나 더 지났는데 아직도 이러고 있느냐면서 유족들을 무시한다면, 아마 여러분은 그들을 사랑하는 게 아닐 거예요. 사랑의 강도는 파시즘에 맞설 수 있는 강도와도 같아요. 그래서 권력자들은 우리가 서로를 사랑하고 아끼는 걸 무척 싫어해요. 따라서 지배자들이 어떻게 생각하는지 알려면 영화 속 파시스트 네 사람의 대화를 잘 기억하면 돼요. 그래요, 이 영화는 교양 영화인 겁니다! 무슨 교양 영화냐고요? 파시즘에 맞서는 잔혹 교양 영화인 거죠. 그럼 왜 이런 강도로 만들어졌는지도 이해할 수 있습니다.

한편 마지막 장면은 좀 애달파요. 영화의 첫 부분에 나온 것과 같은 음악이 흐르죠. 최후의 잔혹극(파티!)이 끝나고 다시 흐르기 시작하는 엔니오 모리코네의 음악……. 여러분들이 어떻게 하느냐에 따라 파시즘은 또다시 우리 곁에 올 수도, 사라질 수도 있어요. 청년이 손을 번쩍 들고 권력에 저항하는 장면은 사드의 소설 속엔 없어요. 파솔리니는 소재만 따온 거예요. 이제 좀 납득이 됐나요? 장차 누군가를 만나면 '가장 좋아하는 감독'은 파솔리니라고 말하세요. 그리고 최고로 사랑하는 영화는 「살로, 소돔의 120일」이라고 대답하고요. 이 말을 듣고 상대가 뭐라고 훈수를 두면 더도 말고 덜도 말고 손을 번쩍 들어요! 그것만으로 충분합니다.

삶에 묻다

이 영화를 보고 나니까 세상 모든 사람들이 자신의 욕망을 감추고 있는 것만 같아서 무섭게 느껴지네요. 제 이런 공포가 정당한 걸까요?

인간 욕망이 가지는 특징을 수차례 얘기했죠. 굉장히 관념적이라는 거예요. 유사 이래 모든 철학자들이 그 증폭된 욕망을 꺼뜨리기 위해 무던히 고생했어요. 그 방법 중엔 아주 묘한 것도 있어요. 아주 안 좋은 방법을 종용하는 기독교처럼 말이죠. 불교의 방법은 욕망을 있는 그대로, 정확하게 장악하는 겁니다. 좋은 스님들을 만나면, 꼭 어린아이 같아요. 여하튼 스님들은 국수를 가장 좋아해요. 그래서 국수를 가리켜 '승소'라고 해요. '중 승(僧)' 자에, '웃을 소(笑)' 자를 써요. 말 그대로, 중이 웃는다는 거예요. 스님들은 국수를 드실 때면 곱빼기, 그것도 두 그릇씩이나 드세요. 그 모습이 참 예뻐요. 그분들의 욕망은 딱 그 정도예요. 하지만 과잉된 욕망은 정말 무섭죠. 당신이 만약 여자라면, 여자에 대해 허황된 판타지를 가진 남자가 마치 어린아이처럼 보일 겁니다. 여자도 남자랑 별반 차이가 없는데, 하면서 씁쓸해지죠.

한 가지만 기억해 두세요. 우리가 사는, 이른바 '정상적'이라고 여겨지는 이런 사회일수록 오만 가지 욕망, 성추행 같은 온갖 추악한 욕망들이 더 많아요. 이처럼 과잉되고, 증폭된 성적 판타지 속에서는 피해자가 괴로울 것이라는 생각을 못 해요. 상대방도 사실 좋았을 거라면서 자신의 폭력을 자위하죠. 착시 효과에 빠지는 거예요. 간혹 뉴스를 보면 어엿한 대학교수들이 문제를 일으켜요. 성추행이다 뭐다 하면서 문제가 많죠. 그 사람들은 젊었을 때 공부만 해서, 진정한 섹스를 몰라요. 아예 개념이 없죠. 일단 공부를 잘하니까, 어머니든 누구든 오냐오냐했을 거 아니에요? 그 때문인지 '내 생각과 상대의 생각이 다르고, 또 다를 수 있다.'라는 걸 몰라요. 학생은 논문 지도를 받으려고 찾아왔는데, 자기를 좋아해서 방문을 두드린 줄 알아요. 진짜 유치한 거죠. 나이가 마흔, 쉰 살이 넘었는데도 그래요. 제 주변에도 있어요, 심지어 저랑 함께 책까지 썼다니까요? 무척 당혹스럽죠. 머릿속에 든 관념적 개념만 외우고, 되풀이해요. 젊었을 때 온몸으로 체험해 본 우여곡절이 없으니, 남의 이야기만 앵무새처럼 읊조리는 거예요.

착각은 시간이 지나면, 아니 정확히 말해 제대로 된 경험을 하면 깨지게 돼 있어요. 어렸을 때는 치마를 들치고 장난도 치지만, 커서는 안 해요. 상대가 싫어한다는 것을 알게 됐으니까요. 그래서 여행을 안 다녀

본 사람일수록 이상한 판타지를 가져요. '진짜 그곳'을 모르니까요. 말이 나온 김에 다 이야기하죠. 인도, 사실 정말 위험한 나라예요. 히말라야는 또 어떻고요. 들개가 지나가는 사람들의 팔을 뜯어 먹으려고 어슬렁거리는 곳이라니까요! 당최 지도 밖으로 어떻게 행군해요? 그냥 호텔을 잡고 편하게 다니세요. 괜히 침낭을 메고 지도 밖으로 나가면, 까딱하는 순간에 완전히 혹 가요. 인도는 정말…… 만만하지 않아요. 여성분들, 카스트 제도가 발달한 곳엔 가지도 마세요. 골수 이슬람 지역에도 가시면 안 돼요. 그런 데로 여행을 잘못 가시면 진짜 큰일을 당해요. 정 어디든 가고 싶다면, 노르웨이 같은 북유럽으로 가세요. 일단 성차별이 없고, 한적한 데다 지긋지긋한 모기도 없으니까요.

자전거를 타다가 민병대(경찰)에게 벌금을 먹었어요. 애초에 돈이 많았다면 자전거를 타지 않았을 텐데, 저처럼 없는 사람에게까지 벌금을 먹이다니! 돈이 없을수록 돈을 더 많이 써야 하는 이런 사회! 정말 약자에게는 강하고, 강자에겐 약한 사회가 된 것 같습니다. 당해 보니 어쩔 수 없더라고요. 유전무죄, 무전유죄. 그저 울고 갑니다.
경찰을 바로 민병대로 바꾸다니, 파솔리니 영화에 완벽 적응하셨네요. 여하튼 민병대에게 돈을 안 줄 수도 있어요. 부당하다고 하면서 말이죠! 그런데 문제는 거기서 끝이 아니라는 거죠. 계속 다음 단계가 기다리고 있다고요. 아무래도 카프카의 작품을 읽어 보면 좋을 듯싶네요. '절차적 민주주의'라는 게 있죠? 이 절차들이 우리를 죽여요. 가령 우리가 시위를 한다고 해 봐요. 헌법에 '집회와 결사의 자유'가 있으니, 당당하게 해도 될 것 같아요. 그런데 놀랍게도 '도로 교통법'을 더 우선시하죠. 씨발, 이게 뭐야? 그래서 불만을 제기했더니, 옳다구나 하면서 소송을 걸어 보내요. 지금 시위하기도 바쁜데, 대법원까지 가야겠어요? 절차를 복잡 미묘하게 만드는 게, 바로 부르주아 사회의 특징이에요.

소송이 발생하면 대기업이나 자본가들은 당장 변호사를 사죠. 하지만 대다수의 가난한 사람들은 변호사를 만날 수조차 없어요. 그러니 소송 과정에서 우리는, 약자들은 진이 빠질 수밖에요. 대기업은 변호사에게 소송을 맡기고 다른 일을 하는데, 우리는 생업을 제쳐 두고 재판에 몰입해야 해요. 설령 소송에서 이기더라도 우리는 망한 거죠. 그중 제일 치사한 게 파업했다고 업무 방해죄로 고소하는 놈들이죠. 정말 법대로 끝까지 가면 결국 노동자가 이길 테지만, 법정에서 소송을 이어 가는 수년 동안 그 사람은 뭘 먹고살겠어요? 어느 광고 문구처럼 '따라올 테면 따라와 봐!' 하는 거죠. 만약 그때 질문자가 민병대한테 반항했다면, 그들은 분명 이랬을 거예요. '나한테 돈을 내는 게 좋을 걸요? 내 뒤엔 더 센 놈들이 있어요.'

카프카의 단편소설 중에 「법 앞에서」라는 작품이 있어요. 거기에 문지기가 나오는데, 주인공에게 '법 안'으로 들어갈 수 없다고 해요. 그 안에 더 센 놈이 있다면서, '그런데도 나를 통과할 수 있을 거 같아?' 이러죠. 결국 주인공은 바깥에서 기다리다가 죽어요. 그러자 문지기가 의자를 들고 돌아가죠. '네가 죽었으니 나는 간다.' 하면서 말이죠. 소송을 걸려면 골치가 아파요. 진짜 청와대까지 가야 해요. 그래서 청와대까지 갔더니, 해당 대통령은 벌써 물러나고 없죠. 그 소송 기간 동안 우리는 아무 일도 못 해요. 그런데 검찰총장이나 삼성, 이런 권력자들은 그 시간 동안 먹고살 수 있어요. 그래서 그사이에 여행도 가고, 골프도 치고, 양주도 마시고 다 해요. 쫓아올 테면 쫓아와 보라는 거예요. 이것 말고도 카프카의 작품 중에는 '법적 절차'의 민감함을 다룬 게 참 많아요. 대표적인 게 『소송』 같은 작품이죠. 법과 국가, 권력의 이런 지점을 정확히 파악해 냈으니, 정말 위대한 작가입니다.

어쩌면 질문한 분은 행복한 거예요. '뺏겼다.'라고 말하잖아요. 순간의 부당함을 이기기 위해 민병대를 물리치면 그 뒤에 누가 있고, 또 있어요. 박근혜까지 만나러 가야 돼요. 도로 위에 수없이 설치된 과속 탐지기 같은 사회죠. 무언가를 바꾸려면 밑바닥에서부터 죽어라 올라가야 해요. 그래서 사람들이 출세하려고 하나 봐요. 좀 성공하면 적어도 5층에서부터 시작할 수 있으니까요. 아무튼 질문자가 좋은 경험을 한 거예요. 우리는 억압받고 지배당하고 있어요. 여러분은 약자예요. 고대 이집트 시절이었다면 노예였을 테죠. 내가 원하는 걸 못 하잖아요. 그저 피라미드만 만들었겠죠. 사실 지금 우리가 직장에 다니는 것도 비슷한 상황이에요. 출근할 때는 힘들고, 퇴근할 땐 편하죠? 노예들의 속성이에요. 집에서 출퇴근하니까 노예가 아닌 것처럼 보이지만요. 옛날엔 노예 상인이 데려갔는데, 이젠 자기 스스로 본인을 내다 팔아야 해요. '자발적 복종'이 그런 거죠. 자발적이라는 부분 때문에 자유로워 보일 뿐이죠.

한번 되새겨 보세요. '나는 출퇴근 노예다!' 그런데 더 많이 고민해 보셔야 해요. 차라리 고대 이집트 시절에는 쿨했다고요. 어디로든 도망가면 됐으니까요. 그래서 어렸을 때부터 아이들에게 야생 생활을 시켜야 해요. 방학 때가 되면, 아이를 폐가 같은 데 던져 놔야 해요. 한 달 뒤에 오겠다고 말해 주고요. 직장이 없다고 실망하거나 자살한다는 건, 피라미드가 완공되어 이제 노역을 못 하게 됐다고 좌절하거나 자살하는 것만큼이나 황당한 일 아닌가요. 어쨌든 직장이 없어도 살 수 있다는 경험, 야생의 체험을 충분히 한 아이는 나중에 커서 실직했다고 자살하지 않아요. 우리들은 야성을 좀 찾아야 해요. 꼬맹이 때부터 부품이 되니까 기계 부속 같은 삶에 길들여지는 거죠. 바다낚시 방법과 먹을 수 있는 풀, 독풀만 가르쳐 줘도, 실직했다고 자살하지 않아요. 텐트 하나만 있으면 몇 달이고 살 수 있으니까요.

그럼 혹시 부조리한 사회의 구조에 갇히지 않고 탈출할 수 있는 방법이 있을까요?

제가 언젠가 얘기해 드렸잖아요. 낚시를 배우세요. 농사도 지어 보고, 허허벌판에서 자는 방법도 배우세요. 그 대신 절대 혼자 살면 안 돼요. 그런 생활을 해 본 제 경험상, 최소한 동지가 세 명은 있어야 해요. 홀로 있으면 죽어요. 여자든, 남자든, 강아지든 상관없어요. 가령 저 멀리 남미 같은 데 가서 병이라도 나면 정말 답이 없어요. 그럴 때 곁에 한 사람만 있어도 힘이 되거든요. 물도 좀 떠다 주고, 짐도 들어 주고. 그런데 또 네 명 정도 되면 싸우기 시작하니까, 세 명이 딱 좋아요. 여하튼 친구는 최소 두세 명은 있어야 합니다. 이해되시죠? 부조리한 세상에서 탈출할 수 있는 방법은 그거예요. 일단 이 막돼먹은 세계에서 뭐라도 좀 얻어먹어 보겠다고 하면, 아니 그런 희망을 갖는 순간, 영영 탈출하지 못해요. 다시 질문자에게 물어볼게요. 이 사회에서 얻는 게 뭐예요? 학점, 돈, 집…… 뭐 이런 건가요. 사회가 부조리하다고 투덜대지만, 막상 가진 걸 다 버릴 수 있을까요? 그런 걸 누리면서 사회가 부조리하다고 말할 수 있을까요? 이 사회는 정말 만만찮은 게임이에요. 소유도, 아니 무소유조

차 버려야 하는 거죠. 차라리 여행을 다니며 배우세요. 공동체 사이에서
만 또 다른 공동체를 꿈꿀 수 있죠. 하지만 혼자서는 안 돼요. 인간의 숙
명이에요. 딱 세 명, 그 이상으로 많아지면 골치 아파요.

저는 평범한 대학생입니다. 이건 제가 학교에서 실제로 겪은 일입니다.
몇 달 전 학교가 기존의 평가 방식을 버리고, '전면 상대 평가' 제도로
전환한다고 학생들에게 일방적으로 통보했습니다. 처음엔 학생 대표로
서 저항해 보려고 교무 총장도 만나 보았습니다. 그런데 그분이 제 성적
을 보더니 '이렇게 학점이 낮으니 상대 평가에 반대하는 게 아니냐?' 하
면서, 성적이 우수한 학생들은 오히려 상대 평가에 찬성한다고 말하더
군요. 그 말을 듣고 저는, '나도 학점도 잘 받아서 이렇게 저항하는 사람
도 우수하다는 걸 증명해 보이겠어!'라고 생각해 버렸답니다. 그런데 이
영화를 보고 나니, 그때 제가 품었던 생각이 마치 '똥을 잘 먹는 걸 보여
줘서 제대로 뒤통수쳐야지.' 하는 것과 다름없다는 걸 깨달았습니다. 지
금 제가 처한 상황에서, 영화 속 청년처럼 '손을 번쩍 드는 행동'은 어떤
것일까요? 어떻게 해야 총장을 움찔하게 할 수 있을까요?
제가 가르쳐 드릴게요. 총장님 뒤로 조심스럽게 다가가요. 그리고 '똥침'
을 콱 놔요. 분명 움찔하겠죠. 이걸 하실 수 있겠어요? 못 하죠? 거봐,
못 한다고요. 김수영의 시에 이런 구절이 나와요. "처벌받을 각오를 하
지 않은 사람은 다른 사람한테 복수할 수 없다."라고요. 절대 못 해요.
누구를 공격한다는 건 그만큼 대가를 치를 각오를 한다는 거예요. 요즘
우리 사회에는 복수가 사라졌어요. 복수는 내 목숨을 내놔야만 할 수
있는 일이니까요. 그런데 우리는, 뭐 어쩔 수 없이 자신의 목숨을 더 많

이 아껴요. 그래서 복수가 없어진 거죠. 그래서 김수영의 시가 의미심장한 겁니다. 그러니 남을 제대로 사랑하지도 못하고 미워하지도 못하는 거예요.

총장에게 강력한 '똥침'을 쏘세요. 그 대신, 그 사람을 통해 얻을 수 있는 모든 이익을 내려놔야 해요. 그런데 질문자는 자기가 얻을 수 있는 걸 포기하지 않고, 오히려 더 가지려고 하잖아요. 계속 그 학교의 학생으로 남을 생각을 하고 있으니까요. 하나를 선택하면 하나를 버려야 해요. 이건 제가 MBC 피디들 파업 현장에서 했던 얘기예요. 누구 한 놈이 김재철을 때리면 다 끝나요. CCTV가 없는 데서 다리몽둥이를 걷어차 봐요. 김재철은 도망갈 겁니다. 그런데 모두 다, 파업을 하면서도 MBC에 남아 있으려고 해요. 너희가 진짜로 김재철을 미워한다면, 딱 한 사람만 논개가 돼라. 그걸로 충분하다! 하지만 아무도 안 하죠. 질문자도 자기가 가진 걸 다 포기해야 해요. 똥침을 놓고 싶다면, 그를 움찔하게 만들고 싶다면요! 그걸 포기하지 못한다면, 그냥 그렇게 그 안에 남아 있겠죠. 거기서 얻을 기득권, 단물을 꿈꾸면서요. 우린 너무 계산기를 두드려요. 때때로 자기가 가진 걸 내려놓을 생각을 해야 해요. 처벌받을 각오를 안 하면, 다른 사람을 굴복시킬 수 없어요. 현재 상태를 유지하면서 다른 걸 얻을 수는 없다고요.

그러니까 학점을 잘 받아서 저항해 보겠다는 건 진짜 저항이 아닐 거예요. 그 방법은 전혀 의미가 없는, 그저 비난을 면피하려는 자기 합리화, 정신 승리에 불과해요. 상대는 알아주지도 않는데요, 뭐. 마치 서울대에 입학해서 부모한테 복수하려는 애들 같은 생각입니다. 대략 난감하죠. 부모가 원하는 걸 하면서 저항이라고 하니 말이에요. 물론 철저한 복수가 항상 해피엔드라는 건 아니에요. 그걸 잘 기억하셔야 해요. 현실의 복수는 쿵후 영화의 결말과는 다른 법이지요. 쿵후 영화는 다 복수하는 내용이잖아요. 아버지나 스승의 복수를 다루죠. 그런데 거기엔 원칙이 있어요. 복수하는 주인공은 무슨 일이 일어나도 죽지 않아요. 그러나 현실은 다르죠. 복수하다가 죽을 수도 있어요. 현실에서는 정말 다 포기하고, 혹은 죽을 각오로 덤벼야 해요. 뭐, 목숨을 걸 정도는 아니라면, 그저 계란으로 바위 표면을 더럽혀 보고 싶다면 공식적인 과정을 밟아 보세요. 학교 신문에 글을 내거나 대자보를 붙이세요. 그것만으로도 의미가 있어요.

영화라는 매체가 아무리 대중적이라 해도, 최소 두세 번 정도는 볼 수 있어야 그 내용이 널리 퍼질 텐데요. 제 생각에 이 영화는 그런 면에선 좀 한계를 지니고 있는 것 같아요. 이렇게 보기 괴로워서야, 어디 감독의 의도대로 대중에게 파시즘의 위험성을 알릴 수 있겠습니까? 저는 잘 모르겠어요. 따라서 이 영화는 '실패'한 게 아닐까요?

글쎄요, 저도 잘 모르겠어요. 그것이 파솔리니 감독의 문제인지, 애써 파시즘을 응시하지 않으려는 우리의 문제인지……. 어쨌든 지금까지 정말 수많은 사람들이 파시즘의 위험성을 경고해 왔어요, 저도 미친 듯이 떠들어 댔죠! 다만 문제는 얼마만큼 절실했느냐, 그것인 것 같아요. 무척 애썼을 거예요, 파솔리니가. 애쓴 게 보여요, 아주 많이요. 어쩌면 파시즘에 무관심했던 동시대 사람들에게, 진정 절박하게 보여 준 '절망적인 선동'이었다고 볼 수 있어요. 이탈리아 철학자 중에 그람시라는 사람이 있어요. 그람시가 가장 문제시했던 게 바로 '투표를 통해' 무솔리니를 뽑았다는 사실이었어요. 뻔히 전쟁을 일으킬 미친놈을, 무려 선거로 뽑은 거예요! 우리로 따지면 이명박이나 박근혜를 왜 대통령으로 뽑았느냐, 하는 수준의 문제랄까요. 누가 봐도 정리 해고를 하고 임금 피크제를 시행할 사람들인데도 찍잖아요. 그가 또 지적한 게 있었는데, 이탈리아 대중이 크로체라는 작가를 좋아한다는 사실이었어요. 우리나라에 맞게 말하자면, 왜 사람들이 이문열과 신경숙을 그리도 좋아하는지, 의문을 품었던 거죠. 그러니까 좀 진보적이고 삶에 진짜 도움이 되는 쓰디쓴 이야기는 싫어하고, 보수적이고 대중적이기만 한 글을 좋아하느냐는 거였어요.

이를테면 파솔리니는 하나의 작품을 절실하게, 그리고 제대로 만든 거예요. 두세 번 볼 수 있는 작품? 어떻게 파시즘의 잔혹성을 두세 번 연거푸 보겠어요. 한 번만 봐도 똥인지 된장인지 구분할 수 있도록 만든 건 아닐까요? 우리의 사랑과 자유를 억압하는 것이, 그래서 우리에게 똥을 먹이는 것이 바로 파시즘이니까 말이죠. 저기에서 똥 덩어리를 제거하고, 잔인한 걸 다 제거해 보세요, 그런 영화는 너무 많아요. 사실 우리가 보는 많은 영화들, 그중에서도 '수직적 관계'를 강조하는 영화들은 몽땅 파시즘적이에요. 남편이 부인을 때리고, 아버지가 자식의 결혼에 반대하는 것도 일종의 파시즘이에요. 파시즘이 아닌 건 '수평적 관계'에요. 가령 파시즘의 허구성을 다룬 게 있다면, 바로 홍상수의 영화예요. 가부장적 권력을 휘두르려는 남자 주인공들이 정말 보잘것없이 그려지잖아요. 그러니까 직접적으로 정치를 다루지 않더라도 제대로 된 감독들은 다 그런 걸 만든다고요. 예술가이기 때문에 그런 거예요. 모든 게 전부 사랑과 반파시즘에 관한 얘기잖아요.

예술과 인문학의 궁극적 귀결은 인간의 자유와 사랑이에요. 억압이 아니라요! 그런데 웬만해서는 그런 가치 있는 영화를 안 보잖아요. 따라서 파솔리니로서는 선택의 여지가 없었던 거죠. '그래, 똥이다. 이걸 보여 줘도 못 느끼겠니?' 하면서요. 홍상수도 자신의 영화에서 가부장의 허름함, 파시즘이 가진 허영들을 계속 반복적으로, 혹은 강박적으로 얘기하잖아요. 파시즘에 길든 사람들이 볼 수 있도록 말이죠. 그래서 홍상수 감독은 누가 보든 안 보든, 생활 속의 파시즘을 고발하는 작업을 멈추지 않아요. 반면 이문열과 신경숙의 문학은 비난을 피할 수 없죠. 이문열에게는 뿌리 깊은 영웅주의가 있고, 신경숙에게는 남성에게 복종하며 정신 승리만 해 대는 태도가 있으니까요. 그런데 우리는 그런 이야기만 읽으려고 해요. 자신의 얘기, 나를 위로해 주는 이야기만 듣고 싶은 거예요. 비정규직이 많다, 취업이 불안하다, 통탄하면서 오히려 그런 책을 읽죠. 가슴을 후벼 파는 작품은 외면하고요. 결국 똥을 던질 수밖에!

버킷 리스트

복수를 생활화하라

눈에는 눈, 이에는 이! 함무라비 법전의 지혜를 실천해야 한다. 직장 상사가 성추행을 해서 불쾌감과 모멸감을 느꼈다면, 어떤 식으로든 그 직장 상사를 응징해야만 한다. 그의 약점을 잡아도 좋고, 아니면 모함을 해도 괜찮다. 분이 풀릴 때까지 철저하게, 그리고 지혜롭게 응징해야 한다. 독재 권력이 자신의 무자비한 힘을 행사해 피해를 가했다면, 절대 잊지 말고 그 권력을 징벌해야 한다. 대통령의 자리에서 물러나 '평범한 사람'이 되었다고 하더라도, 반드시 찾아가 뺨이라도 시원하게 갈기고 볼 일이다. 분이 풀릴 때까지! 물론 사법부가 여러분을 가만히 내버려 두지 않을 것이다. 뭐 어떤가? 만약에 당신이 약자라면, '눈에는 눈, 이에는 이'라는 원칙을 더 철저히 관철해야 한다. 약자는 강자를 용서할 권리가 없다! 만일 약자가 강자를 용서한다면, 계속 강자에게 능욕을 당하게 되리라. 정신 승리만으로 어떻게 현실을 바꿀 수 있다는 말인가. 모든 사람들이 당한 만큼 철저하게 되갚는다면, 어떻게 강자가 있을 수 있으며 또 권력은 어찌 작동할 수 있다는 말인가? 정치나 사회 영역이 아니더라도, 아주 사사로운 영역일지라도 복수 정신을 한시라도 잊으면 안 된다. 더불어 평상시에도 주변 사람들에게 미리 수시로 경고해 두어야 한다. 자신의 좌우명이 '눈에는 눈, 이에는 이'라는 사실을!

수치심을 넘어서라

미야베 미유키의 동명 소설을 영화로 옮긴 「화차」에는 신분 세탁으로 인생 역전을 꿈꾸는 여주인공이 등장한다. 이걸 영화나 소설 속의 이야기라고 생각하기 쉽지만 '신분 세탁'은 일상에서 광범위하게 이뤄지는 삶의 방식이다. 예전에 그런 후배가 있었다. 그는 대학원에 진학할 계획인데 그게 여의찮으면 유학을 가겠다고 입버릇처럼 말했다. 대학원에 뚜렷한 뜻을 둔 것도, 유학을 떠날 명확한 목표를 지닌 것도 아니었다. 그는 현실이 남루해 보이면 언제든 '괜찮아 보이는 쪽'으로 옮겨 갈 요량이었다. 미야베 미유키는 자신을 괜찮은 인간으로 치장하려는 현대인의 모습을 지옥 불구덩이로 향하는 '화차'에 비유했지만 오늘날 이러한 신분 세탁은 매우 흔한 선택이 됐다. 인터넷 사이트를 옮겨 다니며, 학교를 옮겨 다니며, 직장을 옮기며 매번 또 다른 나에게 다가가기를 원한다.

그것은 현실의 쪽팔림을 견딜 수 없기 때문이다. 익히 알려져 있듯 '쪽'에는 얼굴이라는 뜻이 들어 있다. 우리는 한 공동체나 조직에서 완벽하고 싶은데도 자신의 못난 부분, 수치심을 직시해야 하는 순간들과 맞닥뜨린다. 처음에는 상사를 험담하거나 상대를 힐난하지만 어느 순간 자신의 과오가 명료히 드러나면 마치 「화차」의 여주인공처럼 신분 세탁을 준비한다. 심지어 큰 잘못이 없더라도 자신이 극도로 초라하게 느껴지면, 바로 그때 우리는 보다 나아 보이는 그럴싸한 학업, 이직을 마련한다.

현실 인식은 이와 정반대여야 한다. 쪽팔림을 느끼는 순간이야말로 진정 중요하다. 어떤 수준에 있든 쪽팔림이 엄습하는 순간에 달아나거나 면피할 생각부터 해서는 안 된다. 과감히 '쪽을 팔' 생각을 먼저 할 수 있는 용기가 필요하다. 지금 서 있는 곳이 기이하거나 나쁜 곳이 아니라면, 자꾸 이상한 동네라 상상하고 나쁜 직장이라 여기지 말아야 한다. 쪽팔림은 순간이다! 그 때문에 이걸 견디고 나면 우리 자아는 좀 더 견고해진다. 시원하게 쪽을 팔아 버리면, (환상으로서의) 자아를 치장하는 데 들이는 에너지를 확 줄일 수 있다는 걸 명심하라.

우리는 쪽을 파는 순간, 비로소 나의 민낯을 들여다볼 수 있다. 참 못났다. 그런데 이 수치심을 넘어서면 마침내 자존감이 형성된다. 수치심과 자존감은 동전의 양면처럼 이뤄져 있다. 우리가 수치심이 닥쳐올 때 달아나는 건 자존감을 잃지 않기 위해서다. 그게 정녕 옳은 선택일까? 어딘가로 도망가 새로운 가면을 뒤집어쓰기보다는 차라리 수치심을 내려놓아라. 그러면 새로운 얼굴이 생겨나기 시작한다. 그 얼굴은 여전히 나인 동시에 새로운 나다.

일상에도 쪽팔림을 비껴가려는 몸짓이 넘쳐 난다. 카카오톡이나 페이스북의 프로필을 바꾼다고, 핸드폰 번호를 변경한다고 해서 당신의 쪽과 과거가 달라질 순 없다. 민얼굴이 무섭다고 피하기만 한다면, 땅속에 머리를 묻은 타조와 같다. 아무것도 보고 싶지 않다고 땅에 얼굴을 파묻은들 그 뚱뚱한 엉덩이까지 숨길 수 있겠는가? 정말 어리석은 행위다. 이때 눈감아 버리는 건 자기 자신뿐이다. 이젠 어떠한 정보든 숨길 수 없는 시대가 됐다. 그러니 자신감 있게 수치심을 받아들여라. 그래야 진정한 신분 세탁, 즉 내면 세탁이 가능해진다. 겉으로 드러나 보이는 것에만 집착하지 말고, 보이지 않는 심지를 더 굳건히 다져라. 새로운 길은 우리가 수치심을 넘어설 때 비로소 열린다.

금기 도전자

피에르 파울로 파솔리니

Pier Paolo Pasolini, 1922-1975

파솔리니의 이력은 다양하다. 그는 시인, 소설가, 영화감독, 논객이었고 1960년대
엔 언어학과 기호학을 탐구하며 영화에 관한 시학을 제시한 「시의 영화」라는 글을
써냈다. 지금까지도 이 글은 영화 연구에 중요한 논점을 제시하고 있다. 교육의 도시
볼로냐 출신이었던 파솔리니는 젊은 시절 공산당에 입당했지만 동성애자라는 추
문에 시달리다가 쫓겨나 버렸다. 그는 동성애자였고, 동시에 하층 계급을 옹호하는
투사이기도 했다. 당과의 불화에도 불구하고 파솔리니는 스스로를 공산주의자라
여겼다.

파솔리니의 본격적인 활동은 문학을 통해 드러났다. 1950년대에 로마에 입성
한 그는 두 권의 시집(『그람시의 재』, 『우리 시대의 종교』)과 두 편의 소설(『삶의 아이
들』, 『폭력적인 삶』)을 썼다. 특히 사투리 구사에 능숙했던 그의 언어 능력은 문학 안
에서 놀라운 감수성을 발휘한다. 자신의 문학에 표준어가 아닌 방언을 활용했다는
점만 보더라도 파솔리니의 특성이 잘 드러난다. 이처럼 그의 관심사는 주류가 아니
라 주변부였다. 따라서 파솔리니는 '변두리에 속한 언어와 문화, 그리고 계급과 정

치를 어떻게 표현할 것인가?' 하는 문제에 늘 골몰했다.

영화와 인연을 맺은 것도 이 무렵의 일이다. 파솔리니는 페데리코 펠리니(1920-
1993)가 연출한 「카비리아의 밤(Le Notti di Cabiria)」(1957)의 시나리오를 쓰며 영
화계에 진입한다. 그가 스스로 연출한 첫 작품은 「아카토네(Accattone)」(1961)다.
이어 선보인 「맘마 로마(Mamma Roma)」(1962)로 큰 화제를 모은다. 파솔리니는 범
죄자, 하층민들을 주인공으로 삼은 이 영화들을 통해 자신의 관심사를 드러냈다.
청년 파솔리니는 자신의 생각을 공공연히 영화에 담아내며, 당대의 기류와 불화하
는 정신을 보여 줬다.

여기에 이어진 작품들은 종교와 신화, 그리고 당대 현실을 넘나드는 방대한 탐
구 과정이었다. 다른 무엇보다도 종교에 대한 그의 입장은 상당히 복잡했다. 파솔리
니는 원시 종교를 통한 열정의 회복을 주창하면서도, 당대 종교에 대해서는 비판적
태도를 유지했다. 그리고 「테오레마(Teorema)」(1968)와 「돼지우리(Porcile)」(1969)
에서는 부르주아 가족을 잔인하게 해부함으로써 파문을 일으키기도 했다. 파솔리
니의 영화는 편하지 않았다. 그는 자신의 이야기를 매끄럽게 전달하는 걸 의도적으
로 거부했으며, 영화가 지닌 '이미지의 힘'을 극대화함으로써 다양한 논점들을 만들
어 냈다. 그것이야말로 파솔리니만의 시적 태도였다.

1970년대 초반, 파솔리니는 '인생 3부작'이라는 작품을 선보인다. 「데카메론(Il
Decameron)」(1970), 「캔터베리 이야기(I racconti di Canterbury)」(1971), 「아라비안
나이트(Il Fiore delle Mille e una Notte)」(1974)는 옛이야기의 형식을 빌려 인간사의
어두운 면과 성적 에너지를 화면 안에 풀어놓았다. 그러나 파솔리니의 도전은, 그의
야심 찬 시도와 달리 좀체 나아가지 못한 듯싶다. 이들 작품 속에 등장하는 낙관주
의, 인생 찬양과 쾌감은 이전 영화들이 보여 준 근원적 따뜻함과는 거리가 있었다.
한편 파솔리니는 칼럼을 연재하면서 점점 더 현실에 대해 비관적 태도를 보이기 시

작했고, 동시대의 젊은이들을 향해 애증의 언어를 내뱉었다.

영화 「살로, 소돔의 120일」은 파솔리니의 작품 활동 중 마지막 부분에 위치한다. 이 영화는 부패한 현실에 대한 절망감을 표현하고 있다. 그 어디에도 탈출구는 없다. 성적 분방함과 억압은 서로 연결되어 있다. 이 영화가 불러일으킨 센세이션은 그 자체만으로도 대단히 충격적이었다. 파솔리니는 이 작품에 대한 충분한 답변을 듣지도, 대꾸하지도 못한 채 1975년 11월 2일 아침, 온몸이 난자당한 상태로 로마 외곽의 해변 휴양지 오스티아 근처의 쓰레기 하치장에서 발견되었다. 그것은 정녕 슬픈 죽음이었다.

온 우주가
나서서
도와주길 바라는

종교

훔쳐보기

「비리디아나」

Viridiana, 1961

스페인 | 90분 | 루이스 부뉴엘

"나는 당신을 처음 봤을 때부터 알았지,
결국 나와 카드놀이를 하게 될 거라고."
—등장인물 호르헤의 대사

어느 화창한 날 오후, 원장 수녀가 수습 수녀 비리디아나를 불러 세운다. "비리디아나, 이제 곧 서원식이군요." 비리디아나는 겸손한 얼굴로 고개를 끄덕인다. "근데 자매님 숙부께서 서원식 때 못 오신다고 연락을 주셨어요. 잠시 얼굴이라도 뵙고 오는 건 어때요?" 비리디아나는 원장 수녀의 제안에 살짝 당황한다. "원장 수녀님, 저는 수도원에 있고 싶어요. 속세로 나가고 싶지 않아요. 사실 숙부님과 친한 사이도 아니고." 하지만 원장 수녀는 이미 결과를 정해 놓고 말을 꺼낸 듯 단호하게 대처한다. "비리디아나, 자매님의 숙부님은 우리 수도원에 엄청난 돈을 기부해 주신 분이에요. 그러지 말고 서원식 전에 댁에 다녀오세요. 그렇게 알고 있겠습니다." 결국 비리디아나는 탐탁찮은 마음을 안고 숙부의 집으로 향한다.

지방 소도시에 큰 영지를 거느리고 있는 하이메는 조카 비리디아나의 방문을 앞두고 안절부절못한다. 하녀 라모나는 주인 하이메의 모습을 근심스러운 눈빛으로 쳐다본다. 마침 저택으로 마차 한 대가 도착하고, 성모처럼 고귀한 미모를 지닌 비리디아나가 베일을 쓰고 등장한다. 숙부 하이메는 아름다운 조카를 애지중지하며 조심스럽게 대하지만, 정작 비리디아나는 그다지 유쾌하지 않은 눈치다. "삼촌, 솔직히 전 이곳에 오고 싶지 않았어요. 삼촌을 보고 싶다는 생각도 안 했고요." 자신은 거짓말을 못 한다며 속내를 술술 털어놓는 비리디아나의 모습에 숙부 하이메는 마음이 불편해진다. "원장 수녀님이 억지로 보내서 온 거예요. 곧 떠날 거예요." 하이메는 확고하게 말을 이어 가는 비리디아나의 얼굴을 가만히 들여다본다. "너는 네 숙모를 빼닮았구나." 비리디아나는 고개를 가로저으며 자리를 떠난다.

비리디아나는 수도원에서 챙겨 온 나무 십자가와 가시 면류관을 곁에 두고 오래도록 기도를 올린다. 하이메는 자신의 복잡한 심경을 가누지 못하고 밤새 피아노를 연주한다. 하녀 라모나는 비리디아나가 보이는 광신적인 행동을 예의 주시하지만, 하이메의 생각은 벌써 다른 데에 가 있다. 그는 일찍이 사별한 아내의 모습과 똑닮은 비리디아나에게 금지된 욕망을 불태우는 중이다. 사실 하이메가 수도원에 있는 조카를 자신의 영지로 초대한 건 그녀의 얼굴을 어루만지고, 젖가슴을 애무하고, 끝내 혼인하기 위해서였다. 물론 비리디아나는 숙부의 이런 계획을 상상하지조차 못한다. 그녀는 사생아를 낳고 내팽개쳐 버린 하이메의 비도덕적 행동에 역겨움을 느낄 뿐이다. 결국 하이메는 라모나와 수면제의 힘을 빌려 조카 비리디아나와 결혼식을 올리는 데 성공한다. 숙부의 간절한 부탁으로 숙모의 웨딩드레스를 차려입은 비리디아나는 삼촌으로부터 기이한 청혼을 받은 것도 모자라, 졸지에 초야를 치른 신부 신세가 돼 버린 것이다. 신에게 정절을 바치기로 한 비리디아나는 절망하고 만다. 이에 하이메는 서둘러 자신이 잘못했다고, 며칠 더 붙잡아 두기 위해 거짓말을 내뱉은 거라고 둘러대지만 비리디아나의 경멸을 피할 수 없다. 끝내 비리디아나는 저택을 떠나고, 하이메는 기묘한 감정에 사로잡혀 자결을 선택한다. 모든 영지와 재산을 비리디아나와 자신의 사생아 호르헤에게 남긴 채로.

비리디아나는 하이메가 남긴 어마어마한 재산을 활용해 헐벗고 병든 자들을 거둬 보살피기로 결심한다. 숙부의 자살에 자신이 결정적인 영향을 미쳤다고 판단한 비리디아나는 자신의 죄를 씻기 위해서라도 성인의 삶을 살아갈 수밖에 없다고 생각한다. 그녀는 원장 수녀의 만류에도 고해성사는커녕 수도원으로 되돌아가는 것마저 거부한다. 때마침 또 다른 유산 상속인 호르헤가 나타난다. 그는 애인과 영지 주변을 돌며 전기를 새로 들이고, 과수원을 일굴 계획을 세운다. 물론 비리디아나는 호르헤가 무얼 하든 아무 관심도 없다. 그녀는 걸인들을 전부 불러다 저택 별채에서 생활하게 한다. 걸인들은 비리디아나의 호의에 감사한 마음을 표하는 건 고사하고 게으름을 피우며 한몫 챙길 생각뿐이다. 비리디아나를 농락하며 무위도식하려고 안달이 난 걸인들은 배은망덕하게도 흉한 몰골의 동맥류 병자를 내쫓는가 하면, 밥값을 위한 최소한의 노동마저 거부한 채 제멋대로 나대기에 이른다. 그러나 비리디아나는 자신의 '성인 활동'과 신앙에 마비돼 호르헤의 경고와 충직한 하인 몬초의 조언을 깡그리 무시한다.

그러던 어느 날, 비리디아나와 호르헤, 라모나 모녀는 하이메의 유산 문제를 처리하기 위해 멀리 시내로 나간다. 걸인들의 사악한 심보를 알 리가 없는 비리디아나는 저택 관리를 그들에게 전부 맡긴 채 먼 길을 서두른다. 집주인 앞에서 온갖 아양을 떨던 걸인들은 그들이 떠나자마자 프랑스산 레이스 식탁보를 꺼내 깔고, 값비싼 포도주를 함부로 마시며 염소 두 마리를 무단으로 잡아먹는다. 이들의 만행은 점점 더 심해져 난교를 즐기는가 하면 하이메의 유품을 모욕하고, 그야말로 내일이 없는 존재들처럼 '최후의 만찬'을 흥청망청 즐긴다. 이때 예정보다 일찍 귀가한 호르헤와 비리디아나가 저택의 문을 열어젖힌다. 이에 놀란 몇몇 사람은 헐레벌떡 도주하지만, 술에 거나하게 취한 두 명의 걸인은 호기롭게 호르헤를 폭행하고, 비리디아나를 강간하려고 한다. 결국 운전수와 라모나가 황급히 불러 온 경찰 덕에 광란의 현장은 곧장 진압되지만, 비리디아나는 이 일을 계기로 모든 걸 완벽히 내려놓는다. 신앙, 선의, 인간 존재에 대해서 말이다! 비리디아나는 그동안 속물이라며 내심 멸시해 온 호르헤를 찾아간다. 호르헤는 반쯤 정신이 나간 비리디아나를 둥근 탁자에 앉히며 회심의 미소를 짓는다. "비리디아나, 난 당신을 처음 봤을 때부터 알았어. 결국 나와 카드놀이를 하게 될 것이라고 말이야." 비리디아나는 잠시 신경질적으로 몸서리를 치더니, 끝내 호르헤가 건네는 카드를 받아 든다.

씨네렉처

1 영화에서 금기로

「비리디아나」와 함께
스페인으로

「비리디아나」는 부뉴엘 감독의 대표작이기는 합니다만, 국내에 널리 알려진 작품은 아니에요. 아마 낯설게 느껴지는 분들도 있을 겁니다. 부뉴엘은 스페인 출신이었는데요, 많은 작품을 멕시코에서 제작합니다. 그 이유는 부뉴엘이 살았던 시대, 즉 격변하던 정치적 상황과 맞물려 있습니다.

부뉴엘은 파리에 머물던 시절에 맨 처음 세상에 얼굴을 드러냈죠. 국내에서도 개봉했던 우디 앨런의 「미드나잇 인 파리」의 한 장면만 봐도 아시겠지만, 1920년대 파리는 그야말로 '예술가들의 용광로'였어요. 영화 속 주인공 길처럼 당시 파리엔 미국에서 건너온 작가들로 붐볐죠. 거트루드 스타인, 헤밍웨이, 피츠제럴드가 파리에 모여 술잔을 기울이며 문학을 이야기했답니다. 1920년대 파리는 예술과 문명의 최첨단 도시라 해도 과언이 아니었죠.

스페인에서 온 살바도르 달리, 루이스 부뉴엘, 사진가 만 레이 같은 초현실주의자들도 파리에 한자리씩 차지했죠. 부뉴엘은 파리에 머물며 영화의 조연출로 활동했는데요, 이때 살바도르 달리와 함께 「안달루시아의 개」라는 작품을 구상하기도 합니다. 오늘날 초현실주의 영화의 고전이 된 「안달루시아의 개」는 단편 영화였답니다. 그런데 이보다 더 큰 반향을 일으킨 작품이 바로 「황금시대」라는 장편 영화였죠. 이 영화로 온갖 비난을 받은 부뉴엘은, 급기야 상영 금지 처분까지 받게 됩니다. 결국 부뉴엘은 스페인에서 새로운 기회를 엿봤어요. 당시 유럽에도 할리우드 영화가 물밀 듯 들어오면서 각국 언어로 더빙이 필요했는데요, 그는 이 일의 책임자를 맡기도 했죠. 그러던 중 1930년대 중반에, 스페인 내전이 일어납니다. 공화정을 표방하는 인민전선이 정권을 잡자, 군부가 쿠데타를 일으켜 격돌하게 된 거죠. 유럽을 중심으로 한 지식인들은 인민전선을 지지하면서 내전에 동참합니다.

하지만 스페인 내전은, 끝내 프랑코 진영의 승리로 끝납니다. 즉 독재로 이어지게 된 거죠. 자연스럽게 스페인을 떠나려는 망명객들이 늘어났어요. 부뉴엘도 스페인을 떠나 미국으로 건너갑니다. 그는 그곳에서 영화를 기획하지만 성사되지 않았어요. 또 뉴욕에서 '초현실주의 특별전'을 준비하기도 했는데, 친구 살바도르 달리가 문제를 일으키면서 무산되죠. 당시 달리는 부뉴엘이 공산주의자라면서 시비를 걸었다고 해요. 두 사람은 이 사건을 계기로 결별합니다. 이리하여 부뉴엘은 멕시코행을 선택하게 됩니다. 그곳의 상황 또한 그리 좋지는 않았지만, 최소한 영화를 만들 수 있는 기회가 있으리라고 판단한 것이지요.

이건 좀 다른 이야기인데, 제 개인적으로 좋아하는 멕시코 감독 중 한 사람이 길예르모 델 토로예요. 그가 할리우드에서 만든 블록버스터 영화 「퍼시픽 림」은 잘 아시죠? 그의 초기 작품 중에 「악마의 등뼈」라는 유명한 영화가 있어요. 이 영화는 스페인 내전 탓에 멕시코로 망명한 사람들의 이야기를 담고 있어요. 델 토로 감독은 한 인터뷰에서 자신의 할아버지 세대 중에는 이러한 망명객들이 많았고, 그들 사이에 떠도는 괴담도 많았다고 이야기했었죠. 「악마의 등뼈」는 저러한 경험을 토대로 만든 영화예요. 이제 스페인 내전을 피해 멕시코로 이주했던 사람들의 자식 세대가 할리우드에서 영화를 만드는 시대가 온 겁니다.

아무튼 부뉴엘은 멕시코로 건너가 스무 편 정도의 장편 영화를 선보입니다. 멕시코는 그에게 고국보다도 더 고향 같은 곳이 되었죠. 부뉴엘이 임종을 맞은 곳도 멕시코시티 자택이었습니다. 「비리디아나」는 멕시코에서 영화를 만들며 한창 주가를 올리던 부뉴엘이 또다시 모국 스페인으로 돌아가 완성한 첫 영화였어요. 모처럼 고향으로 돌아온 부뉴엘은, 역시나 논쟁적인 이야기를 끄집어냅니다.

여주인공 비리디나아가 베푸는 자비에, 거지와 부랑자들이 파렴치한 태도를 보이는 이 영화의 이야기는 마치 신성 모독처럼 느껴지기도 합니다. 다른 무엇보다 주인이 없는 틈을 타 부랑자들이 벌이는 난장 파티는, 레오나르도 다빈치가 그린 「최후의 만찬」과 동일한 구도로 촬영됐어요. 이 작품은 칸 영화제 황금종려상을 수상했지만, 정작 스페인에서는 신성 모독을 빌미로 상영이 금지됐습니다. 그러나 이 무렵부터 부뉴엘 감독은 국제적 명성을 획득합니다. 1960년대 중반, 부뉴엘은 거처를 유럽으로 옮겨 국제적인 거장답게 다국적 영화를 제작하기 시작합니다. 이 중에서 가장 유명한 작품이 프랑스의 여배우 카트린 드뇌브와 처음으로 호흡을 맞춘 「세브린느」입니다. 이것은 베니스 영화제에서 황금사자상을 수상한 작품으로 영화 역사상 가장 에로틱한 작품이라고 말할 수 있습니다.

물론 이 시기의 최고 흥행작은 「부르주아의 은밀한 매력」입니다. 그는 이 작품으로 아카데미 외국어 영화상까지 수상했죠. 부뉴엘 감독은 1948년 멕시코 국적을 취득한 이후 가족과 함께 멕시코시티에 살았는데요, 쉰 살 무렵부터 청력에 심각한 문제가 생깁니다. 그리고 1983년 7월 29일 오후 4시 5분, 그는 신부전과 심장병으로 사망합니다. 그 후 「욕망의 모호한 대상」이 완성돼 세상에 공개됐습니다.

그는 인간 본성이 지닌 파렴치함에 즐거워한 감독이라고 할 수 있어요. 인간은 성스러움을 추구하지만, 동시에 밥을 먹고 똥을 싸는 동물이라는 점을 놓치지 않았던 감독이에요. 이 두 가지(성과 속) 사이로 인간의 위대함과 나약함, 갈망과 절망이 교차하는 겁니다.

「비리디아나」 같은 일련의 작품들을 보고, 부뉴엘을 '반가톨릭주의자'로 받아들이는 사람들도 있습니다. 하지만 그는 신앙 자체를 부정하지는 않았습니다. 그가 극도로 혐오한 것은 종교적 도그마, 맹신주의, 교회의 위선과 억압이라고 할 수 있습니다. 예술(영화)을 통해 이러한 엄숙주의를 타파하면서 권력에 대한 전복을 지향했던 그는, 이런 자신의 영화적 목표를 평생 동안 추구했습니다. 실제로 「비리디아나」와 닮은 「나자린」이라는 작품은 가톨릭계로부터 상당한 찬사를 받았습니다. 종교적 주제를 진지하게 성찰했다는 이유로 국제가톨릭회의가 상을 주려고까지 했으니까요. 그러니 부뉴엘을 가리켜, 단순히 신성 모독을 일삼는 감독이라고 생각해서는 곤란합니다. 가톨릭에 대한 공격은 세상의 권위를 희화했던 그의 영화적 줄기 중 하나였을 뿐입니다. 즉, 그것은 자유로운 정신(영화)의 구현 방식이라고 보는 편이 정당합니다.

자선의 딜레마,
돈으로 죄를 씻는다?

저는 세월이 흐를수록 부뉴엘 감독의 영화가 더 좋아지더라고요. 흔히 부뉴엘을 가리켜 변태적 욕망에 탐닉한 감독이라 말하기도 하는데요, 사실 욕망을 다루는 것 자체는 대수롭지 않은 일입니다. 진정 중요한 건 이야기를 통해 욕망과 숨바꼭질하는 인간의 다양한 측면을 어떻게 건드리는가 하는 겁니다. 그 점에 있어 부뉴엘만큼 솔직하고 대범한 감독은 없죠. 그의 영화를 보면 자꾸 생각하게 돼요. "이것이 과연 인간인가?"

이 영화는 수녀원에 있던 주인공 비리디아나가 숙부의 요청으로 잠시 집을 방문하고, 며칠 후 다시 수녀원으로 돌아가려던 중에 숙부의 죽음을 목격함으로써 일생일대의 파란만장한 변화를 겪는 이야기를 다룹니다. 그 과정이 참으로 기이합니다. '수녀가 되고자 했던 비리디아나가 왜 거지와 부랑자를 돕기로 했을까?' 영화에 명백히 나오는 내용이지만, 그 뚜렷한 이유를 찾기는 어려워요. 비리디아나가 수녀원으로 돌아가지 않게 된 계기는 분명하지요. 숙부의 갑작스러운 자살로, 그녀는 다시 숙부의 댁으로 돌아옵니다. 어쩌면 숙부의 자살에 죄책감을 느꼈다고 볼 수도 있어요. 그런데 이상하지 않나요? 그녀가 자신을 탐했던 숙부의 자살로 죄책감을 느꼈다면(그가 자신을 탐했을 때에는 극도로 혐

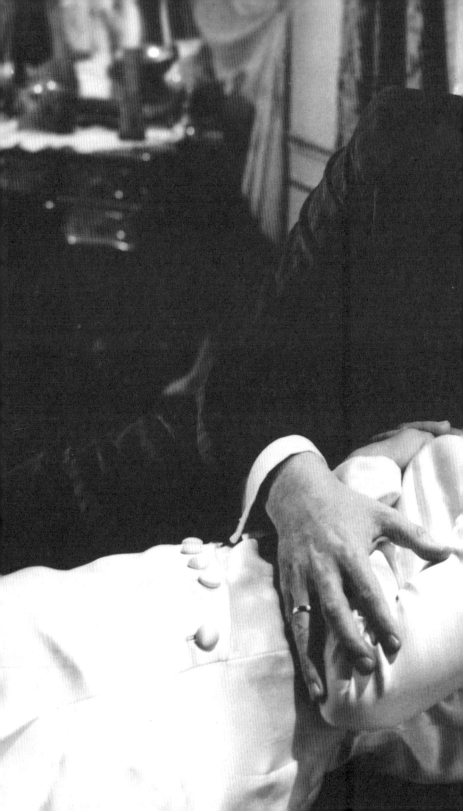

오했죠.), 비리디아나는 마음에 있는 죄책감을 털기 위해 여러 가지 선택을 할 수 있었을 거예요. 그중 하나가 원래의 계획대로 수녀가 되는 것이겠지요.

하지만 비리디아나는 수녀원으로 돌아가지 않습니다. 영화 속 어디에도 비리디아나가 변심한, 즉 자신의 결심을 철회한 이유가 제대로 나타나 있지 않아요. 이와 연관된 유일한 장면이 있다면, 바로 원장 수녀와 비디리아나가 나눈 대화예요. 그녀는 "제게 숙부의 죽음에 대한 책임이 있습니다."라고 원장 수녀에게 말하죠. 그리고 앞으로의 삶에 대해서도 생각하는 바가 있다고 이야기합니다. 원장 수녀는 "도움이 필요 없다는 말이군요."라면서 순순히 물러나죠. 하지만 비리디아나가 정녕 죄책감을 느끼는지 아닌지는 여전히 분명하지 않아요.

숙부는 비리디아나가 죽은 숙모를 닮았다면서 그녀를 유혹하고 함께하고 싶어 합니다. 비리디아나는 숙부의 제안을 거부하죠. 그것이 그의 죽음으로 이어집니다. 그런데 만약 숙부의 자살로 그녀의 마음이 변한 것이라면, 뭔가 다른 행동을 선택하지 않았을까요. 가령 저택 옆에 움막집을 짓고 삼년상을 치른다는 식으로 말이죠. 그러니까 숙부의 마음을 거절한 데에 대한 죄책감을 적극적으로 드러내지 않았을까요?

그런데 숙부의 재산을 물려받고 저택에 머물기로 결심한 비리디아나는, 정작 죽은 숙부에겐 아무런 관심도 기울이지 않아요. 그녀는 숙부의 마음이 아니라, 거지와 부랑자를 돌보며 '세상의 마음'을 얻으려고 해요. 이런 행동은 죄의식과 거리가 있습니다. 오히려 그녀는 숙부의 재산을 이용해 자신이 오랫동안 해 보고 싶었던 일을 합니다. 그게 바로 '비리디아나식 자선 사업'이죠. 즉 죄의식이 아닌, 자선 사업을 벌이고 싶은 그녀의 욕망이 돌출된 겁니다.

냉정하게 보면 비리디아나가 수녀원으로 돌아가지 않고 숙부의 집에 남은 건, 자신의 오랜 숙원인 자선 사업을 펼칠 수 있는 절호의 기회였기 때문일 수도 있습니다. 그녀가 보이는 행동을 보다 세밀하게 이해해 볼 필요가 있습니다. 자선 사업을 벌이는 것이 평생 그녀가 지녀 온 (선한) 욕망이라 해도, 한 인간의 죽음 앞에서 자신의 욕망만을 취하는 건 한때 수녀의 길을 걷기로 했던 그녀의 마음에 비춰 보면 분명 모순되는 발상이거든요. 저는 이러한 모순에 주목하고 싶어요. 비리디아나가 지닌 욕망은 이중적이에요. 그녀가 벌이는 자선 사업은 자신의 욕망에서 기인한 것인 동시에, 죄책감을 해결해 주는 방편이 되기도 합니다. 이 '방편'이라는 부분에 주목할 필요가 있어요.

'자선'이라는 걸 잘 생각해 보세요. 자선엔 남을 돕는다는 (순수한 듯한) 의미가 담겨 있지만, 결코 자본의 문제와 무관하지 않아요. 자선 기부를 하면 세금을 감면받을 수 있어요. 본래적 의미에서의 자선은 이득을 따지지 않고, 아낌없이 나눠 주는 행위에 가깝습니다. 그러나 실제 인간 사회에서의 자선 행위에는, 베푸는 데에 상응하는 보상 논리가 따라붙습니다. 돈을 대신해 명예를, 선량하다는 평판을 취득하곤 하죠. 다른 무엇보다도 자본주의 사회에서 자선을 통해 얻을 수 있는 가장 대표적인 대가는 세금 혜택이지요.

세상에는 이런 것들이 교묘하게 구조화되어 있지요. 자선을 통해 눈을 가려 버리는 방식들이요. 한국에선 스타벅스 커피가 다른 나라보다 1000원, 2000원 이상 비싸다고 알려져 있는데요, 심지어 어떤 음료는 밥값보다 더 비싸기도 하죠. 그러다 보니 자주 구설수에 올라요. 회사

입장에서는 대안을 모색해야 하겠죠. 그중에 하나가 '공정 무역'이에요. 즉 '이 커피를 사면 당신은 환경 보호에 일조한다.'라거나 '가난한 사람들을 돕는 것이다.'라며 광고를 하지요. 공정 무역은 상품을 '정직하게' 들여오는 통로(커피 원두)이자 그들에게 '정당한' 대가를 지불하는 것이라고 선전을 합니다. 그럼, 스타벅스에 원두를 제공하는 농부들은 모두 부자가 됐을까요. 절대 아닙니다. '공정 무역'이라는 말을 통해 값비싼 커피 가격을 정당화하는 명분을 만들어 낸 것일 뿐이죠.

어느 유명한 신발 브랜드는 자사 제품을 한 켤레 사면 또 한 켤레를 아프리카에 기부한다고 광고해요. 나로 하여금 해당 브랜드의 신발을 사는 일이 타인을 돕는 것이라 생각하게 만들지요. 하지만 자선을 내세우는 목적은 결국 이윤을 추구하기 위함이죠. 신발을 사는 행위에 대해 혹시나 느낄지 모를 죄책감을 면죄해 주는 셈입니다. 저도 이 점에 자유롭지 않아요. 스타벅스 커피를 마시고 그 신발을 신고 있으니까요. 이게 주변의 수많은 기업들이 생산해 내고 있는 '자선 이데올로기'입니다.

비리디아나는 숙부의 부를 통해 보다 본격적으로 자선할 수 있는 계기를 얻게 되지요. 그런 여건 속에, 자신이 품은 일말의 죄의식마저 자연스럽게 희석시킬 겁니다. 일종의 '명분'을 찾은 셈이죠. 물론, 이렇게 반문할 수도 있어요. (아무것도 안 하는 것보다) '그래도 명분을 만들어 내거나 찾는 편이 낫지 않느냐?'라고 말이죠. 그럼, 전 이렇게 대답하고 싶습니다. 명분 찾기를 좋아하는 인간일수록 '진실'한 경우가 드물다고 말이죠.

자선 행위와 관련해 이 영화에는 흥미로운 장면이 있습니다. 숙부의 아들 호르헤가 수레에 끌려가는 개를 불쌍히 여겨 돈을 주고 사는 장면

말입니다. 그런데 이어지는 장면에서, 또 똑같이 개를 끌고 지나가는 다른 마차가 나옵니다. 호르헤가 행한 자비가 얼마나 덧없는 것인지를, 부뉴엘은 노골적으로 보여 줍니다. 자선은 항상 그러한 문제를 제기합니다. 가난한 사람 A를 돕는다고 해 봅시다. 그럼 왜 하필 '가난한 사람 A'를 도와줘야 하느냐고 질문하는 사람이 생길 겁니다. A 말고도 다른 가난한 사람들이 많은데 왜 꼭 '가난한 사람 A'이어야 하는지, 그 필연적 이유를 찾아내기 어렵죠. 그게 바로 자선이라는 휴머니즘이 지닌 본래적 한계예요. 결국, 한 사람을 위한 자선은 절대로 만인을 위한 게 될 수 없기 때문입니다. 자선이라는 본래 취지에서 보자면 모순되는 부분이죠. 그래서 부뉴엘은 인간이 선을 베푸는 건 '자선하기 위해서가 아니라, 자신의 만족을 위한 게 아닐까, 이를테면 위선이 아닐까?'라고 반문합니다. '자선의 시장'은 '허영의 시장'이 되기도 해요. 쓸쓸한 일이죠.

페티시와 패러디,
줄넘기와 최후의 만찬

이번에는 이 영화의 구조를 전체적으로 읽어 보도록 하겠습니다. 영화를 보다 보면 눈에 띄는 게 몇 가지 있는데요, 그중 제가 가장 흥미롭게 본 건 '줄넘기'예요. 부뉴엘은 「비리디아나」에 줄넘기라는 소재를 다채롭게 등장시킵니다. 첫 번째 장면에선 하녀의 딸이 혼자 줄넘기를 넘고 있습니다. 두 번째 장면에서는, 비리디아나가 소녀와 함께 줄넘기를 합니다. 여기까지는 평범하지요. 그런데 이 줄넘기는 숙부가 자살할 때 목을 매는 도구로 쓰입니다. 숙부의 집으로 돌아온 비리디아나가 줄넘기를 목격하고, 곧장 장면이 바뀌더니 다시 줄넘기를 넘는 소녀가 나옵니다. 그때 영지 관리를 돕는 남자 하인이 나타나 소녀를 나무라지요. "왜 죽은 사람이 쓴 줄넘기를 가지고 노느냐."라며 말이죠. 그러자 소녀는 "그건 제 것이니까요."라고 당돌하게 대꾸합니다. 결국 소녀는 아랑곳없이 줄넘기를 넘죠. 이후 줄넘기가 보이지 않아요. 혹시 꾸중을 들은 소녀가 줄넘기를 버린 걸까요? 그런데 영화 후반부에 갑작스럽게 줄넘기가 다시 등장합니다. 비리디아나는 숙부의 유산을 가지고, 마을 걸인들과 부랑자들을 모아 일종의 생활 공동체를 만듭니다. 그들 중 한 명이 부엌에 있던 줄넘기를 가져다가 자신의 허리끈으로 사용하는 장면이 나옵니다. 그 후 이 줄넘기(혹은 허리끈)는 비리디아나가 부랑자들에게 추행을 당하는 장면에서 또다시 등장합니다. 비리디아나가 완력을 쓰는 부랑자들에게 저항하며 붙드는 것이 바로 그 줄넘기인 겁니다.

이 줄넘기는 『30금 쌍담』의 전체 주제, 즉 금기에 대해 생각해 보게끔 합니다. 흔히 금기와 얽힌 언어를 사용할 때, 사람들은 사물과 의미를 일대일로 대응시키곤 합니다. 젓가락을 예로 들어 봅시다. 우리는 젓가락으로 이를 쑤신다거나 이쑤시개로 젓가락질을 할 수 있다고 생각하지 않아요. 한데 현실에서는 그런 일들이 벌어져요. 그럴 때면 사물을 '제대로' 쓰지 않았다는 이유로, 이를테면 젓가락으로 이를 쑤셨다는 이유로 핀잔을 듣게 됩니다. 최근엔 성냥이 사라져서 좀체 찾아보기 어려워졌는데요, 예전만 해도 성냥 끄트머리로 이를 쑤시는 분들이 꽤 있었어요. 이러한 위반, 사물을 '제대로' 쓰지 않는 일이 정말 문제인 걸까요?

한 사회가 경직되고 금기를 강하게 통제할수록 '이건 꼭 이 방법으로만 써야 한다.'라고 규정을 내려 버립니다. 법의 적용도 마찬가지죠. 사회가 강퍅해질수록 원칙만 강조해 댑니다. 여하튼 사물에는, 근본적으로 맥락이 없어요. 좋은 예는 아닙니다만 어릴 적에 저희 어머니는 뜨개바늘을 회초리로 쓰셨어요. 30센티미터 자도 종종 사랑의 매가 되곤 했죠. 뜨개질을 하거나 길이를 잴 때 쓰는 물건이 때로는 다르게 사용될 수도 있습니다.

줄넘기는 단순한 놀이 기구였어요. 그런데 숙부가 그걸로 목을 매단 뒤부터, 줄넘기는 죽음과 관련된 하나의 터부가 됩니다. 이제 줄넘기는 죽음을 암시하는 불길한 대상이 된 겁니다. 하지만 소녀로서는 황당했을 겁니다. 줄넘기는 분명 자신의 소유물이었으니까요. 그러니 무엇이 문제냐며 반문하는 거죠. 이 저항은 뭔가 불쾌하고 미묘한 느낌을 주는 장면입니다. 이런 느낌은, 영화 후반부에 줄넘기가 부랑자의 허리띠로 전용(轉用)되면서 더 큰 불쾌감으로 증폭됩니다.

줄넘기가 소녀의 손에 들어갔다면 어떻게 됐을까요. 그저 잠깐의 놀이 기구였겠죠. 자살의 도구도, 성폭력의 도구도 아니에요. 그저 하나의 줄일 뿐인데 우리는 이 사물에 의미를 부여하고, 이상한 용도로 사용하지요. 이건 부뉴엘이 사물을 통해 우리의 통념을 흔드는 방식입니다. '줄넘기는 놀이 도구에 불과해. 그런데 이 영화를 보면서 당신이 장면 장면마다 얼마나 많은 의미를 부여하고 있는지 보라고. 당신은 줄넘기를 제대로 가지고 놀 줄도 모르잖아. 줄넘기는 한 사람의 자살 도구이면서, 성적 뉘앙스를 지닌 폭력의 흉기이기도 해. 그게 사물의 본성이야. 사물은 사용하기에 따라 달라지는 것이지, 애초에 부여된 본성은 아무것도 없어. 왜 젓가락을 음식 집어먹는 도구라고만 생각해? 얼마든지 다른 상상력을 부여할 수 있는데 말이야. 그게 바로 초현실주의자들이 사물을 활용하는 방식이야.'라고 그가 말하는 듯합니다.

부뉴엘은 사물에 대한 의미 부여로부터 자유로워지라고, 소녀와 같은 아이가 되라고 말하고 있습니다. 그러나 대부분의 경우, 사물에 집착하기 마련이죠. 흔히 사물에 대한 집착을 페티시라고 합니다. 이 말에는 물건을 신격화하는 미신, 중독적인 욕망까지 아우르는 꽤 광범위한 의미가 들어 있어요. 흔히 페티시즘을 변태 성욕쯤으로 여기는데요, 가령 여성의 팬티에만 유독 집착하는 남자가 있다면 우리는 그의 욕망을 가리켜 페티시즘이라고 하지요. 그런데 사실 페티시즘은 사물에 집착하는 모든 욕망을 가리켜요. 부뉴엘의 영화에는 사물에 대한 페티시가 자주 등장해요. 비리디아나는 예수의 가시 면류관, 십자가, 칼 같은 것들에 집착하죠. 종교적 집착, 성물(聖物)에 대한 집착도 페티시즘이에요.

페티시즘은 단순히 변태 성욕이 아니에요. 어떤 사람이 돈을 숭배한다면, 돈에 페티시가 있는 거죠. 미국 드라마 「섹스 앤 더 시티」의 주인공 캐리는 구두에 엄청난 페티시를 지니고 있죠. 「비리디아나」를 보면, 감독이 사물의 쓰임에 얽힌 페티시를 수없이 다루고 있다는 걸 알 수 있답니다. 특정 사물을 우상화하고 종교화하는 페티시를 말이죠. 한 브랜드의 담배만 고집하는 분도 있죠? 어떤 종류의 담배를 피든 얻을 수 있는 효과는 비슷한데 말이에요. 간혹 그런 분들 중엔 다른 담배를 태우면 그날 일진이 안 좋다고 여기는 사람도 있습니다. 이처럼 페티시는 특정 사물에 집착함으로써 발생하는 다양한 우상화 작업이에요.

부뉴엘은 이러한 페티시즘이야말로 현대인의 본질이라는 점을 보여 준 거죠. 동시에 이에 대한 집착이 얼마나 덧없고 무의미한 일인지를 보여 주기도 합니다. 또 페티시는 자기 욕망에 파인 골이 얼마큼 깊고 중독에 가까운지를 보여 줄 따름입니다. 숙부가 지닌 여자 다리에 대한 집착도 당연히 페티시즘이지요. 페티시에 사로잡힌 인간들은, 결국 자기만의 우상을 품고 있는 겁니다. 어떤 물건에, 특정 부위에 엄청난 의미를 부여하고, 그것에 집착하다가 파멸에 이르게 되는 거죠. 줄넘기하는 소녀를 닮아야 해요. 사물엔 아무런 의미가 없어요. 그저 사물일 뿐이에요.

이러한 자유로움을 느끼고 나면, 부뉴엘이 세상의 원리주의를 얼마나 혐오하는지 금세 알 수 있어요. 비리디아나가 집을 비운 사이에 부랑자들이 만찬을 벌이는 장면은, 이 영화에서 가장 유명한 부분이라고 할 수 있습니다. 그들이 기념사진을 찍는다며 포즈를 취했을 때 나타난 화면 구도는, 레오나르도 다빈치가 그린 「최후의 만찬」과 똑같습니다. 이게 바로 패러디예요. 패러디란 '방법적 인용'이라고 정의할 수 있습니다. 원본(original)을 갖가지 방법으로 끌고 들어오는 거예요. 그 과정에서 본래와 다른 여러 가지 의도를 가지게 되는데요, 그때 가장 중요한 것은 원본에 대한 왜곡과 훼손이에요. 그것이 패러디가 지닌 근본적 힘이죠.

인간은 원본을 훼손시키는 걸 참지 못하죠. 그런데 패러디를 활용하는 예술의 가장 놀라운 점은 원본을 '모독'하면서 전혀 새로운 흥미와 가치를 유발한다는 데 있습니다. 이건 부뉴엘 예술의 출발점인 초현실주의와도 닿아 있습니다. 초현실주의가 기치로 내걸었던 것 중 하나가 사람들이 신성하게 여기는 수많은 예술적, 미적 영역을 훼손하고 모독하는 것이었어요. 모독이 왜 중요하냐고요? 모독은 우리를 원본주의나 절대주의로부터 자유롭게 해 주거든요. 그래서 대통령을 희화한 작품이 많은 곳일수록 민주적 사회인 겁니다. 훼손을 단순히 좋다, 나쁘다, 가치 평가하는 게 아니라, 훼손의 자유를 보장해 주는 사회일수록 건강한 사회인 거죠.

절대 왕정 시대엔 화가가 왕의 초상을 엉터리로 그리면 바로 단두대로 보내졌을 겁니다. (앞서 말씀드렸듯) 사드는 귀족이었음에도 음란한 소설을 썼다는 죄목으로 감옥에 오랫동안 갇혀 있었어요. 그는 음탕한 글을 통해 인간의 성과 권위를 해체하고 모독함으로써 진정한 자유를 그려 냈습니다. 사드는 매우 중요한 문학적 담론을 이끌어 낸 겁니다. 기성 도덕에 대한 위반은 인간 자유의 가능성과 연결될 수밖에 없거든요.

「비리디아나」에 나온 「최후의 만찬」 패러디 장면도 현실에선 심각한 문제를 야기했지요. 바로 신성 모독이 돼 버리니까요. 걸인들의 난장판을 예수가 주인공인 「최후의 만찬」과 연관시켰으니 난리가 났죠. 스페인의 입장에서는 가톨릭을 모욕했다고 본 거예요. 그 때문에 부뉴엘은 오랜만에 스페인에서 만든 이 영화를 가지고 고국으로 돌아가지 못해요. 부뉴엘은 새로운 것을 창조하려는 예술가였다기보다 패러디에 능숙한 예술가였죠. 인간의 욕망이 추구하는 고귀함과 순결함의 원본을 찾아 그것을 희화하고, 위반한 겁니다. 그것은 유머뿐 아니라 냉정함이 없으면 발휘하기 힘든 통찰이에요. 설령 그것 때문에 고향으로 돌아가는 길이 더욱 멀어지더라도, 부뉴엘은 기존의 제도와 규율을 해체할 수 있는 '위반의 용기'를 지니고 있었어요. 물론 감당하기 쉽지 않았겠죠. 그가 평생 걸어온 '위반의 길'에 요즘 더한 고마움을 느낍니다. 그는 '훼손의 자유'에 대한 자주적 선택을 보여 줬으니까요.

부뉴엘의 영화에는 나이 든 남자가 어린 여자를 욕망하는 경우가 참 많은 듯합니다. 그때 여자는 대부분 처녀이거나 수녀처럼 '순수한' 여자들이고요. 보통 남자들은 성적 욕망이 풍부하다거나 만만한 여자를 더 좋아하지 않나요? '가질 수 없어서 더 욕망한다.' 이런 식의 말은 말아 주세요.

가질 수 없기 때문에 욕망한다는 건 정확한 말이 아니에요. 실제로 문제가 생기는 건 가질 수 있을 듯한 상황에서랍니다. 현실에서 발생한 문제들을 들여다보면, 전부 '가질 수 있을 듯한 것'을 욕망하기 때문입니다. 아예 가질 수 없다고 생각해 버리면 욕망은 바깥으로 드러나지 않아요.

부뉴엘은 자주 순수함과 성적 타락을 대비시키곤 했는데요, 하지만 순수함이 더 우월하다고는 결코 표현하지 않았어. 그의 마지막 작품 「욕망의 모호한 대상」을 보면, 두 배우가 콘치타라는 한 여성 캐릭터를 연기합니다. 콘치타는 자신의 성적 이미지를 이용해 상대 남자를 안달 나게 하죠. 그녀는 주인공에게 순수한 태도를 보이다가도, 다른 남자 앞에 서면 노골적인 모습을 드러냅니다.

부뉴엘은 순수와 타락이 종이 한 장 차이라는 걸 보여 주려는 감독에 가까워요. 타락의 기호들이 명백히 나빠 보인다면, 순수함 역시 알고 보면 위선적이고 속물적인 기호일 수도 있다는 겁니다. 그래서 부뉴엘의 영화에선 옷차림이 중요한 요소로 다뤄지곤 합니다. 옷차림은 인물의 기호를 규정할 뿐 아니라, 또 그것을 통해 상대를 인식하게 하죠. 말씀하신 남녀의 구도는 순수함과 타락의 대비, 여자와 남자의 대비일 따름입니다. 그 기호들이 뒤섞이고 역전되는 것이야말로 부뉴엘의 관심사였죠. 그러니 표면적 대립 구도만 보지 마시고, 그들이 역전되고 뒤엉키는 상황들을 들여다보셨으면 좋겠습니다.

감독이 영화를 통해 종교를 비판하고 조롱하려는 뜻에 저는 반대해요. 또 종교를 성적 판타지로 풀어내는 방식도 부적절해 보입니다.

부뉴엘 감독이 종교를 전면적으로 반대한 건 아닙니다. 그 본인도 가톨릭의 영향 아래에서 성장했는걸요. 또 질문자께서는 감독이 '종교를 성적 판타지로 풀어냈다.'라고 말씀하셨는데요, 일단 어떤 대상을 비판하려면 거기에 매혹돼야 해요. 대뜸 보자마자 생리적으로 '저건 무조건싫다.'라고 생각하는 사람이, 그 대상을 제대로 비판할 수 있을까요? 어떤 대상에 흠뻑 빠져 본 사람만이 안팎을 넘나들며 잘 비판할 수 있어요. 부뉴엘 역시 종교라는 문제에 매혹됐을 거예요. 그런 매혹을 표현하면서 거리도 둬 보고, '드러난 게 전부는 아니다.'라고 말할 수 있었던 거죠. 그렇게 그는 종교라는 절대적인 성역을 꼬집은 겁니다. 최악의 비평은 제대로 알아보지도 않고 무작정 호불호만 던지는 거예요.

만약 선생님의 말씀대로라면 부뉴엘의 영화에는 어떤 철학적 의도가깔려 있나요?

초현실주의를 영어로 적어 보면 'surrealism'이죠. 앞에 붙은 'sur'에는 '어떤 대상을 넘어간다.'라는 뜻이 담겨 있어요. 초현실주의를 살필 땐결과물만 보면 안 돼요. 결과만 보면 무척 괴상하죠. 현실을 넘어섰으니까요. 우리가 어떤 작품에 대해 초현실적이라고 말하려면, 먼저 그 작가의 내면을 잘 들여다봐야 해요. 초현실주의자들은 위대한 작가가 되려면 오만 가지에 대해 모조리 써내야 한다고 생각했어요. 아무런 자기 검열 없이 말이죠. 자동기술법은 그중 대표적인 방법입니다. 문장이 길든 짧든 아무 개연성이 없어도, 검열 없이 그저 쭉 나열하는 거예요. 이건 '진정 정직하게 쓸 수 있느냐, 없느냐?'의 문제예요. 예쁘게 쓰려는 것 자체가 타인의 시선을 의식한 거죠. 다른 사람을 흉내 내면 인정받을 순 있어도 독창적인 작가는 될 수 없어요. 부뉴엘의 영화를 보면, 아직 검열을 모르는 꼬마가 그런 그림을 들여다보는 것 같아요. 한번 생각해 보세요. 어린아이들은 말장난을 곧잘 해요. 죽은 딱정벌레, 돌멩이, 이런 걸 가져와서 상자에 넣어 둬요. 엄마가 이게 뭐냐고 물어보면 "이건 왕자님이고, 이건 말이야." 이러죠. 이게 바로 초현실주의 세계예요. 아무런 규정이 없어요. 초현실주의는 심오하고 멋있는 게 아니에요. 자기 내면의 무의식을 솔직하게 끌어내는 겁니다. 바닥까지 내려가 정직하게 얘기하는 거예요. 진짜 내가 원하는 것을요. 그래서 초현실주의, 20세기 이후에 나온 작품들을 보면 좀 힘들어요. 우리가 보기에 분노나 정신병 같은 것들이 예술이 된 거예요.

「비리디아나」를 보면 감독이 자꾸 발을 클로즈업하던데요, 특별히 발을 모티프로 삼은 이유가 있나요? 원장 수녀와 걷는 장면, 숙부가 하이힐을 신어 보는 장면, 소녀가 줄넘기하는 장면, 숙부가 목을 매는 장면…… 그저 특수한 영화적 장치인가요, 단순히 감독의 페티시인가요? 부뉴엘의 영화를 보면, 유난히 발에 대한 페티시가 강하게 드러나요. 발에 환장한 남자 이야기를 영화화한 적도 있죠. 부뉴엘에게 왜 그런 페티시가 있느냐는 질문보다는, 다르게 생각해 보기로 해요. 아까 제가 페티시는 누구에게나 있는 거라고 말씀드렸죠. 대부분 근엄한 예술가들은 그런 사실을 숨겨요. 절대 안 다루죠. 괜히 사람들이 자신을 이상한 놈이라고 생각할까 봐 그러는 거예요. 그런데 부뉴엘은 여과 없이 전부 보여 주죠. 비리디아나가 몽유병 증상을 보일 때도 숙부가 그녀의 다리를 노골적으로 쳐다보는 장면이 나와요.

인간의 가장 큰 문제가 개념을 절대화하는 거예요. '열 번 찍어 안 넘어가는 나무 없다.'라는 말은, 오늘날 같으면 스토커로 규정되겠죠. 용어를 정확하게 사용해야 해요. 용어 하나로 의미가 완전히 달라지니까요. '알레고리'라는 말을 들어 보셨죠? 발터 벤야민은 이걸 가리켜 '어떤 전체를 해석할 수 있는 여지가 담긴 것'이라고 정의했어요. 가령 남편이나 애인이 죽었다고 해 봐요. 그가 내게 봉투를 남겼는데 밤 한 톨이 들어 있는 거예요. 그럼 그 밤을 가지고 전체 의미를 떠올려 보겠죠. 이럴 때 그 밤이 알레고리적 대상이 되는 겁니다. 사람마다 전체 역사를 투영하는 어떤 특별한 사물을 간직하고 있어요. 그게 알레고리죠. 설령 부뉴엘에게 '다리 페티시'가 있다고 해도 그건 변태적이고 이상한 게 아니에요. 거기엔 분명 부뉴엘만의 경험이 담겨 있을 거예요. 여러분에게도 그런 게 틀림없이 있어요. 달리 보면 개성인 거죠!

이 영화에서 가장 인상 깊게 본 장면은 수레에 끌려가던 개와 거의 끝부분에 부랑자들이 개판을 치던 모습입니다. 먼저 수레 장면을 보면, 개를 파는 사람이 이렇게 얘기하죠. "먹이를 줄이면 사냥을 더 잘해요."라고요. 마찬가지로 부랑자들도 최소한의 호의만 베풀었을 때에는 고마워하다가 막상 고삐를 놔 주니 사악한 본성을 드러냅니다. 어쩐지 좀 슬펐습니다. 힘없고 못 배우고 나쁜 성격을 지닌 사람들을 통제하려면 '죽지 않을 만큼만' 도와줘야 한다는 것 같아서요. 인간을 이런 관점에서 보게 돼 슬픕니다. 어떻게 생각하시나요?

영화가 다룬 맥락은 정반대예요. 우리는 '힘없고 가난한 사람들은 무조건 착하다.'라는 테제에 빠지기 쉬워요. 부자가 나쁘다는 통념처럼, 가난하고 힘없으면 무조건 착하다는 생각 또한 통념이라는 사실을 부뉴엘은 건드리고 있는 거예요. 그럼 이제 질문자가 걱정하는 건, 혹시 이런 시각이 지배자들의 관점을 대변하는 게 아니냐 하는 거겠죠. 그건 부뉴엘이 원한 게 분명 아닐 거예요. 부뉴엘은 다른 작품에서 부르주아를 다루기도 했죠. 『씨네상떼』에 나온 「부르주아의 은밀한 매력」 같은 영화를 보면, 부르주아조차도 이런저런 모습을 지니고 있어요. 이런 모순은 이 영화에 나오는 부랑자들도 가지고 있죠. 성직자든 누구든 인간이라면 누구나 위선적인 모습을 가진다는 겁니다.

약자나 소수자는 (약하고 소수이기 때문에) 선할 수밖에 없다는 진영 논리가 생기기도 해요. 그런데 이러한 논리가 더 위험할 수 있죠. 그들을 위하는 게 아니라, 그들을 비좁은 테두리 안에 가두는 일이니까요.

여주인공 비리디아나가 끝내 도박판으로 찾아왔을 때, 저는 그녀의 표정에서 이런 걸 느꼈습니다. 그러니까 그녀가 강간과 폭력을 당하는 순간에 예수의 말씀처럼 왼뺨을 맞으면 오른뺨도 내줬어야 했는데 그러지 못했다는, 즉 자비와 사랑을 실현하지 못했다는 죄책감이 묻어나는 듯했습니다. 이를테면 '종교의 핵심'에 이르지 못해서 말입니다. 그래서 그런 실망 가득한 표정을 지은 것 같은데, 어떻게 생각하세요?

너무 멀리 나가신 것 같아요. 비리디아나가 엄청난 성녀가 됐다는 가정 하에서만 가능한 논리일 듯싶네요. 물론 이 영화엔 그런 실망감이 표현 돼 있어요. 그런데 비리디아나는 호르헤의 방에 가기 전에 단장을 해요. 그녀는 영화 전반부에선 꾸미거나 단장을 한 적이 없어요. 방에서 십자 가랑 가시 면류관만 만지작거렸죠. 그러던 사람이 차려입고 나섰단 말입니다. 이걸 좀 극단적으로 해석하면, 그녀가 완전히 넋을 놔 버리고 남자를 찾아갔다고 볼 수 있어요. 하지만 그걸 종교적 핵심에 이르지 못해 다시 도전하는 모습이라고는 볼 수 없어요. 앞서 언급했던 부뉴엘의 다른 작품 「나자린」을 보면, 주인공 신부의 종교적 시도가 성공적으로 마무리돼요. 「비리디아나」는 다릅니다. 인간에 대한 실망감이 이 영화 전체에서 반복적으로 나타납니다. 저는 질문자께서 비리디아나를 지나치게 이상적으로 생각하신 게 아닐까 싶습니다.

2 금기에서 삶으로

왜 우리는 종교를
허위라고 말하지 못하는가?

저희가 고른 네 편의 영화를 미리 본 분이 있다면, '에이, 별로 세지 않네.'라고 생각하는 사람이 분명 있을 겁니다. 실제로 저런 의견을 주신 분들이 많았어요. 그러면 안 되는데, 큰일이에요. 아니, 어쩌면 여러분들이 금기에서 그만큼 자유로워졌다는 좋은 징조일 수도 있겠네요. 그렇습니다. 사실 우리가 이 책에서 다룬 영화들은, 솔직히 말하자면 그렇게 센 것들이 아녜요. 지극히 정상적인 영화들입니다! 여러분이 집에서 몰래 봐 오던 '동영상' 수준이 아니라고요. 이렇게 무던한 영화인데도 '체제'는 검열을 해 댔죠. 앞으로 이야기할 영화도 그래요. 영화 「비리디아나」를 만든 부뉴엘 감독은요, 살짝 기괴한 그림으로 유명한 화가 살바도르 달리랑 친구였죠. 그 두 사람이 영화를 만들기도 했어요. 그러니 얼마나 재미없었겠어요? 「안달루시아의 개」라는 영화가 그중 하나죠. 거기선 칼날로 눈동자를 베는 장면이 나와요. 그런 영화를 누가 보겠어요?

초현실주의 영화는 먼 나라 이야기를 그려 보여 주는 게 아녜요. 가령 우리 내부엔 '옷을 벗고 다니고 싶다.'라든가 '어떤 놈을 때리고 싶다.' 같은 무의식이 있잖아요? 그처럼 무의식중에 떠오르는 충동을 실현시키려는 것, 그게 초현실주의입니다. 꼰대 노릇을 하는 답답한 선배를 때리고 싶은 순간, 머릿속에 어떤 장면이 스치는 거죠. '그래, 내가 한 대치니까 선배의 코에서 피가 흐르고…….' 그런 상상에 빠져 있다가 정신을 차렸는데도, 선배는 여전히 잔소리를 해 대며 내 앞에 앉아 있는 거예요. 그러니까 초현실주의는 저런 심상을 작품으로 만들어 내는 거죠. 우리는 자신이 진짜로 원하는 것을 실현하려고 하면 '위험'하니까 누르고 억압해요. 초현실주의는 그런 우리의 무의식을 다뤄요. 부뉴엘 감독은 저러한 자장 속에서 영화를 많이 제작했죠.

「비리디아나」는 오랫동안 스페인에서 상영되지 못했어요. 스페인에선 아직도 가톨릭이 지배적이죠. 이 영화는 거기에 반기를 들었고, 아마 그 때문에 상영을 금지당했을 겁니다. 일단 가톨릭이 어째서 이 영화

를 금지했는지, 그걸 먼저 생각해 보세요. 사실 「비리디아나」에는 종교와 관련된 자극적인 장면이 딱히 없어요. 그래도 전반적인 논리가 위험하다는 이유로 스페인에서는 상영 금지됐죠. 우리나라에는 종교의 자유가 있죠? 그래서 이 영화를 보고 나면, 도대체 이게 왜 상영 금지되었는지 궁금할 거예요. 이렇듯 한 나라나 지역, 아니 집단이 하나의 종교로 무장하면 위험해져요. 다원화된 사회와 독재 사회를 비교해 봐도, 독재 체제는 자신들의 권력을 유지하기 위해 다양한 의견들을 원천 봉쇄하려는 경향이 강합니다.

금기를 떠나 이 영화는 지금 봐도 세련되고 멋진 작품이에요. 아마 여러분도 이 영화를 보시면 부뉴엘 감독을 좋아하게 될 거예요. 묘한 매력이 있어요. 기막힌 농담, 재치, 그런 것들 말예요. 일단 이 영화는 '종교'라는 금기를 다룬 영화라서 골라 봤어요. 그런 영화들 기억나죠? 수녀가 임신한다거나 사찰에 비구니와 비구만 있는데 사람 수가 자꾸 늘어난다든가 하는 영화요. 사실 승려, 신부, 수녀…… 종교인이기 이전에 남녀인데 성욕이 있는 건 지극히 정상적인 거예요. 안 그래요? 그냥 가만히 있는 게 이상한 거죠. 「비리디아나」를 통해 종교에 대해 생각해 봤으면 좋겠어요. 종교가 우리에게 커다란 안식을 줄 것 같지만 실은 그렇지 않다는 걸요.

제가 경험했던 이야기를 들려줄게요. 종교에 귀의하는 사람들을 만나 보면, 그들이 세상을 떠나게 된 계기는 대부분 연애에 실패했기 때문이에요. 물론 여기서 연애의 대상은, 남녀 관계에 국한되지 않아요. 어머니, 아버지일 수도, 선생님이나 반려동물일 수도 있어요. 어쨌든 연애에 실패해 쓰디쓴 고통에 빠진 순간, 그들은 종교에서 '영원히 자신을 배신하지 않을 존재'를 찾게 되는 거죠. 그래서 교회에 목매는 사람들의 상태가 안 좋은 거예요. 착시 효과죠. 그저 기도만 하면 하나님이 내 곁에 있을 것 같거든요. 또는 미륵불이 있을 것 같고요. 그래서 종교 속에 묘한 에로티시즘이 남아 있는 거예요. 그런 데에 빠지다니, 뭐랄까 어린애 같아요. 가령 시장에 갔는데 어머니랑 잠깐만 떨어져도 버림받은 것 같은 기분을 느끼는 어린애들이 있어요. 바로 이런 사람들이 종교를 가져요. 그러니까 교회에 가서는 절대로 애인을 만들지 마요. 만약 그 사람과 사귀려면 교회에서 데리고 나와야 해요. 종교를 없애야 정상이 돼요.

자본주의,
21세기 종교

먼저 주목해야 할 부분은 비리디아나가 예비 수녀라는 자기 처지에 걸맞지 않게 무의식적이나마 왕성한 성욕을 표현한다는 점이에요. 영화 전반부에서부터 비리디아나가 죽은 숙모의 드레스 위에 재를 뿌리는 장면이 나와요. 그건 숙부에게 '죽은 숙모 따위는 생각하지 말고 나를 좀 봐요.' 하고 유혹하는 거예요. 숙모의 자리에 들어가려는 그녀의 욕망이 엿보이죠. 끝내 비리디아나는 머리카락을 풀어헤치고 호르헤를 찾아가고 맙니다. 그리고 이 영화는 일종의 역사 철학서 같다는 느낌도 들어요. 이를테면 중세 시대와 현대, 혹은 전(前)자본주의 시대와 자본주의 시대 사이에 질적 차이가 존재한다는 것을 알려 주는 역사서이지요. 예비 수녀가 수녀의 지위를 포기하면서, 그렇게 갑자기 근대적으로 변하면서 욕망도 중세적 욕망에서 자본주의적 욕망으로 바뀝니다. 또 한 가지 주목해야 할 점은, 부뉴엘 감독이 장난꾸러기라는 사실이에요. 패러디의 귀재죠. 최근에 물의를 일으킨 한 작가처럼 표절은 아니고요, 패러디, 플러스 오마주랄까요? 특히 '최후의 만찬 신'은 압권이죠.

전반적으로 이 작품은 일종의 역사 철학으로 읽혀요. 어쩌면 숙부는 사탄 역할이라고 볼 수도 있죠. 유서를 쓸 때 그의 미소를 보셨죠? '나를 떠나 봐라, 고생할 거다.' 이거죠. 이브를 꾀는 사탄인 겁니다. 부뉴엘은 이런 온갖 일들을 겪다가 자본주의에 귀의하는 비리디아나의 모습을 그렸어요. 종교에 대한 패러디도 있어요. 내가 사랑하면 그만큼 사랑을 받아야 하는데, 수녀로서 도움을 주었던 부랑자들이 외려 그녀를 겁탈하려고 달려들죠. 그때 사촌 호르헤가 돈으로 유혹하는 장면을 보셨죠? 돈을 줄 테니 비리디아나를 겁탈하지 말라고 제안하는 겁니다. 돈이면 다 해결된다는 만고불변의 진리를 가르쳐 주죠. 신만 가지고는 안 되니까요. 그게 자본주의예요. 이걸 너무 무겁게는 안 보셨으면 좋겠어요. 부뉴엘은 장난꾸러기이고 금기를 어떻게 다뤄야 할지 잘 아는 사람이에요. 금기를 심각하게 다루면 오히려 금기를 확장시키게 된다는 사실 또한 잘 알고 있었죠. 금기는 심각해지면 극복할 수 없지만, 희화되면 쉽게 뛰어넘을 수 있는 법입니다.

마지막 장면에서 비리디아나의 욕망 어린 눈동자를 보셨나요? 카드놀이는 무슨 카드놀이예요? 여하튼 숙부는 비리디아나가 나타나면 하녀 라모나를 내보냈어요. 그런데 호르헤는 하녀를 내보내지 않고 함께 카드놀이를 즐기죠. 계급이 있는 중세적 질서에서 자본주의로 넘어온 거예요. 비리디아나와 걸인들이 열심히 기도하는 장면과 분주한 건설 현장의 모습이 계속해서 교차되는 대목을 기억하시나요. 그냥 퍼 주는 자선과 돈을 주고 일을 시키는 계약 관계의 대비가 명확히 드러나는 부분이에요. 두 세계가 대조되며 격렬하게 움직여요. 이 영화를 잘못 보면 자본주의를 옹호하는 것처럼 보여요. 중세적 질서에 있어 봤자 왜곡된 세계, 사랑을 받으려고 자선을 베풀어 봤자 결국 아무것도 남지 않는 세계에 머무는 것이니까요. 허위죠. 자본주의로 넘어가면 문제가 달라져요. 부뉴엘 감독이 자본주의적 삶을 어떻게 해석하는지 자세히 들여다봐야 해요. 마지막에 패를 돌리는 장면에도 장난기가 녹아 있어요. 신분 질서가 붕괴하고, 누구에게나 패가 돌아가는 모습에 비리디아나는 당혹스러워하죠.

자본주의는 원래 그래요. 패를 돌리다가 돈을 따면 그만이니까요. 그때 호르헤가 비리디아나에게 "당신과 함께 카드놀이를 하게 될 줄 알았나."라고 말하죠. 영화 중간에 걸인이 비리디아나를 추행하는 장면에서도 호르헤는 돈으로 위기를 모면하려고 해요. 돈의 힘이 강력하게 그려지죠. 신이 바뀐 거예요. 이제 돈이 신이 된 겁니다. 따라서 패를 돌리는 장면은 자본주의라는 신을 경배하는 장면이기도 해요. 직장이 뭐예요? 교회랑 똑같지 않나요? 자본주의라는 신한테 은총을 받으려고 출근하는 거죠. 한 달 동안 경건한 생활을 하다 보면 은총이, 그러니까 월급이 툭툭 떨어지잖아요. 자본주의의 매력은 이익이 바로바로 나온다는 거예요. 죽은 다음에야 천국에 간다는 기독교보다 낫죠. 신을 버리고 돈에 귀의한 비리디아나의 절절한 모습이 기억나시나요. 비리디아나가 머리를 풀고 사촌 호르헤의 방에 왜 들어갔겠어요? 유혹하려고 간 거죠. 그런데 느닷없이 패를 돌리재요.

비리디아나, 한때는 수녀였고 이젠 요부가 된 그녀의 욕망은 충족이 안 돼요. 숙부는 죽고, 호르헤는 패만 돌리고……. 저는 이 영화를 보면서 너무 즐거웠어요. 이처럼 초기 부뉴엘 감독의 영화엔 재기가 넘쳐요. 가볍고 경쾌하고 많은 것들을 다뤄요. 특별히 종교적 금기만을 다루진 않았다고 봐요. 다만 종교의 저변에는 어떤 욕망, 동물적 욕망이 끓고 있다는 걸 보여 준 거죠. 물론 자본주의도 그렇지만요. 인간의 유구한 욕망을 말하죠. 욕망의 대상은 변할 수 있지만, 인간의 욕망 자체는 변하지 않는다는 겁니다. 마치 물이 둥근 그릇에 담기면 둥글어 보이고, 네모난 그릇에 담기면 네모나게 보이는 것처럼 말이지요. 이처럼 유동적이고 가변적인 욕망, 이것이 새로운 욕망의 대상으로 금방 갈아탈 수 있다는 것을 보여 주는 부분에서, 우리는 부뉴엘 감독의 유머러스한 냉소주의를 직감하게 되지요.

전자본주의 시대에서 자본주의 시대로 변하면서, 욕망은 더욱 뒤틀리고 변형됐죠. 영화 첫 장면에 나오는 대사를 보셨나요? 수녀원에 들어간다고 말해야 숙부가 자신한테 관심을 가지게 된다는 말! 그러니까 그녀의 욕망은 숙부에게 사랑을 받는 것이었지요. 그래서 숙부가 죽으니까 그녀는 수녀원으로 돌아가지 않은 겁니다. 더 이상 그곳에 있을 이유가 없어진 셈이지요. 저 같으면 '감사합니다!' 하고 숙부의 재산을 몽땅 챙겨 수녀원으로 돌아갈 텐데 말입니다. 그런데 숙부보다 '더 젊고 싱싱한 것'이 나타나죠. 사촌 호르헤 말이에요. 또다시 비리디아나는 수녀복을 벗고 머리를 풀게 됩니다. 호르헤에게 사랑받으려는 것이지요.

히스테리,
여성의 뒤틀린 욕망

비리디아나는 사랑받겠다는 욕망을 가진 인물이에요. 가부장제 사회엔 하나의 공식이 있는데요, 라캉이 이야기한 거랍니다. 아직도 유효한 공식이죠. 그는 '여자는 히스테리 환자고 남자는 강박증 환자다.'라고 말했어요. 진짜 맞는 말이에요. 히스테리라는 단어의 어원은 '자궁'이에요. 엄마 말을 잘 듣던 아이가 갑자기 짜증을 내는 거 있죠. 그런 게 바로 히스테리입니다. 히스테리에 걸리는 사람의 특징은 타인의 욕망만 중시하고 자신의 욕망을 억누르는 데에 있어요. 참고 참다가 갑자기 자신의 욕망이 확 올라오는 거예요. 바로 이럴 때를 가리켜 '히스테리를 부린다.'라고 말하는 겁니다. 히스테리가 유독 여자들에게 많이 나타나는 것도 그 때문입니다. 타인의 욕망을 자신의 욕망이라고 굳게 믿다가 갑자기 자신의 진짜 욕망을 발견하는 거예요. 반면 남자는 강박증이에요. 자기 욕망만 중요하다고 여기죠. 가족끼리 산에 가 보면 정확히 알 수 있죠. 오히려 딸들이 항상 산을 잘 올라요. 가족들한테 폐를 끼치지 않으려고 그러는 거예요. 그렇게 일주일만 같이 산을 타면 여자는 이틀 만에 망가지죠, 체력을 다 써 버려서. 직장 생활을 할 때도 은근히 여자가 더 과로해 가며 일해요. 그런데 남자들은 등산을 하다가 힘들면 중간에 퍼져요. 그러고는 아버지한테 이러겠죠. '아우 씨발, 존나 힘들잖아!' 그러면 가족들이 달래요. 그렇게 법석을 놓아도 남자는 쫓겨나지 않아요. 그게 다 가부장제 때문이에요. 그래서 여자들은 집안일을 도우며 부모의 욕망을 잘 맞춰요. 하지만 아들은 안 그래요.

여자는 자기만의 욕망을 발견할 때 가장 중대한 문제와 맞닥뜨리게 돼요. 가령 여자들은 처음 연애할 때 별 생각이 없는데도 남자 친구가 원하니까 키스를 받아 주죠. 그런데 나중에 키스를 하고 싶은데 남자 친구가 키스를 안 해 줘요. 그럼 히스테리가 시작되는 거예요. 반대로 남자의 문제는 타인, 즉 여자의 욕망에 직면할 때 찾아옵니다. 키스를 수동적으로 받아들이던 그녀가 갑자기 키스를 하려고 덤벼드는 것이지요. 강박증의 출현이지요. 연애하자마자 남자랑 헤어지는 방법이 뭔지 알아요? 여자가 먼저 키스하려고 달려드는 거예요. 아니면 자꾸 남자의 넓적다리를 쓰다듬거나…… . 그럼 남자가 도망가요. 남자는 여자가 들이대면 무서워해요. 가령 성추행범을 쫓아내려면 어떻게 해야 할까요? 먼저 그 사람의 바지를 벗겨 버려요. 그러면 '헉, 뭐야?' 하면서 도망가요. 여자가 먼저 욕망을 드러내면 남자는 무서워하고 도망가죠. 이게 라캉의 주장이에요.

여주인공 비리디아나 역시 전형적인 히스테리를 앓고 있어요. 자기가 원하는 것을 계속 숨겨요. 그녀가 아무리 중세 가톨릭을 포기하고 자본주의로 넘어갔다 해도, 과연 행복할지는 잘 모르겠어요. 행복은 자신의 욕망을 부정하지 않고 관철시킬 때에만 가능하기 때문이지요. 원하던 남자를 얻거나, 아니면 원하던 섹스를 했을 때 행복을 느끼지 않겠어요? 그러나 비리디아나는 자신의 욕망에 솔직하지 못해요. 오밤중에 숙부 방으로 가서 숙모 옷에다가 재나 뿌리고…… . 무의식적 욕망의 표현이었던 셈이지요. 그런데 비리디아나의 이런 행동에는 '죽은 사람일랑 잊어버리고, 살아 있는 나를 보세요!'라는 뜻이 담겨 있어요. 그냥 말로 하면 될 것을 저렇게까지 하는 거예요. '당신과 자고 싶어요.'라고 하면 될 것을……. 물론 예수든, 삼촌이든, 사촌이든, 오직 타인의 욕망에 자신을 맞추려고 했기에 비리디아나는 자신의 욕망을 노골적으로 피력할 수 없었던 겁니다.

중세적 가톨릭 질서를 부정하고 현대적 자본주의 질서를 보여 준다고 해서, 부뉴엘 감독이 자본주의를 옹호하는 건 아니에요. 카드놀이를 하며 패를 돌릴 때 반드시 필요한 전제가 뭔지 아세요? 바로 판돈이 있어야 한다는 겁니다. 자본주의 사회는 누구나 낄 수 있는 만만한 도박판이 아니에요. 가부장적 사회에서 압도적 지위가 남성에게 부여된다면, 자본주의 사회에서는 그런 힘이 자본가에게 주어질 겁니다. 그러니 여자든 남자든 너나없이, 모든 인간은 (자본주의 사회 속에선) 일종의 히스테리 경향을 띠게 돼요. 자본가의 눈치를 봐야 하니 말입니다. 회사가 원하는 게 아니라 노동자로서의 자기 욕망을 발견할 때, 직장 남성과 직장 여성은 모두 히스테리 증상을 보일 겁니다. 반대로 자본가는 강박증적 경향을 보이겠지요. 자신의 말만 듣고 자기 욕망만을 따르던 노동자들이 그들만의 욕망을 표출할 때 말입니다.

부뉴엘은 영화를 거침없이 만드는 것 같아요. 그런 장난기가 너무 좋아요. 우리가 이 영화에서 종종 놓치는 건 자본주의적 욕망이라는 한 축이 있다는 사실이에요. 공사 현장과 기도 광경을 마구 넘나들던 신을 기억해 보세요. 사실 일하고 돈을 받는 사회가 공정하죠. 하지만 묘해요. 사람들은 또 그런 '공정함'을 별로 좋아하는 것 같지 않아요. 도박판에 패를 돌릴 줄만 아는 자본주의도 좋은 건 아니니까요. 그렇게 인간의 욕망은 삐거덕거리고, 비리디아나의 운명도 행복할 것 같지 않아요. 언제쯤 그녀는 자각하게 될까요? 남자와 자고 싶다는 자신의 욕망을,

힘 있는 남자로부터 안전을 확보하려는 자신의 욕망을……. 그래서 비리디아나는 숙부가 가장 원하는 모습에 계속 맞춰 주려고 하고, 호르헤가 바라는 모습에 결국 자신을 맞추고 마는 히스테릭한 면모를 보이는 겁니다. 그래요, 우리 모두는 성별에 관계없이 비리디아나인지도 모릅니다. 모두가 히스테리 증상을 가지고 있는 거지요.

삶에 묻다

혹시 비리디아나에게는 성적 욕망보다 종교가 더 필요했던 게 아닐까요? 그녀가 마지막 장면에서 사촌 호르헤를 찾아간 것은 성적 욕망 때문이 아니라 세상이 허무하고 무서워서 보호받고 싶었기 때문이라고 저는 생각합니다. 그것은 종교에 의탁할 때보다 훨씬 더 위험한 심리인 것 같은데요. 따라서 비리디아나는 종교적 신념을 가졌을 때 훨씬 행복해 보입니다. 호르헤를 찾아갔을 땐 거의 좀비 같은 몰골이었으니까요. 종교 속에서 비리디아나는 진취적이고 열정적인 모습이었으나, 호색한의 방을 두드리게 됐을 즈음엔 더 이상 주체적으로 살아갈 수 없음을 인정한 패잔병 상태였습니다.

원래 이 영화의 마지막 신은 지금과 달랐어요. 하녀가 나오지 않았답니다. 비리디아나가 머리를 풀고 남자의 방에 홀로 들어가는 게 끝이었어요. 그런데 시나리오를 검열하는 단계에서 문제가 제기됐죠. 수녀가 어떻게 남자만 홀로 있는 방에 들어가느냐며 스페인 당국이 퇴짜를 놓았죠. 이런 비하인드스토리를 고려하면, 질문자의 생각과 달리 생각하게 됩니다. 이때 잊지 말아야 할 점은 삼촌이든 사촌이든 모두 나름 혈족이라는 겁니다. 그러니 사촌 방에 머리를 풀고 들어갈 수 있다면, 숙부 방에도 들어가지 못할 이유가 없는 거죠. 단지 숙부 방에 들어가지 않았던 이유는 숙부가 숙모를 잊지 못하고 있기 때문이었죠. 하지만 비리디아나는 죽은 숙모의 옷에 재를 뿌리는 행위를 통해 자신의 욕망을 무의식적으로나마 표현한 셈입니다.

사실 사랑과 섹스 같은 것을 하나의 키워드로 축약하자면 '위험'의 문제라고 할 수 있어요. 나는 당신을 안전하게 할 수 있는 사람이라는 걸 상대방에게 피력하는 게 사랑이죠. 그렇지만 어떻게 이 다짐을 믿을 수 있나요? 그러니 사랑은 아무리 노력해도 완화되기 어려운 위험 상태라고 할 수 있지요. 그래서 인간은 가장 안전한 사랑의 대상으로서 신을 만들어 낸 것 같아요. 어디에나 편재하고 항상 기도에 응답하는 신이 대개의 경우, 자기 곁을 지켜 주지 않는 사람보다 훨씬 더 안전한 애인일 테니 말이죠. 질문자들 중에 교회에 다니는 분들 있죠. 그런데 이걸 어쩌죠, 다람쥐는 교회에 안 가잖아요. 다람쥐보다 못 해서야 되겠어요? 왜 그런 촌스러운 생각을 아직도 하는지 모르겠어요. 우리의 삶을 스스로 아끼게끔 하는 인문학적 사유는요, '자신을 감당해 내는 법'을 가르쳐 줍니다. 제 제자들을 보니, 정말 불행하게도 교회에서 결혼식을 올리곤 하더라고요. 그 교회의 예식장에 가 보면, 목사가 하는 주례사가 가관이에요. 목사의 주례사는, 한마디로 저주처럼 들리거든요. 하나님이 이 결혼을 지켜보고 있고, 영원히 감시할 거래요. 무섭죠? 그 정도면 저주예요. 내가 주례를 맡는다면 '사랑할 때까지만 살면 좋겠다. 먼저 사랑하지 않게 된 사람이 상대에게 말을 해 줬으면 좋겠다.'라고 일러 줄 거예요. 사랑하지도 않는데, 지지부진하게 10년, 20년씩 이어 가는 관계는 상대의 인생을 좀먹는 거랑 같아요.

결혼을 왜 해요? 결혼은 '부르주아 제도'예요. 상대의 '성기'에 대한 독점적 소유권을 주장하는 거예요. 차라리 연애만 하든가, 쿨하게 헤어지든 해야죠. 나중에 이혼하더라도 위자료를 받으면 괜찮다고요? 여러분의 10년, 20년 세월을 1억, 2억에 팔래요? 그런데 대부분 팔아 버리고 말죠. 지금까지 자신의 성기를 사용해 온 사용료를 모두 받아 내는 겁니다. '애용해 주셔서 감사합니다.' 하면서요. 이게 마지막 자존심인데도 품위를 지키긴 힘들죠. 오만 가지 얘기를 다 하죠. 돈 몇 푼으로 뭘 하려고 그래요? 순간적으로 보면 돈을 받는 게 좋긴 해요. 그게 바로 자본주의 사회의 딜레마입니다. 아무튼 여기에 계시는 분들은 가급적 교회 같은 덴 가지 마세요. 사찰이나 교회는 한여름에 무더위를 피하러 가세요, 그것만으로도 충분한 곳이에요. 절대자를 믿는다는 건 여러분 자신의 삶을 굉장히 어린애처럼 만드는 행위입니다. 신만큼 여러분을 아껴 주는 존재는 없죠. 따라서 신과 비교될 만한 남자, 여자는 이 세상에 없습니다! 아무도 못 만나요. 독실한 종교인이라면 결혼하지 마세요. 그냥 하나님과 순수한 사랑이나 나누세요. 아가페(αγάπη)를 하며 살아요. 모든 신은 강한 남성성을 가져요. 내 남자 친구는 늘 바쁘다 하고, 다른 사람한테 눈도 돌려요, 사람이니까. 그러니 인간한테는 아무리 기도를 해도, 내게 완전히 오지 않죠. 그런데 신은 기도만 하면 내 옆에 있어 줘요. 그런 느낌을 받으니 종교에 귀의하죠. 여러분, 자신이 직면한 현실을 응시해야 합니다.

이제 대답이 됐나요? 종교에 귀의할 때 비리디아나는 '결코 배신하지 않는 남자', 즉 신을 사랑한 겁니다. 정말 순진하고 유치한 생각이죠. 반면 사촌 호르헤의 방으로 들어갔을 때, 그녀는 '언제든 자신을 배신할수 있는 남자'를 사랑하려고 한 겁니다. 그때 비리디아나는 정숙한 수녀복을 차려입은 깔끔한 모습이 아니었죠. 풀어헤친 머리카락에, 잠옷을 걸치고 있었잖아요. 유혹당하는 존재가 아닌, 적극적으로 유혹하는 여자! 이건 비리디아나가 성숙했다는 증거입니다. 그런데 질문자는 이런 변화를 불행이라고 느끼시는 듯하네요. 아마 독실한 신자일 테죠. 앞으로 기도하지 마세요!

저는 제법 독실한 기독교 신자입니다. 기독교의 핵심은 순수한 사랑이라고 생각합니다. 하지만 현실에서 그런 사랑을 만나기는 거의 불가능하죠. 서로 알게 모르게 대가를 요구하니까요. 앞서 말씀해 주셨지만, 순수한 사랑에 대한 인간적 불가능성을 극복하기 위해 종교에 들어서는 사람들을 어떻게 생각하시나요?

순수하고 절대적인 신성을 모독해야, 복잡하고 상대적인 우리의 인간성이 회복되지요. 사실 순수한 절대성이 있다고 믿는 건 이상주의적 태도입니다. 가령 영화를 볼까요? 이상주의자의 눈에는 호르헤처럼 개에게 자비를 베푸는 게 맞습니다. 그런데 부뉴엘 감독은 바로 그 뒤에 서서 '불쌍한 개가 세상에 한 마리뿐이냐?'라고 투덜대며 순수한 절대성을 모독하죠. 순수성이 얼마나 깨지기 쉬운 것인지를 단적으로 보여 주죠. 그런 이상주의적 태도를 버리고 나면, 내 곁에 있는 사소한 사랑이 얼마나 소중한 것인지를 깨닫게 돼요. 더 큰 그림, 내가 만들어 낸 거대한 틀만 꿈꾸다 보면 오히려 그게 자신을 옥죄고 힘들게 하죠. 대기만성이라며 큰 그릇을 내다보지 마시고, 작은 간장 종지를 꿈꾸세요. 간장 두 종지만으로도 충분할 수 있어요. 종지에도 은근히 많은 걸 담을 수 있으니까요. 커다란 대야를 놓고 여기에 뭘 넣을지 고민하면 힘들어져요. 참기름을 넣자니 돈이 아깝고요. 차라리 그릇을 줄이는 게 좋은 방법이죠.

어렸을 적에 어머니랑 지낼 때, 저희 집에는 머리카락이 하나도 없었어요. 나중에 커서 결혼했더니 방바닥에 머리카락 천지였어요. 제 어머니가 지나치게 깨끗했던 거예요. 그 상태를 유지하려면 온종일 머리카락에만 집중해야 해요. 그러니까 우리 어머니는 쉴 새 없이 청소만 하신 거예요. 저는 그냥 더러운 상태를 즐겨요. 순수가 유지되리라는 생각을 하지 마세요! 순수는 순간적인 것일 뿐이에요. 그게 영원할 거라고 생각하지 마세요. 지나치게 깨끗함만 추구하려다 보니, 아예 자기 영역에 아무도 안 들이는 사람조차 있어요. 오직 자기만의 만족을 위해 순수를 지향하는 건 미친 짓이에요. 환대를 위해 순수를 추구해야 맞죠. '집을 깨끗하게 청소해서 친구가 편하게 지내도록 해야지.'라고 생각해야지, '집이 깨끗이 청소되었으니, 너는 함부로 어지럽히면 안 돼!'라고 하는 게 말이 되나요? 누군가가 오면 청소를 해야지 나 혼자 깨끗하게 있으려고 노상 쓸고 닦는다면 미친 거 아닌가요.

혼자 있을 때 어떻게 지내요? 사는 데 별 지장이 없다면, 그냥 모든 걸 대충 내버려 둬요. 너무 지저분해져 정상적인 생활이 힘들어지면, 그때 한 번에 몰아서 치우면 돼요. 그래서 개나 짐승이 편한 거죠. 나를 위한 청소만 하지 말고, 타인을 위해 청소하세요. 그러지 않으면 그때부터 종교가 탄생하는 거예요. 나만을 위한 청소, 나만을 위한 순수, 그것이 바로 종교의 감각이니까요. 물론 거기에도 일정 부분 균형이 있는 것 같아요. 순수가 정당할 때는 나 자신을 위할 때가 아니라 상대방을 아낄 때죠. 본래 청소는 더러워지라고 하는 거예요. 립스틱을 바르고 애인을 만났는데 뽀뽀도 못 하게 하면 대략 난감하죠. 키스하다가 입술에 립스틱이 번지려고 만나는 건데요. 또 아이가 새로운 마음으로 집 안을 어지럽히길 바라며 청소를 하는 부모가 돼야 해요. 아이한테 집에 오자마자 '발 씻어! 손 씻어!' 하면 그 애가 집에 오고 싶겠어요? 괴로울 뿐이죠. 타인을 위한 순수가, 결국 사랑이 아닐까 싶어요. 사랑엔 분명 순수의 요소가 들어가지만, 사랑 자체가 순수인 건 아닌 셈이지요.

『씨네상떼』에서 좀비 영화 「살아 있는 시체들의 밤」을 다룬 적이 있어요. 그때 '감염의 논리'에 대해 고민했었죠. '순수의 논리'를 논하면서 말이에요. 단순하게 정리해 보자면, 사랑이 싹트는 과정은 '더러워지는 것'이에요. 만지고 더듬고, 키스하고 침을 섞는 과정인 거죠. 따라서 사랑의 핵심은 서로의 더러움을 나누는 것이지요. 종교적 사랑의 위대한 부분은, 자신이 더러워지는 것을 감내할 때 나타나요. 순수하게, 절대적으로 표백된 사랑은 진짜 사랑이 아니죠. 감염되고 섞여야 해요. 의사가 환자를 사랑하려면 상처를 어루만져 주고, 접촉해야 하는 거잖아요. 그러지 않고 그저 관찰하고 실험만 한다면 어디 치료가 되겠어요? 그건 조사일 뿐이에요. 따라서 지대한 관심을 애정이라고 착각하면 안 됩니다. 요즘, 뭐랄까 좀 변태적인 시대가 됐어요. 반려견을 좋아한다면서 개털만 보면 기겁을 하고 호들갑을 떨죠. 이렇듯 표백된 사랑을 순수라고 보면 안 돼요.

참고로 메르스가 창궐한 이때야말로 상대의 사랑을 시험해 보기 딱 좋은 시기예요. '나 메르스에 걸렸는데 키스해 줘!'라고 해 봐요. 마르케스의 소설 『콜레라 시대의 사랑』을 한번 읽어 보세요. 콜레라가 창궐했는데도 사랑을 멈추지 않죠. 그러니까 마스크를 쓰고 '나 얼마 안 남은 거 같아, 키스해 줘!'라고 해 보세요. 키스 안 해 준다면 그냥 헤어지세요. 그렇게 하나하나 계산하면서 만나는 게 사랑인가요? 메르스에 걸린 자식이 뽀뽀해 달라고 그러는데, 불결하다고 안 해 줄 건가요? 분명 해 주겠죠. 사랑하면 할 수 있어요. 바로 그 순간에, 이를테면 가장 고된 시기에 자신이 어떠한 사랑을 하고 있는지 증명되는 거예요.

영화 「비리디아나」를 보니 '종교든 뭐든, 삶을 살아가는 데 위선이라는 게 어쩔 수 없이 필요하구나.' 하는 느낌을 받았습니다. 그런데 위선적으로 살 수밖에 없다고 생각하니, 좀 언짢기도 하고 괴로워요. 위선적이지 않으려고 노력할수록 위선적으로 변해 가는 듯싶기도 하고요. 선생님은 위선적으로 살지 않기 위해 특별히 어떠한 신념을 지니고 계신지요? 위선적이지 않으려면 어떻게 살아야 할까요?

인간은 적당히 위선적이고 적절히 위악한 게 맞아요. 관념이 앞서면 힘들죠. 관념이 생긴다는 건, 사실 인간은 선하지만 않다는 걸 반증하는 거예요. 오늘 본 영화의 감독 부뉴엘도 30년 동안 인간의 그런 면모를 지속적으로 건드려 왔죠. 위선적인 걸 직접 보여 주면 당연히 불쾌해요. 그게 인간이기 때문에 보여 주는 거예요. 이 영화를 볼 대상이 인간이 아니라 동물이었다면, 숙부가 조카를 탐하는 걸 보여 주지 않았겠죠. 그래서 '인간은 위선적이다.'라는 점에 대한 이해가 첫 번째로 필요한 거예요. 이제 두 번째로 필요한 건 솔직해지는 거예요. 위선적이라는 말 자체가 솔직하지 않다는 뜻이죠. 어떤 질문에 답하기 어려울 땐 어렵다고 말하면 돼요. 솔직한 게 제일 좋아요. 위선적으로 살지 않으려면 '나는 못생겼다.', '엄청 무식하다.' 그냥 있는 그대로 시인하면 돼요. 순간순간 닥쳐오는 감정을 솔직하게 인정하고, 더 나아가 그대로 행동할 수 있다면 정말 괜찮은 사람인 거죠. 어쨌든 완벽하게 위선적이지 않은 사람이 되긴 정말 어려워요.

그럼 우리가 위선적으로 사는 이유를 생각해 볼까요. 그건 우리가 약하기 때문이에요. 부모랑 어린 자식 중에 누가 더 위선적일까요? 자식이죠. 공부가 싫어도 좋아하는 척하고 그러잖아요. 약자가 더 위선적으로 살게 되는 거예요. 남한테 욕을 들어도 되고 인정을 안 받아도 되면 위선적이지 않게 돼요. 타인의 인정, 점수, 평가에 민감할수록 약자이고, 미성숙한 겁니다. '누가 감히 날 평가해?'라는 생각을 품고 있다면, 여러분은 완전한 자아를 가진 거예요. 불교에서는 이것을 가리켜 해탈이라고 하죠. 하루 세 번씩 욕을 먹는다고, 아니 아예 욕을 안 먹으면 귓속에 가시가 돋는다고 생각해 보세요. 그럼 건강한 자아가 돼요. 국가와 체제가 우리를 조련하는 방법이 무엇인 줄 아세요? 상과 벌입니다. 칭찬받고 싶어하고 욕먹는 걸 싫어한다는 점을 이용하는 거예요. 지금까지 그렇게 배워 왔잖아요. 부모, 국가가 원하는 것만 죽어라 하고 살잖아요. 미셸 푸코라면 이렇게 말했을 거예요. 타인의 칭찬에 기뻐하지 말고 남의 욕에 화내지 말라고요. 그럼 정말 완벽한 거죠. 이게 말처럼 쉽진 않지만요.

칭찬과 비판, 이 모든 것에 너무 큰 의미를 두면 안 돼요. 나보다 힘이 센 그들이 원하는 대로 하는 게 위선이에요. 그들이 바라는 대로 사는 것 말이에요. 욕먹는 게 두렵다고요? 처음만 힘들어요. 오늘 욕먹은 분,

여기에 계시나요? 어떤 욕을 들으셨나요? 좌우지간 욕먹었다고 상처받지 말아요. 전부 잊어야 해요. 무슨 말을 들었든 거기에 휘둘리면 안 돼요. 누가 혁명을 일으키나요? 어떤 의견에도 흔들리지 않고 굴하지 않는 사람들이죠. 강한 욕에 적응하고 나면, 약한 욕은 우습지도 않죠. 더 세진 상태, 그런 자아를 만들어야 해요. 그럼 성형 수술 같은 것도 안 해요. 쓸데없이 두꺼운 화장도 안 하게 됩니다. 말이 나와서 그런데요, 사실 화장이라는 것도 위선이 아닌가요? 집에 혼자 있을 땐 안 하고, 밖에 나갈 때만 화장하잖아요. 화장을 안 하고 나와도 당당하다면, 그게 건강한 거죠. 그 정도면 완전한 자아를 갖췄다고 볼 수 있어요.

민주 사회는 여러분이 원하는 것을 다 드러낼 수 있는 사회, 그러니까 위선이 없어야 하는 사회라고 할 수 있죠. 여러분이 원한다고 박근혜 정부가 갑자기 붕괴하지 않아요. 그러나 여러분이 자기 삶에 당당해지면, 권위적 정부도 차차 무너지게 될 겁니다. 그들이 여러분의 눈치를 살피게 될 테니까요. 사람들이 당당하게 살아가면 사회 질서가 엉망이 된다고 여기는 이들이 있어요. 그런 일은 없답니다. 중요한 건 우리가 당당해지느냐 그렇지 않느냐, 그거예요. 여러분 자신을 아껴요. 거꾸로 생각해 볼까요? 누구를 욕할 수 있고, 칭찬할 수 있는 사람이 돼야 해요. 가치 평가의 대상이 아니라, 가치 평가의 주체가 돼야 해요. 그러기 위해선 욕을 먹는 데 익숙해져야 해요. 기독교가 지배하는 유럽 사회에서 욕 먹을 각오를 하지 않았다면, 아마 니체는 『차라투스트라는 이렇게 말했다』를 쓸 수 없었을 거예요. 그러니까 니체는 아예 기독교인들이 내뱉는 욕에 연연하지 않았던 거예요.

종교는 하나의 제도, 기득권이기에 냉엄히 비판받고 해체돼야 마땅하다고 생각합니다. 하지만 자신을 불가항력적인 상태에서 구원해 줄 수 있는 어떤 힘, 비단 인격적 신으로서가 아닌 구원으로서 종교가 개인에게 나타날 수 있지 않을까요?

'원래 기독교는 그렇지 않았다.' 이런 말을 자주 듣죠. '원래 군주는 그러하지 않았다.' 이런 말도 마찬가지죠. 좋은 군주, 나쁜 군주를 가리는 데 문제가 있는 게 아니에요. 군주제가 없으면 나쁜 군주가 나타날 수도, 그놈이 나쁜 짓을 할 수도 없죠. 평범한 놈 하나가 악랄한 짓을 해 봤자, 몇 명이나 괴롭힐 수 있겠어요? 하지만 그놈이 히틀러라면 얘기가 달라지죠. 그러니 군주가 앉을 왕좌 자체를 없애야 해요. 구원 자체를 없애야 한다고요! 구원이 있다고 믿으면 계속해서 새로운 신이 등장해요. 여러분은 자신들이 대통령을 뽑는다고 생각하지만 그 대통령이 계엄령을 선포할 수 있다는 건 모르시죠? 전쟁이 일어나는 순간, 우리에겐 더 이상 선택의 여지가 없어요. 비상사태를 선포하는 건 국가의 최고 통치권자라고요. 전 그게 무서운 거예요. 그 자리가 말이죠. 그래서 이 질문은 그 자체로 잘못된 거예요. 제도로서의 기득권을 해체하겠다면서 구원을 남겨 놓겠다고요? 그건 잘못된 거죠.

이렇게 하면 돼요. 구원 대신 '기다림'이라고 바꿔 봅시다. 전 그건 받아들일 수 있어요. 산을 죽어라 올라갔는데 폭풍우가 막 불어닥치면 몇몇 사람들은 이러죠. '오, 신이시여!' 그런데 빌지 말고 기다려야 해요. 맑은 날을 기다리는 거죠. 그건 올 수도 있고, 안 올 수도 있어요. 즉 구원은 구원자가 있다는 전제하에 가능하지만, 기다림은 오로지 '나'의 문제예요. 사뮈엘 베케트가 『고도를 기다리며』를 쓸 때 그런 것들, 가령 신을 대체할 수 있는 게 무엇일까 하고 고민했던 것 같아요. 최선을 다해 어떤 남자, 어떤 여자, 그 상대를 사랑하며 기다리자고요. 점집에 가지 말아요, 제발. 어떤 시(詩)처럼 예기치 않게 도래하는, 영감을 갈구하는 바람은, 결국 구원이라는 것은 종교예요. 하지만 기다림은 달라요. 종교에서 벗어날 수 있는 유일한 방법은 기다리는 거예요. 내 말을 이해할 때까지 기다릴 수 있는가, 아이가 말할 수 있을 때까지 기다려 줄 수 있는가…… 그런 것 말이에요.

제가 좋아하는 여자가 있는데요, 지나칠 정도로 종교에 빠져 있습니다. 과연 어떤 전략으로 종교에서 빼낼 수 있을까요?

그냥 그 여자는 질문자를 싫어하는 거예요. 여자한테 가서 딱 한 마디만 해 봐요. '너 나를 사랑하니, 신을 사랑하니?' 이렇게 물어봤어요? '신을 사랑한다.'라고 그랬죠? 그럼 헤어져요. 허깨비랑 사는 거잖아요. 나중에 가면 더 복잡해요. 결혼해서 아이를 낳고, 그 아이까지 교회에 데려가면 어떡하려고요. 그러니까 덮어놓고 이별하는 게 답입니다. 사람을 사귀다 보면 종교든, 정치 성향이든 뭐든, 자신과 다른 사람을 만날 수 있어요. 처음엔 아무래도 좋죠. 하지만 그런 안이한 타협 때문에 상황이 일파만파 꼬여요. 신을 사랑하는 게 다른 남자한테 눈을 돌리는 것보다 낫다고 생각하지 말아요.

다시 한 번 물어볼게요. 그 여자를 사랑해요? 차라리 질문자가 종교에 귀의하는 건 어때요? 그것도 못 하겠어요? 그럼 질문자도 이기적인 거예요. 그 여자를 제대로 사랑하는 건 아닌 듯하네요. 물론 교회에 함께 들어가는 건 임시방편입니다. 일단 교회에 함께 들어갔다고 해도, 결국엔 그녀를 교회의 마수로부터 빼내 와야 합니다. 교회에 함께 다니면서 신을 바라보는 건 교우나 친구 관계이지, 애인 사이는 아니니까요. 서로를 사랑하는 게 아니라 각자 신을 사랑하잖아요. 제가 생텍쥐페리를 싫어하는 건, 바로 그 때문이랍니다. '사랑은 마주 보는 게 아니라 같은 곳을 보는 거야.' 이게 생텍쥐페리가 한 말입니다. 그게 말이 돼요? 저녁을 먹으면서 텔레비전만 보는 가족…… 같은 곳을 바라보고 있으니 퍽 사랑한다고 말할 수 있겠군요! 근데 이게 정말 사랑인가요? 생텍쥐페리는 일찍 죽은 탓에 진짜 사랑을 몰랐던 겁니다.

버킷 리스트

집과 절을 구별하라

비리디아나가 지닌 결정적 문제는 무엇일까. 그녀는 삼촌에게 물려받은
저택마저 수녀원처럼 만들려고 했다! 그게 문제다. 그렇게 숙부의
집은 어느새 수녀원이 된다. 또 비리디아나는 원장 수녀가 된다. 세상
사람들이 (흘낏) 보기에 가난하고 병든 자를 돕는 비리디아나는 분명
성녀일 것이다. 하지만 이건 어디까지나 비리디아나가 품은 이기적인
마음의 결과다.

집과 절, 집과 교회를 구별하라고 말하면 오해받기 쉽다는 걸 잘 안다.
누구나 집에다 묵주를 둘 수 있고, 염주를 둘 수 있고, 십자가를 둘 수도
있다. 또 사람에 따라 집은 교회이고, 성전이고, 사찰일 수 있다. 그런데
성(聖)이 속(俗)의 공간을 전면적으로 점령하는 순간, 문제가 일어난다.
속의 영역이 성의 공간이 돼 버린다면? 우리같이 세속적인 존재는
어디에서 살아야 한다는 말인가! 성과 속이 천연덕스럽게 뒤엉켜 있는
장소는 무당집뿐이다.

그렇다! 당신은 종교를 빌미로, 독실한 신자라는 자기만족을 위해
가정을 무당집을 만들고 있는 것이다. 진정으로 집을 성전으로 만들고
싶다면, 아예 자기 집을 교단에 내줘야 마땅하다. 정녕 비리디아나가
숙부로부터 물려받은 집을 성당으로 만들고자 했다면, 응당 그 저택을
성당에 기부했어야 옳다. 그녀가 성과 속이 애매모호하게 결합한
'자선 공간'을 만들어 낸 이상, 약자들에게 역습을 당할 수밖에 없다.
그들의 공격은 왜 더 큰 자비를, 왜 제대로 된 '성당'을 주지 않느냐는

질문이기도 하다.

다시 한 번 더 강조하는데, 마음이 머무는 모든 곳이 절이고 교회다. 이걸 굳이 부정할 필요는 없다. 그러나 집을 절처럼, 교회처럼 꾸미고 거기에 위안을 얻고 있다면, 일단 자신의 비대한 욕망을 곰곰이 들여다봐라. 진심으로 신을 모시고 싶다면, 먼저 자기 주변의 소중한 사람부터 챙겨라. 집 안에 신을 앉혀 두면, 가족은 어디에서 살라는 말인가. 이것은 비단 집을 교회나 절로 만들려는 사람들에게만 해당하는 얘기가 아니다. 집은 집이다. 그곳에 당구장이든 옷 가게든, 술집이든 뭐든 마구잡이로 들이지 말라는 말이다. 어느 텔레비전 프로그램을 보니, 남편의 소원대로 집 안에 당구장을 차려 주더랬다. 그 결과물을 보고는 좋다기보다 정말 끔찍하다고 생각했다. 마음으로는 무슨 짓이든 할 수 있다. 하지만 인간은 자기 욕망대로 살아가는 존재가 아니다. 특히 홀로 사는 사람이 아니라면, 가급적 집을 비워 두도록 하자. 그래야 가족들, 파트너가 집 안을 자유롭게 오가며 비거나 모자란 곳을 채워 줄 테니까. 만약 당신의 집에 문제가 있다면, 그건 그곳을 지배하는 것들의 문제일 수 있다. 집이라는 공간을 최대한 가볍고 성기게 하자. 물론 쉽지 않은 일일 테지만, 그게 바로 사람과 사람이 더불어 사는 비결이다.

격하게 여행을 떠나라

집에 틀어박혀 있지 말자. 일상적인 생활만 반복하지 말자. 나와 전혀 다른 삶을 살아가는 사람들을 만나러 떠나자. 아니, 아예 사람이라고는 찾아볼 수 없는 외딴 곳으로 가도 좋다. 다양한 문명권을 돌아보다 보면, 우리는 한 가지 놀라운 사실을 발견하게 된다. 모든 곳에 저마다 종교가 있다는 사실을! 이 세상엔 너무나 많은 신들이 존재하고, 또 그만큼이나 무수히 많은 종교적 훈계와 명령이 존재한다. 유일신이라고? 무슨 개뿔! 당신이 믿는 그 유일신은 단 한 순간도 유일신이 아니었던 셈이다. 그저 당신이 속한 가족이나 공동체에게만 유효한 신이었을 뿐이다. 여행이 주는 최고의 교훈은 그런 맹목적인 숭배에서 벗어날 수 있다는 데 있다. 그러니 격렬하게 여행을 떠나고 볼 일이다. 잠시 머무는 식으로 여행을 해서는 안 된다. 마치 그곳에서 영원히 살 것처럼 낯선 곳을 찾아 들어가야 한다. 여행이 주는 달콤함은 우리 내면을 지배하던 신이 사라진 그 자리에 살냄새가 나는 사람들을 맞이할 수 있다는 데 있다. 아예 대자연으로 들어가 몇 달 지내보는 것도 좋다. 그러면 다람쥐나 노루가, 혹은 삶이 왜 주말에 교회나 사찰에 가지 않는지 알게 될 테니까. 그곳에서 당신은 인간이 얼마나 나약하기에 초월적인 신에게 의지하는지 깨닫게 될 것이다. 대자연에서 위기를 맞닥뜨렸을 때 도대체 신이 무슨 도움이 된다는 말인가? 기도보다는 냉정한 상황 판단이 더 도움이 될 것이다. 결국 어떤 종류의 것이든 여행은 종교라는 질병에서 벗어나는 최고의 처방전이다.

금기 도전자

루이스 부뉴엘

Luis Buñuel, 1900-1983

루이스 부뉴엘은 1900년 2월 22일, 스페인 아라곤 남쪽에 위치한 테루엘 지방의 칼란다에서 그곳 지주의 장남으로 태어났다. 칼란다는 1차 세계대전이 일어날 때까지 중세 시대라고 할 만큼 과거의 전통과 문화를 고수하는 지역이었다. "나는 어린 시절을 거의 중세적 분위기 속에서 지냈다. 나는 이 자리에서 어린 시절을 사로잡은 두 가지 근본적 감정에 대해 말하는 일이 필요하다고 생각한다. 그것은 종교적 믿음에서 승화한 깊은 에로티시즘과 죽음에 관한 영속적 의식이다. 이는 매우 스페인적인 특징이다. 난 스페인의 예술과 이 두 가지 감정으로 충만해 있다."

부뉴엘은 30편이 넘는 다수의 작품에서 두 가지의 성(聖/性)을 다룬다. 그 시작은 1928년에 친구이자 초현실주의자였던 살바도르 달리(1904-1989)와 함께 만든 「안달루시아의 개(Un Chien Andalou)」였다. 달리가 '손에 개미가 득실거리는 꿈'을 꾸었다고 말하자 부뉴엘은 '눈을 베어 내는 꿈'을 꾸었다고 말했다. 살바도르 달리가 먼저 이 기괴한 요소들을 섞어 영화를 만들어 보자고 제안했다. 그들은 대화를 나누며 장면을 이어 갔다. "그가 뭘 보지?" "날아다니는 개구리." "그건 별로야."

"코냑 한 병." "그것도 별로인데." "그래 좋아, 난 두 개의 로프를 본다." "괜찮은데! 로프 다음에 뭐가 오는 거지?" 달리와 부뉴엘이 추구한 것은 논리가 아니었다. 그들은 불쾌감, 감동, 매혹을 주는 이미지들을 선택하고, 그걸 나열만 해도 충분하다고 여겼다. 이러한 태도는 두 번째 작품 「황금시대(L'Age d'or)」(1930)에서 절정에 이른다. 이 작품으로 부뉴엘은 공격을 받기 시작했다. 「황금시대」는 1930년 12월에 상영 금지 처분을 받게 됐고, 종교계와 정치계, 보수적 단체들로부터 끊임없이 공격을 받았다. 이 영화에 내려진 상영 금지 조치는 스페인에서 1980년대까지 지속됐다. 1932년에 만든 다큐멘터리 「빵 없는 대지(Las Hurdes)」(1932) 역시 상영 금지를 당했다.

사정이 어려워진 부뉴엘은 1930년대 중반엔 영화 제작을 대신해 파리와 마드리드에서 할리우드의 파라마운트와 워너브라더스의 더빙 감독으로 활동했다. 1938년에 스페인 내전이 일어나자, 그는 '내전 관련 영화의 공식 고문' 자격으로 미국으로 건너간다. 그러나 그곳에서도 스페인 내전에 대한 다큐멘터리 기획을 진행하지 못했고, 뉴욕현대미술관에서 전시하기로 예정돼 있던 '초현실주의 전시회'는 변덕스러운 성격의 살바도르 달리가 부뉴엘을 공산주의자로 모함하면서 취소되고 만다.

그 후 부뉴엘이 영화를 위해 선택한 곳은 멕시코였다. 당시 멕시코에는 스페인 내전을 피해 대서양을 건너온 이민자들이 많았다. 1947년부터 1960년까지, 부뉴엘의 멕시코 영화 시대가 이어진다. 그는 「잊힌 사람들(Los Olvidados)」(1950)을 내놓으며, 다시금 영화사에 등장한다. 이 작품은 칸 영화제에서 감독상을 수상했고, 초현실주의자로만 기억되어 오던 한 감독을 새로운 거장 반열에 올려놓았다. 그는 멕시코에 머무는 동안 자신의 작품 32편 중 무려 20편이나 제작했다.

부뉴엘이 스페인으로 돌아와 새롭게 만든 영화가 바로 「비리디아나」다. 여주인공 비리디니아가 베푸는 자비에 거지와 부랑자들은 파렴치하게 응대한다. 주인이 없는 틈을 타 그들이 벌이는 난장판은 레오나르도 다빈치의 걸작 「최후의 만찬」과 동일한 구도로 촬영됐다. 이 작품은 칸 영화제 황금종려상을 수상했지만, 스페인에서는 신성 모독을 빌미로 상영이 금지됐다. 부뉴엘은 1960년대 중반부터 거처를 다시 유럽으로 옮기며 국제적 거장답게 다국적인 영화를 만들기 시작한다. 이 중 가장 유명한 작품이 카트린 드뇌브(1943-)와 처음으로 호흡을 맞춘 「세브린느(Belle de Jour)」(1967)다. 베니스 영화제에서 황금사자상을 수상한 작품으로, 아마도 영화 역사상 가장 에로틱한 작품 중 하나일 것이다. 최고의 흥행작은 「부르주아의 은밀한 매력(Le Charme Discret de la Bourgeoisie)」(1972)이다. 그는 이 작품으로 아카데미 영화제에서 외국어 영화상을 수상하기도 했다. 1948년 멕시코 국적을 취득한 부뉴엘 감독은 가족과 함께 멕시코시티에 거주한다. 50세 무렵에는 귀가 머는 증상이 심해지기 시작했다. 한편 「욕망의 모호한 대상(Cet Obscur Objet du Désir)」 (1977)은 사후에 완성됐는데, 두 여배우가 선보인 2인 1역은 오랫동안 화제가 됐다. 부뉴엘은 1983년 7월 29일 오후 4시 5분에 신부전과 심장병으로 사망했다.

그는 인간 본성이 파렴치하다는 사실에 즐거워하며 그것을 화면에 담았다. 인간은 성스러움을 추구하지만, 동시에 밥을 먹고 똥을 싸는 동물이기도 하다. 이 두 가지 층위 사이로 인간의 위대함과 나약함, 갈망과 절망이 교차한다. 한편 그가 성장기에 받은 예수회 교육과 젊은 날의 영혼을 지배한 초현실주의적 태도는 또 다른 교차점이었다. 그는 어느 한 가지에 얽매이지 않았다.

혹자는 「비리디아나」와 같은 일련의 작품들을 근거로 부뉴엘을 반(反)가톨릭주의자로 판단하곤 하는데, 사실 그는 신앙 자체를 부정하지는 않았다. 부뉴엘이 극도로 혐오한 것은 종교적 도그마, 맹신주의, 교회의 위선과 억압이었다. 그는 예술(영화)을 통해 온갖 엄숙주의를 타파하면서 기득권의 전복을 지향했다. 이러한 그의 영화적 목표는 평생에 걸쳐 추구됐다. 실제로 「비리디아나」와 닮은 멕시코 시절 영화 「나자린(Nazarin)」(1959)에 대해서는 종교적 주제를 진지하게 성찰했다는 이유로 국제가톨릭회의가 상을 주려고까지 했다. 결국 가톨릭에 대한 그의 공격은 세상의 권위를 희화했던 부뉴엘 영화의 큰 줄기 중 하나였던 셈이다. 그것은 바로 영화라는 '자유로운 정신'의 구현 방식이기도 하다.

OUTRO

시험해 보지 않는 삶은 살 가치가 없다

(인간의) 오래된 자유 본능에 대해 국가 조직이 스스로를 방어하기
위해 구축한 저 무서운 방어벽(특히 형벌도 이러한 방어벽에 속한다.)은
거칠고 자유롭게 방황하는 인간의 본능을 모두 거꾸로 돌려 그들 자신을
겨냥하도록 하는 데 성공했다. 적의, 잔인함과 박해, 습격이나 변혁이나
파괴에 대한 쾌감. 그러한 본능을 소유한 자에게서 이런 모든 것들이
그 자신을 향해 방향을 돌리는 것, 이것이 바로 양심의 가책이다.
　—프리드리히 니체, 『도덕의 계보』

'30금(禁)'이라니! 지나치게 과장된 표현이다. 인간은 20살이면 법적으
로 자신의 삶을 결정할 수 있는 성인으로 인정된다. 이런 상식에 따르면
20살이 되지 않은 미성년은 자신의 삶을 스스로 결정하기보다 타인의
행동을 무반성적으로 모방한다. 따라서 금기는 주로 미성년에게 작용한
다. 영화의 경우, 가장 높은 등급이 '19금'인 것도 이런 이유에서다. 사실

20살 정도면 육체적으로는 이미 다 자랐다고 할 수 있다. 그럼에도 불구하고 30금이라는 제목을 붙인 것은 법적으로 아무리 성인이라고 해도, 또 육체적으로 완전히 다 자랐다고 해도, '과연 우리의 정신까지 성숙한 것일까?' 하는 의구심 때문이었다. 사실 '30살'도 완전한 의미의 성인이라고 보기엔 다소 어려운 구석이 있긴 하다. 누구나 알다시피 70년 살아온 노인이 10살 먹은 아이보다 더 미성숙한 경우도 있으니까. 그러니까 『30금 쌍담』은, 이 무시무시한 영화를 두고 벌인 이상용 선생과 나의 이야기는 문자 그대로 '30살 이상의 성인'을 대상으로 한 게 아니라, 정신적으로나 인격적으로 '성숙한 어른'을 대상으로 한 것이었다.

"선생님! 저는 28살인데요, '30금 쌍담'에 참여할 수 없나요?" 헉! 이런 질문을 던지다니 정말 아이다. 어찌 28살이 이런 질문을 할 수 있다는 말인가! 보통 컨디션이 좋은 날 이런 질문을 받으면, 나는 이렇게 말하고 만다. "30금은 그냥 '레토릭'이에요. 당연히 들어도 되죠. 법적으로나 여러모로 이제 어른인데요, 뭘." 그러나 속으로는 혀를 끌끌 찰 수밖에 없는 일이다. 그런데 불행하게도 컨디션이 나쁜 날에는, 난 동일한 질문에 전혀 다르게 대답한다. "당연히 들을 수 없죠. 30살부터 들을 수 있다고 했잖아요. 그러니까 '30금 쌍담'이죠." 보다 놀라운 건 강연을 들을 수 없다는 대답을 듣자 몇몇 사람들이 낙심하며 얼른 물러났다는 점이다. 물론 대부분의 경우, 불만을 노골적으로 표출하곤 했다. "어떻게 나이 한 가지만 가지고 강연에 참석할 수 있는 기준을 마련하셨나요?" 차라리 이런 반박을 들으면 나는 적잖이 만족스러웠다. 비로소 '어른'을 만났기 때문이다. 이런 상황에서 "당신이 뭔데, 내가 강연을 들을 수 있는지 없는지를 결정하는 거야?"라고 말할 수 없다면, 어떻게 어른

일 수 있다는 말인가.

착한 사람은 남의 말을 그대로 듣는 사람이다. 그래서 우리는 누군가의 말을 잘 듣는 사람을 가리켜 착하고 선량하다고 말한다. 결국 착한 사람은 자신의 의지에 따라 살아가는 사람이 아니라, 남의 의지에 따라 혹은 남의 눈치를 보며 살아가는 사람이다. 더 노골적으로 말하자면 규칙을 잘 따르는 사람, 혹은 부모든 선생이든 경찰이든 타인이 금지하는 걸 어기지 않는 사람! 바로 이런 사람이 착한 사람이다. 부당한 조건인데도 계약서만 믿고 묵묵히 일하는 사람, 어른들의 몰상식한 대우에도 참고 따르는 고등학생, 갑작스러운 멀미와 현기증이 찾아왔는데도 노약자 지정석에 앉지 못하고 식은땀을 줄줄 흘리는 여고생, 후미진 곳에서 오줌을 누라고 해도 화장실이 없다며 고추를 잡고 서 있는 어린아이……. 정말 착한 사람들이다.

사실 착한 사람은 길들여진 사람일 뿐이다. 외부에서 강제한 규칙, 혹은 금기가 아예 한 사람의 내면을 장악하게 된 것이다. 이제 외부에서 누군가가 완력으로 강제하지 않아도, 내면에 자리를 잡은 규칙이 착한 사람의 행동을 착하게끔 강제하게 된 것이다. 겉으로 보면 외부의 직접적인 강제가 없기에, 착한 사람은 스스로 양심껏 행동하고 있다고 믿기 쉽다. 아마 프로이트라면, 이렇게 내면화한 규칙을 초자아라고 불렀을 것이다. 결국 착한 사람은 남이 하라는 것만을 하고, 하지 말라는 건 하지 않는다. 그렇다면 이런 인생을 주체적인 삶이라고 말할 수 있을까. 어느 누구도 그렇다고 이야기하지 못할 것이다. '자발적 복종' 상태의 핵심은, 바로 '복종'에 있으니까 말이다. 심지어 처음 자신에게 규칙을 강요했던 부모님, 선생님, 혹은 국가 기구가 사라진다고 하더라도, 착한 사람은 자신의 내면에 각인된 초자아의 명령에 기꺼이 복종하며 살 것이다. 다니엘 디포가 쓴 소설 『로빈슨 크루소』에 등장하는 로빈슨 크루소가 무인도에 갇히고 나서도 영국에서 통용되던 여러 격식들을 자발적으로 수행했던 것처럼 말이다.

나와 이상용 선생은 『30금 쌍담』을 통해 착한 사람을 나쁘게 만들고 싶었다. 타인들이 나쁘다고 했을 때에만, 우리의 행동은 타자의 이익이 아니라 나 자신을 위한 행동이 된다. 오직 그럴 때에만 우리는 타인의 평가가 아니라 진정한 자기 평가에 따라 행동하게 될 테다. 자신의 삶에 진짜 좋은 건지 나쁜 것인지, 혹은 자신에게 유쾌한지 불쾌한 일인지를 알려면, 우리는 어떤 규칙이나 금기에 연연하지 말고 직접 도전하고 행동해야만 한다. '건강에 그다지 안 좋고 미적으로도 아름답지 못하다.'라는 어머니의 말을 듣느라 평생 자장면을 맛보지 못하고 죽은 사람이 있다고 하자. 이 얼마나 불쌍한 삶인가? 착하기만 할 뿐, 가련하기 그지없는 삶에 은총이 가득하기를! 그렇기에 우리는 더 당당하게 외쳐야 하지 않을까. '시험해 보지 않은 삶은 살 가치가 없다.'라고. 그래서 난 이 '엄청난 영화들'이 당시 벙커 1을 찾아 준 관객들에게, 그리고 그 강연의 결과물인 이 책을 읽은 모든 독자들에게 일종의 '시험'이기를 간절히 바란다. 네 편의 영화가 준 불쾌한 느낌, 혹은 역겨운 느낌을 통해 이런 영화들을 불쾌하거나 역겹게 느끼도록 하는 내면의 규칙, 즉 초자아를 자각하는 계기를 얻었기를 나는 소망한다. 과연 이런 나와 이상용 선생의 바람이 제대로 이루어질 수 있을까? 정녕 모를 일이다.

강신주

도판 목록

『30금 쌍담』에 수록된 모든 이미지들은 전부 국내 에이전시를 통해 구입한 것입니다. 저작권법에 의해 국내에서 보호를 받는 이미지이므로 무단 전재 및 복제를 금합니다.

14-15, 28, 38-39, 56-57, 76-77쪽: ⓒ REX/ Alphaphoto

84-85, 94-95쪽: ⓒ Everett/ Alphaphoto

110-111쪽: ⓒ REX/ Alphaphoto

134-135, 142-143, 150-151쪽: ⓒ Everett/ Alphaphoto

168-169쪽: ⓒ REX/ Alphaphoto

196-197쪽: ⓒ Everett/ Alphaphoto

204-205, 216-217쪽: ⓒ REX/ Alphaphoto

234-235쪽: ⓒ Everett/ Alphaphoto

256-257쪽: ⓒ REX/ Alphaphoto

삼십금 쌍담

1판 1쇄 찍음 2016년 1월 4일
1판 1쇄 펴냄 2016년 1월 8일

지은이 강신주·이상용
발행인 박근섭·박상준
펴낸곳 (주)민음사

출판등록 1966. 5. 19. 제16-490호
주소 서울특별시 강남구 도산대로1길 62 강남출판문화센터 5층 (06027)
대표전화 515-2000 / 팩시밀리 515-2007
홈페이지 www.minumsa.com

ISBN 978-89-374-3238-5 03100